MEMÓRIAS DE UMA MENINA CATÓLICA

MARY McCARTHY

MEMÓRIAS DE UMA MENINA CATÓLICA

Tradução:
HELOISA JAHN

COMPANHIA DAS LETRAS

Dados de Catalogação na Publicação (CIP) Internacional
(Câmara Brasileira do Livro, SP, Brasil)

McCarthy, Mary, 1912-
M113m Memórias de uma menina católica / Mary McCarthy ; tradução Heloisa Jahn. -- São Paulo : Companhia das Letras, 1987.

ISBN 85-85095-60-1

1. McCarthy, Mary, 1912- I. Título.

87-2498 CDD-818.03

Índices para catálogo sistemático:

1. Escritores norte-americanos : Reminiscências : Literatura norte-americana 818.03
2. Reminiscências : Escritores : Literatura norte-americana 818.03

Título original:
Memories of a Catholic Girlhood

Capa:
Moema Cavalcanti

Indicação editorial:
Michael Hall

Revisão:
Newton T. L. Sodré
Paulo Cezar de Mello
Marcia Copola

1987

Editora Schwarcz Ltda.
Rua Barra Funda, 296
01152 — São Paulo — SP
Fones: (011) 825-5286 e 825-6498

Para Reuel

ÍNDICE

AO LEITOR

Estas minhas memórias foram reunidas pouco a pouco, ao longo dos anos. Alguns leitores, ao encontrá-las numa revista, pensaram que fossem contos. A idéia de que "as inventei" está surpreendentemente difundida, mesmo entre pessoas que me conhecem. "Aquela sua avó judia...!", advertiram, com ceticismo, alguns amigos judeus, como se quisessem dizer: "Escute, você não vai querer que a gente acredite que sua avó era mesmo judia!". Mas ela era, assim como é verdade que eu tive um tio cruel que me espancava; porém, mais de uma vez, após cada evento público de que eu participava, algum desconhecido sorridente me desafiava a confessar que "tio Myers" era pura invenção. Não entendo o porquê dessas dúvidas; já li nos jornais a respeito de homens muito mais cruéis que meu tio, e muitas famílias gentias possuem algum antepassado judeu. Será possível que o público parta do princípio de que toda e qualquer coisa escrita por um escritor profissional é, *ipso facto*, falsa? O escritor profissional é considerado, talvez, um "contador de histórias", como uma criança que adquiriu o hábito de inventar coisas é automaticamente repreendida pelos pais, mesmo quando afirma que *desta* vez está falando a verdade.

Muitas vezes, enquanto escrevia estas memórias, desejei *estar* escrevendo ficção. A tentação de inventar foi muito forte, especialmente nos pontos em que minha lembrança é vaga, quando só consigo evocar a essência de um acontecimento, não os detalhes — a cor de um vestido, o desenho de um tapete, o lugar onde estava pendurado um quadro. Por vezes cedi, como no caso dos diálogos. Minha memória é boa, mas obviamente não consigo relembrar trechos completos de diálogos travados anos atrás. Restam apenas algumas frases isoladas:

"*Eles* fariam você entrar nos eixos", "A perseverança é sempre recompensada", "Minha filha, você precisa ter fé". As conversas, tal como apresentadas, são em grande parte imaginárias. As aspas indicam que houve uma conversa com aquele sentido geral, mas não garanto a exatidão das palavras empregadas nem a ordem exata das intervenções.

Há ainda outros casos sobre os quais nem eu mesma sei muito bem se estou ou não inventando alguma coisa. *Acho* que me lembro, mas não sou categórica. Fico pensando, por exemplo, se as *Mesdames* do convento do Sacré-Coeur realmente evocavam Voltaire tanto quanto pretendo que elas o façam; mas, quanto a isso, estou certa de que a primeira vez que ouvi falar de Voltaire foi através das freiras do convento. E será que elas nos falavam mesmo de Baudelaire? Agora isso me parece bastante duvidoso, mas mesmo assim escrevi que o faziam. Acho que devo ter introduzido Baudelaire na história como exemplo, para dar ao leitor uma idéia do *tipo* de poeta exaltado por elas, embora não deixassem de deplorar sua conduta. Corria o boato, no convento, de que nossas freiras tinham uma autorização especial para ler obras relacionadas no Index, e era assim que gostávamos de imaginá-las, dignas e eruditas, mergulhadas nos livros proibidos. Quando digo "nós", porém, é possível que me refira apenas a mim mesma e a alguns outros espíritos "originais".

Não dei os verdadeiros nomes de meus professores e colegas, tanto do convento como, mais tarde, do internato. Mas todas essas pessoas são reais, e não retratos montados. No caso de meus parentes próximos, mantive os nomes verdadeiros e, sempre que possível, fiz o mesmo com vizinhos, empregados e amigos da família, pois, para mim, este registro se pretende histórico — ou seja, boa parte dele pode ser checada. Se nele a parte de ficção é maior do que imagino, gostaria de ser retificada; em alguns casos, que indicarei adiante, minha memória já foi corrigida.

Uma das grandes dificuldades nessa tarefa de reconstituição do passado está no fato de eu ser órfã. A cadeia de lembranças — a memória coletiva de uma família — foi rompida. São nossos pais, normalmente, quem, além de ensinar-nos nossa história familiar, retificam nossas próprias recordações da infância, contando-nos que *tal coisa* não pode ter acontecido do modo como imaginamos que aconteceu, e que *outra*, em compensação, ocorreu exatamente como lembramos, num verão tal, quando Fulana era nossa babá. Meu próprio filho, Reuel, por exemplo, passou muito tempo convencido de que Mussolini fora jogado de um ônibus em North Truro, em cabo Cod, durante a guerra. Essa lembrança remonta a certa manhã de 1943, quando, ainda pequeno, ele esperava com seu pai e comigo junto à estrada, em Wellfleet, a passagem do ônibus para Hyannis, que um hóspede nosso, de partida, deveria tomar. O ônibus chegou e o motorista debruçou-se sobre a janela para anunciar a última novidade: "Derrubaram Mussolini!". Hoje Reuel sabe que Mussolini jamais foi arremessado de um ônibus em Massachusetts, assim como sabe por que ficou com a impressão de que isso tinha acontecido. Mas se seu pai e eu tivéssemos morrido no ano seguinte, ele teria ficado com a clara recordação de algo que qualquer pessoa poderia ter-lhe afirmado ser uma impossibilidade histórica, sem condições de reconciliar sua memória teimosa com os não menos recalcitrantes fatos registrados.

Órfã, fui criada por dois casais de avós, todos já mortos, inacessíveis a minhas perguntas e que, em todo caso, sabiam muito pouco acerca dos fatos cotidianos de nossa infância, tanto antes como depois da morte de nossos pais. Minhas tias e tios também estavam muito distanciados de nossa vida em família e pouco se interessavam por ela; meu irmão Kevin, cuja memória corrobora a minha para o período em que vivemos em Minneapolis, era muito pequeno quando meus pais morreram para lembrar muita coisa sobre eles. Para os acontecimentos de minha primeira infância fui obrigada a apoiar-me em lembranças pessoais, às vezes confusas, no testemunho vago e contraditório de tios e tias, em algumas observações casuais de minha avó, antes de ela ficar senil, e em algumas cartas que uma amiga de infância de minha mãe me escreveu. Para o período de Minneapolis, contei com a ajuda de Kevin, mas para os eventos posteriores, em Seattle, quando meus irmãos e eu fomos separados, vejo-me outra vez limitada, basicamente, a minha própria lembrança. Tudo o que sei a respeito da história familiar mais antiga foi montado a partir do que ouvi dizer, através de recortes de jornais, velhas fotografias e uma espécie de diário com colagens de noticiário, pertencente a meu bisavô, que morreu com noventa e nove anos. Aquele velho parece ter sido o único membro da família sensível ao interesse da história. A avó de quem eu me sentia mais próxima, sua nora (como mostrarei mais adiante), não gostava de falar do passado.

Mas foram exatamente essas dificuldades o que mais me incentivou. Meu irmão Kevin e eu, por sermos órfãos, experimentamos um forte interesse por nosso passado, que tentamos reconstruir juntos, como dois arqueólogos amadores, atirando-nos sobre o menor fragmento de informação nova, tentando encaixá-lo, interrogando nossos parentes, torturando nossas próprias memórias. Uma espécie de busca da qual participaram a mulher de Kevin, meu marido e até alguns amigos, folheando álbuns conosco, fazendo conjeturas: ''Será que a sua avó sentia ciúmes de vocês?''. ''Será que o avô de vocês teve uma crise de depressão?''.

Até um tempo atrás não tínhamos idéia de quanto isso poderia parecer esquisito a uma pessoa de fora. Num domingo, meu irmão Preston, a quem eu não via fazia muitos anos, viera de Wilmington almoçar em casa de Kevin, no campo, com a mulher e os filhos. Éramos sete, sete adultos (pois leváramos um amigo), e estávamos tomando um aperitivo quando alguém — meu marido, acho — mencionou tio Myers. Por acaso Preston não teria uma fotografia dele? ''Que tio Myers é esse?'', perguntou a mulher de Preston, numa voz clara e inocente. Todo movimento cessou, e o grupo quedou paralisado de incredulidade. A coqueteleira que Kevin tinha na mão estacou no ar, como um dos espetos manipulados pelo cozinheiro da Bela Adormecida. ''QUE TIO MYERS É ESSE?'', repetiu enfim Augusta, a mulher de Kevin, deixando-se cair para trás na sua cadeira num acesso de riso incontrolável. ''QUE TIO MYERS É ESSE?'', gritou Kevin, fingindo indignação. Rimos tanto e por tanto tempo que as crianças entraram em casa correndo, para saber o que estava acontecendo. ''Ann perguntou quem era tio Myers'', explicou Augusta ao filhinho, James Kevin, que deu o fato por explicado, balançou a cabeça e saiu correndo porta afora; não era necessário explicar-lhe o que havia de engraçado, ele sabia. A idéia de que uma pessoa pudesse ter entrado na órbita dos McCarthy sem ter tomado conhecimento de tio Myers era obviamente inverossímil.

Era de nós mesmos, claro, que ríamos, não de Ann, embora ela achasse o contrário. Tio Myers era nossa Baleia Branca. Qualquer pessoa que se aproximasse de nós acabava percebendo que tinha embarcado na viagem. Mas não é só tio Myers: toda a nossa história familiar exerce um verdadeiro fascínio sobre a maioria dos que dela tomam conhecimento, mesmo que de maneira muito incompleta. Querem saber mais, e é essa, exatamente, a nossa situação; queremos saber mais do que teremos condições de descobrir. Mas por quê? O que inspira essa curiosidade, à parte o mero contágio? Nossa família não era extraordinária. Não havia gênio excepcional algum, de ambos os lados; nem excêntricos havia. Provavelmente, havia uma mentalidade um pouco acima da média há várias gerações, caso se tome o sucesso como critério, mas quase todos os meus parentes eram e ainda são bastante típicos de sua classe e de seu meio. O curioso é o conjunto formado por eles, e isso é o que produzia resultados tão estranhos. Eram pessoas comuns com um comportamento muito esquisito uns em relação aos outros e em relação às quatro crianças que nós éramos; essa, em minha opinião, a causa do fascínio. Tem-se vontade de encontrar uma explicação para aquilo: ou eles não eram tão comuns assim, ou seu comportamento não era tão esquisito quanto parecia. Eles, certamente, não se achavam estranhos; aos seus próprios olhos eram como todo mundo e sua conduta lhes parecia, tanto quanto sou capaz de apreciar, bastante natural, exatamente a que qualquer outra pessoa teria nas mesmas circunstâncias. Ficam intrigados — os que ainda sobrevivem — com o fato de alguém poder sentir-se intrigado com eles, o que, certamente, é um traço de mediocridade. E é justamente essa mediocridade, essa falta de autopercepção, que faz com que continuemos batendo numa porta fechada.

Nasci em Seattle em 1912, a primeira de quatro filhos. Meus pais se haviam conhecido numa estação de veraneio no Oregon, numa época em que minha mãe era estudante da Universidade de Washington e meu pai, formado pela Universidade de Minnesota, freqüentava a Faculdade de Direito de Washington. O pai dele, J. H. McCarthy, fizera fortuna no negócio de armazenamento de grãos em Duluth e Minneapolis; antes disso, a família era formada por agricultores do North Dakota e, antes ainda, do Illinois. Originalmente, algumas gerações antes, os McCarthy haviam-se estabelecido na Nova Escócia; conta a história que teriam emigrado por razões religiosas e não devido à escassez de batata. Seja como for, segundo a mitologia familiar, transformaram-se em ''naufragosos'', um tipo bastante comum de pirata terrestre do litoral da Nova Escócia, que amarrava lanternas em suas ovelhas, à noite, sobre os penhascos, para simular a sinalização de porto e atrair os navios à destruição, com o objetivo de saquear ou, como se conta às vezes, receber o prêmio pelo salvamento dos náufragos. O saque sendo mais romântico, espero que o objetivo fosse esse. À época em que os conheci, os McCarthy tinham-se transformado em pessoas respeitáveis. A família conservava, porém, um lado selvagem. Os homens eram extraordinariamente bonitos, morenos, de sobrancelhas negras como piratas, uma pele muito clara e estranhos olhos verde-acinzentados luminosos, orlados pelos ''cílios McCarthy'', longos, negros e espessos. Apresentavam uma peculiaridade de pigmentação: meu avô McCarthy já estava de cabelo branco aos vinte anos e meu pai, com a mesma idade, estava grisalho. As mulheres eram religiosas e sem graça. Minha avó, Elizabeth Sheridan, parecia um buldogue. Sua família também se estabelecera originalmente no Canadá, de onde desceu para Chicago.

Como que para deixá-la ainda mais feia, todos os filhos que ela teve casaram-se com mulheres bonitas, todas protestantes. (A filha, minha tia Esther, casou-se com um viúvo chamado Florence McCarthy que, excentricamente, tampouco era católico.) Minha mãe, Therese Preston, a quem todos chamavam de ''Tess'' ou ''Tessie'', era uma garota bonita, popular, detentora de uma voz musical e rouca, muito atraente; o pai dela era um eminente advogado de Seattle, dono de um casarão de onde se descortinava o lago Washington. Sua família, originária de Vermont, pertencia a uma antiga linhagem da Nova Inglaterra. Harold Preston candidatara-se a uma cadeira no Senado dos Estados Unidos, mas não foi eleito, segundo sempre ouvi dizer, devido ''a interesses''. Na qualidade de senador por seu estado, redigiu a primeira lei relativa a acidentes do trabalho aprovada nos Estados Unidos, lei que serviria de modelo para as leis relativas a acidentes do trabalho posteriormente adotadas em todo o país. Tinha a fama de possuir uma fina argúcia jurídica, sendo muito consultado por outros advogados, em questões legais. Presidente das Associações Jurídicas de seu estado e de sua cidade, jamais ambicionou a magistratura; os salários, mesmo nos escalões mais elevados, eram muito baixos, costumava dizer, para atrair as personalidades mais competentes. Seu nome era uma garantia de honestidade nos círculos profissionais e financeiros de Seattle.

Quando se casaram, meu pai e minha mãe enfrentaram a oposição de ambos os lados da família, em parte por razões religiosas e em parte devido à saúde de meu pai. Ele sofria do coração — de tanto jogar futebol, como me contavam quando eu era pequena —, e os médicos tinham-lhe avisado que poderia morrer a qualquer momento. O casamento se realizou, apesar da oposição. Foi uma cerimônia íntima, celebrada na casa junto ao lago, à qual compareceram, basicamente, os membros da família. Meu pai sobreviveu mais sete anos (durante os quais minha mãe teve quatro filhos e diversos abortos), mas jamais gozou de muita saúde. Também não ganhava dinheiro. Embora tivesse um escritório de advocacia no Hoge Building e um sócio obscuro, ele passava a maior parte do tempo em casa, freqüentemente na cama, distraindo-nos.

Essa situação, embora à primeira vista pudesse parecer melancólica, era na verdade muito divertida. Os pais de minha mãe viviam em estado de apreensão constante, temerosos de que ela se transformasse numa jovem viúva com um bando de filhos para criar, mas minha mãe e meu pai pareciam absolutamente tranqüilos, quanto a isso. Estavam muito apaixonados, pelo que todo mundo diz, e meu pai jamais se preocupou com dinheiro. Recebia uma mesada de oitocentos ou novecentos dólares por mês do pai, aos quais se somavam os cem que minha mãe recebia do seu. Mesmo assim viviam endividados, por culpa de meu pai, um homem descuidadamente gastador, que ficava na cama imaginando presentes e surpresas. O leitor ficará sabendo mais adiante de meus aneizinhos de diamante e de meu regalo e gola de arminho. Lembro-me, também, de broches de ouro, de piqueniques no quintal, de "caçadas" aos ovos de Páscoa, de uma série de bolos de aniversário e tortas de sorvete, de uma maravilhosa cesta de flores de maio, pendurada na maçaneta da porta de meu quarto em comemoração à primavera, de um pé de jacinto, de festas com brindes e pescaria, do fogãozinho elétrico onde minha mãe preparava, para nós, o chocolate e o chá com leite da tarde... Minha mãe também tinha um lado gastador na família, mas era meu pai quem fazia questão de transformar tudo em festa. Lembro-me de como ele me ensinou a comer pêssegos, fazendo um morrinho de açúcar branco, onde a fruta era enterrada. E lembro-me dele chegando em casa, uma noite, com os braços cheios de rosas vermelhas para minha mãe, e dela gritando: "Oh, Roy!", num tom de reprovação, pois não havia nada para comer no jantar. Ou foi alguém que me contou essa história? Não foram muitas as vezes, no entanto, que ficamos sem jantar enquanto a mesada deles não chegava; nosso problema, ao contrário, era o enjôo resultante de comidas "especiais'' — pelo menos é o que me contam: não tenho a menor lembrança desse fato, nem das lavagens e purgas a que, supostamente, éramos submetidos. Lembro-me de que não havia babá ou criada que parasse em nossa casa; as que ficaram mais tempo foram uma irlandesa avermelhada e rude com verrugas nas mãos, a fiel Gertrude, de quem eu não gostava porque não era bonita, e um empregado japonês, verdadeiro artista como confeiteiro.

Eu costumava dizer que meu pai era tão alto que não passava por qualquer porta sem ter de abaixar a cabeça. Exagero. Ele era alto, mas nada excepcional, como demonstram as fotografias; como todos os homens McCarthy, tinha um torso formado por ossos robustos, um pouco longo demais em relação às pernas. Seus cabelos grisalhos eram cortados à escovinha. Usava uma bengala para caminhar. Leu muitas coisas para mim, principalmente Eugene Field e histórias de fadas; lembro-me da vez em que ouvimos cantar um rouxinol, no bulevar, perto do Convento do Sacré-Coeur. Mas não há rouxinóis na América do Norte.

Meu pai era um fantasista. Quase todas as lembranças suas que guardo estão, desconfio, coloridas pela falsidade que devo ter herdado dele, como um daqueles resfriados que faziam a ronda da família. Enquanto meu avô Preston era de uma honestidade sobre-humana, em algum ponto do sangue McCarthy havia uma tendência à mentira. Muitas das mais caras idéias que eu fazia de meu pai revelaram-se falsas. Havia a lenda de seus feitos no futebol. Durante anos acreditei, e divulguei, que ele fora capitão da equipe de Minnesota, mas, na realidade, tratava-se apenas de um time de ginasianos em Minneapolis. Suponho que tirei essa idéia das fanfarronadas de minha avó McCarthy. Durante anos acreditei que ele fora membro de um dos melhores clubes da universidade, mas acho que não foi assim. Seu relógio de ouro, guardado para ser de meu irmão Kevin, no fim não passava de um relógio folheado a ouro — grande decepção. Sempre ouvi dizer que foi o primeiro da turma na faculdade de Direito, mas não acho que seja verdade. Quanto à lenda que o transformava num homem brilhante, com notável pendor literário, ai de mim: uma vez vi seu diário. Era um registro de alturas e pesos, febres e lavagens, entremeado de ''pensamentos'' levemente sentenciosos, como os de um colegial; copiara para uso próprio, laboriosamente, as definições de ''ateu'' e ''agnóstico''.

Com tudo isso, havia uma aura romântica ao redor dele, uma espécie de força mítica que incitava as pessoas a inventar histórias a seu respeito. Minha avó Preston, por exemplo, que não estava entre suas partidárias mais fervorosas, contou-me que durante nossa viagem fatal de Seattle para Minneapolis meu pai apontara um revólver para o chefe de trem, que ameaçava fazer nossa família doente descer em alguma estação em North Dakota. Escrevi isso, e o leitor poderá encontrá-lo no capítulo intitulado "Mas Quem É Aquele Camponês?". Só que meu tio Harry, que se encontrava no trem, diz que esse fato jamais ocorreu. Meu pai, afirma ele, estava doente demais para poder apontar um revólver para quem quer que fosse — mas quem poderia ter contado a minha avó se não o próprio tio Harry, sendo ele e a mulher os únicos sobreviventes adultos de nosso grupo? Ou será que a coisa foi contada a minha avó por algum outro passageiro a caminho do leste, durante a grande epidemia de gripe?

Na última lembrança pessoal que guardo de meu pai, estou sentada ao lado dele naquela viagem de trem, olhando pela janela para as montanhas Rochosas. Todo o resto do grupo, de acordo com a imagem de minha memória, está acamado, doente, em suas cabinas ou nos vagões-sala, e sinto-me orgulhosa pelo fato de estarmos só meu pai e eu, os dois, ainda sãos, viajando sentados no vagão Pullman. Enquanto olhamos para as montanhas, meu pai me diz que às vezes grandes pedaços de rocha se desprendem, atingindo o trem e matando as pessoas. Ao ouvir aquilo, começo a tremer e meus dentes rangem, fico pensando que de terror, mas no fim se verifica que é a gripe chegando. Como tudo isso está vívido em minha memória! Só que meu tio Harry diz ser ele, e não meu pai, quem estava sentado comigo. Que, longe de ser o último, meu pai fora o primeiro a cair doente. Tio Harry tampouco se lembra de ter feito comentários sobre as rochas.

É a história do relógio de ouro que se repete. Mas como é possível que eu confunda meu tio com meu pai?

"Minha mãe é Filha de Maria", eu gostava de comentar com as outras crianças, no mesmo tom de exibição com que falava da altura de meu pai. Minha mãe, pouco depois do casamento, convertera-se ao catolicismo; embora eu não soubesse o que significava ser Filha de Maria (ou seja, membro da congregação das Senhoras do Sacré-Coeur), compreendia que era uma coisa fantástica pela maneira como minha mãe se referia ao assunto. Sentia-se orgulhosa e feliz por ter-se convertido e sua atitude nos dava a sensação de que ser católico era uma coisa muito especial, o supremo privilégio. Nossa religião era uma dádiva de Deus. Tudo em nossa vida familiar contribuía para fixar em nossas mentes a idéia de que éramos pessoinhas muito preciosas, preciosas para nossos pais e também para Deus, que nos ouvia com amorosa atenção todas as noites, quando fazíamos nossas preces. ''Isso deu à senhora uma complacência básica'', disse-me um dia um psicanalista (acho que ele queria dizer ''comprazimento''), mas não me lembro de sentir-me assim tão satisfeita de mim. Era, antes, uma sensação grata, maravilhada, de privilégio. Mais tarde, cansamo-nos de ouvir as pessoas dizerem que fôramos mimados por nossos pais, embora ignorássemos a insatisfação que marca a criança mimada; para nós, nossa existência era perfeita tal como era.

A morte de meus pais foi provocada por uma decisão da família McCarthy. Seus membros concluíram — e como condená-los? — que os gastos contínuos e os apelos mensais de meu pai por quantias cada vez maiores tinham de cessar. Decidiu-se que nossa família deveria mudar-se para Minneapolis, onde meu avô e minha avó tinham condições de manter algum controle sobre o que estava acontecendo e de tentar limitar as despesas de meu pai.

Nesse ponto, é preciso que eu mencione uma coisa que me foi contada há alguns anos apenas por meu tio Harry, irmão mais moço de meu pai. Meu pai, ele me confidenciou, era alcoólatra e fora um problema para a família desde o final da adolescência. Antes de se casar, quando ainda morava em Minnesota, várias enfermeiras haviam sido contratadas para tomar conta dele e evitar que bebesse. Mas, como todos os alcoólatras, era extremamente esperto e persuasivo. Escapava das enfermeiras ou levava-as consigo (também tinha um fraco por mulheres) em uma série de loucuras que iam acabar, dias ou semanas mais tarde, em alguma cidade remota do Meio Oeste, onde tivesse ido se esconder. Um rastro de cheques sem fundo guiava a família até ele, quando não um telegrama pedindo dinheiro, a revelar o local em que se encontrava — só que, quando lhe mandavam dinheiro, muitas vezes ele desaparecia de novo. Uma vez que as enfermeiras se mostraram ineficazes, tio Harry foi convocado a voltar de Yale para tomar conta dele, mas meu pai também fugia dele. No fim, reconhecendo-se incapaz de controlá-lo, a família resolveu desistir e despachá-lo para o Oeste. Foi assim que ele veio a conhecer minha mãe.

Não tenho a menor idéia sobre a veracidade ou não dessa história. Aliás, nunca vou ter. Para mim parece improvável, pois tenho certeza de que meu pai não bebia quando eu era pequena. As crianças são sensíveis a esse tipo de coisa; em primeiro lugar, seu olfato parece ser mais agudo que o dos adultos; além disso, as crianças não gostam do cheiro do álcool. E mais, percebem rapidamente quando há algo de errado no lar. Lembro-me de meu pai tentando fabricar vinho em casa (sem dúvida, um pouco antes da Lei Seca), utilizando uns tabletinhos rubro-acinzentados que lhe haviam sido vendidos como essência de uva. A experiência foi um fracasso, e ele, minha mãe e seus amigos costumavam dar boas risadas com a história do "vinho do Roy". Mas se meu pai fosse um beberrão inveterado, minha mãe não teria achado graça. Ademais, se ele *era* mesmo alcoólatra, aparentemente a família de minha mãe não tomou conhecimento disso. Perguntei ao irmão de minha mãe se era verdadeira a história que tio Harry me contara. Para ele, tudo isso era novidade. É possível, evidentemente, que meu pai se tenha emendado depois do casamento, o que explicaria a ignorância da família de minha mãe acerca desse hábito, embora, como observava tio Harry num tom bastante belicoso: "Esperava-se que eles se tivessem informado um pouco acerca do passado do futuro genro". Só que alcoólatras renitentes raramente param de beber; quando o fazem, não podem mais tocar numa gota de álcool. O mistério continua sem solução, insólito e perturbador. Seria possível que, ao chegar em casa com aquela braçada de rosas vermelhas para dar a minha mãe, meu pai estivesse embriagado? Não há dúvida de que aquele poderia ser o gesto cavalheiresco e desequilibrado do bêbado que deseja fazer-se perdoar. Seria por isso que minha mãe disse: "Oh, Roy!"?

Se meu pai fora de fato uma espécie de vagabundo, despachado pela família para o Oeste, a atitude dos McCarthy se justificaria, e era essa, evidentemente, a intenção de tio Harry ao contar-me a história. Ele achava que eu havia difamado sua mãe e queria que eu entendesse que, de acordo com a perspectiva dela, o casamento imprudente de meu pai fora a gota d'água que faltava. Realmente, do ponto de vista dos McCarthy, conforme relatado por tio Harry, o casamento de meu pai não passou de mais um estratagema de bêbado para extrair dinheiro do pai, já que todos os outros tinham falhado. Minha mãe, "sua adorável mãe", como tio Harry sempre a chamava, era a inocente isca presa ao anzol. Talvez fosse verdade. Mas recuso-me a acreditar nessa versão. O irmão enjeitado de tio Harry, Roy, não coincide com meu pai, não é a mesma pessoa. Sou simplesmente incapaz de reconhecê-lo.

Tio Harry estava velho e ele próprio já bastante dependente do álcool quando fez essas acusações, o que não as desmente em nada, aliás — na realidade, poderia até reforçá-las. Com a idade, tio Harry fora adquirindo uma fantástica semelhança com meu pai, uma semelhança que não existia quando jovem: os cabelos brancos arrepiados em escovinha, os mesmos brilhantes olhos verde-acinzentados e o mesmo magnetismo animal. Quando jovem, tio Harry fora a esperança e o orgulho da família, o garoto que fora estudar no Leste, em Andover e Yale e que antes dos trinta já ganhara um milhão de dólares. Foi na dupla qualidade de aspirante a milionário e representante da família que subiu num trem rumo a Seattle, em 1918, ao lado da sua bonita e fútil esposa, minha tia Zula, para vigiar nossa mudança para Minneapolis. Instalaram-se no New Washington Hotel, o melhor na época, e, segundo minha avó Preston, trouxeram com eles o micróbio da gripe.

Também estávamos hospedados no hotel, pois nossa casa estava vazia — o que se revelou altamente imprudente, visto que a primeira coisa que se faz em caso de epidemia é evitar lugares públicos. Aliás, a idéia de viajar com um homem doente e quatro crianças pequenas no auge de uma epidemia parece loucura, mas um antigo recorte de jornal de Seattle, conservado por meu bisavô Preston, faz-me entender por que se tomou a decisão de correr aquele risco: "A família viajou para o leste nesse momento específico a fim de reencontrar outro irmão, Lewis McCarthy (Louis), da Aeronáutica, que está passando um período de licença em casa". Este foi, sem dúvida, o último capricho de meu pai. Lembro-me da gravidade reinante em nossa suíte do hotel na véspera de nossa partida. Tia Zula e o bebê já estavam doentes, pelo que me lembro, e os adultos pareciam inseguros e preocupados. Mesmo assim, na quarta-feira, 30 de outubro, nós embarcamos. Uma semana depois, minha mãe morreu em Minneapolis; meu pai morreu no dia seguinte. Ela tinha vinte e nove anos; ele, trinta e nove (uma boa diferença de idade, dizia sempre minha avó).

Às vezes fico pensando como eu seria se tio Harry e tia Zula não tivessem entrado na história, se aquela viagem nunca tivesse ocorrido. Meu pai, evidentemente, talvez tivesse morrido de qualquer maneira, e minha mãe nos teria criado. Se ambos tivessem vivido, seríamos uma família católica muito unida, pequeno-burguesa e saudável.

Provavelmente eu seria Filha de Maria. Posso imaginar-me casada com um advogado irlandês, jogando golfe e bridge, ocasionalmente fazendo retiros espirituais e inscrita em algum Clube do Livro Católico. Tenho a impressão de que seria um tanto "forte". E meu irmão Kevin — seria ator hoje em dia? O fato é que Kevin e eu somos os únicos membros da atual geração da nossa família que nos distinguimos por atividades que se afastam um pouco do comum, e nossos parentes — pelo menos é o que dizem — invejam-nos, enquanto eu, de minha parte, não os invejo. Foi bom, então, nossos pais terem sido "levados embora", como se houvesse algum desígnio mais alto? Há, dentre meus parentes, quem filosofa nesse sentido, num estilo um tanto panglossiano. Eu mesma não sei.

É possível que certo talento artístico já estivesse latente em nossa hereditariedade e de uma ou de outra maneira iria se manifestar. O que melhor me lembro acerca de mim mesma quando tinha menos de seis anos é o amor apaixonado pela beleza, um amor que era quase um tipo de violência. Eu costumava ficar zangada com minha mãe quando, pela manhã, ela enrolava o cabelo para prendê-lo no alto da cabeça; para mim, era insuportável ela não ser bonita o tempo todo. Meu único critério para julgar as candidatas que se apresentavam para trabalhar como nossas babás era a aparência. Lembro-me de insistir com minha mãe — eu devia ter cinco anos — para que contratasse uma moça chamada Harriet — também achava bonito o seu nome —, e de como pela primeira vez o mundo me pareceu cruel e inexplicável, quando Harriet, supostamente contratada, jamais se materializou. Certamente não era uma pessoa de bom caráter, disse minha mãe, mas eu era incapaz de aceitar a idéia de que uma pessoa bonita pudesse ser má. Ou melhor, "má" parecia-me algo irrelevante ao lado da beleza, assim como as verrugas vermelhas e o feio nome de nossa fiel Gertrude tornavam-me surda a qualquer argumento em favor de sua bondade. Um de meus grandes traumas associados à perda de meus pais era de natureza estética; ainda que meus tutores tivessem sido amáveis, provavelmente eu não teria gostado deles porque eram extremamente desagradáveis ao olhar, e sua gramática, bem como sua pronúncia, era deploravelmente incorreta. Eu fora instalada de maneira brutal num lugar onde a beleza não tinha valor algum. "Beleza não põe a mesa", observou com ar sinistro o motorista de minha avó McCarthy, Frank, quando meu tio Louis casou com uma feiticeira ruiva de Nova Orleãs.

Odiei-o por ter dito aquilo; era uma dessas observações *espertas* que jogam um balde de água fria na vida.

As pessoas com quem fui obrigada a conviver em Minneapolis tinham um verdadeiro dom para tornar tudo feio e azedo. Até nossas flores eram pavorosas: em nosso jardim havia capuchinhas doentias. Lembro-me de certa Sexta-feira Santa em que plantei, perto da casa, ervilhas-de-cheiro só para mim, e tenho a impressão de que elas floresceram — um verdadeiro triunfo pessoal. Quando pequena, não fui muito bonita (minha própria aparência foi um de meus poucos desapontamentos precoces), mas meus tutores e minha avó McCarthy se uniram para transformar-me num espantalho tão horroroso que eu não podia me olhar no espelho sem me sentir desesperada. A transformação efetuada em mim era provocada não só pelo aparelho que me puseram nos dentes e pelos óculos, mas também por um aspecto geral magricela, pálido e desengonçado.

Olhando para trás, vejo que foi a religião que me salvou. A terrível igreja que freqüentávamos e a escola paroquial forneceram-me a única saída estética através das palavras da missa e das litanias, dos antigos hinos latinos, dos lírios que decoravam o altar, dos rosários, dos livros de oração ornamentados, das lâmpadas votivas, dos santinhos impressos em dourado e decorados com guirlandas de flores e de uma imagem santificada. Esse lado do catolicismo, em grande parte depreciado e aviltado pela produção em massa, nem por isso deixou de ser, para mim, o equivalente das catedrais góticas, dos manuscritos iluminados e dos mistérios. Joguei-me fervorosamente naquela vida sensual; quando não estava sonhando que ia crescer e me casar com o pretendente ao trono da França, e que juntos reconquistaríamos sua coroa, sonhava em tornar-me freira carmelita, enclausurada e penitente; além disso, sentia-me muito atraída por uma ordem para mulheres decaídas, chamada "as Madalenas". O desejo de sobressair dirigia todos os meus pensamentos, o que era reforçado, quando possível, pelos métodos de educação da escola paroquial, que se baseavam no princípio da competição. Tudo se transformava num concurso, nossa sala era dividida em equipes, com capitães, que se digladiavam em ortografia ou em outros campos do conhecimento; nas brincadeiras também era assim que nos organizávamos. Vencer, pular um ano, avançar — os métodos das freiras estavam bem adaptados ao local e à época, pois a maioria das crianças católicas de nosso bairro eram filhas de imigrantes pobres decididos a mudar de vida e a ultrapassar os protestantes, cujos filhos freqüentavam Whittier, a escola pública. A noção de igualdade não existia na escola paroquial; caso existisse, ela me teria horrorizado: igualmente, uma espécie de nivelamento brutal, era precisamente o que me ofereciam em casa. A igualdade era uma espécie de injustiça que as boas irmãs de São José não teriam tolerado.

Eu era a primeira de minha turma, além de ser a melhor corredora e campeã de salto com vara; era a melhor atriz, a primeira em dicção e a segunda em devoção, domínio em que era vencida por um menino louro de rosto angelical que se sentava na minha frente e a quem eu amava; seu nome, cuja sonoridade se assemelhava à do de um santo polonês, era John Klosick. Sem dúvida alguma a escola não tinha um padrão muito alto de ensino, o que me deu uma falsa idéia de mim mesma; aquele foi o único lugar onde dei provas de habilidade no atletismo. Também foi o único em que fui devota. Uma vez abandonada a atmosfera competitiva da escola paroquial, minha religião feneceu no galho.

Mas eu não era devota na St. Stephen's School apenas para me mostrar; sentia muito intensamente minha religião e desejava servir a Deus melhor que todos os demais. Era isso, achava eu, que Ele esperava de mim. Vivia no temor de fazer uma confissão incompleta ou de não conseguir achatar a língua o suficiente para receber a Hóstia com reverência. Uma das grandes crises morais de minha vida transcorreu na manhã de minha primeira comunhão. Tomei um gole de água. Sem pensar, naturalmente, pois por acaso não me fora incutida a idéia de que a Hóstia deve ser recebida em jejum absoluto, sob pena de pecado mortal? Foi apenas um gole, mas dava no mesmo, eu sabia. Um gole ou um tonel, dava no mesmo; eu *não podia* comungar. Mas eu tinha de comungar. Tudo estava preparado: meu vestido de primeira comunhão, meu véu e meu livro de orações; além disso, eu iria à frente da procissão das meninas; John Klosick, de terno branco, estaria à frente da dos meninos. Seria, para mim, como trair a escola e minha turma se, depois de todos os ensaios, fosse obrigada a confessar o que fizera e me retirasse. As irmãs ficariam zangadas; meus tutores ficariam zangados, depois de terem pago pelo vestido e o véu. Pensei na procissão sem mim e não pude suportar a idéia. Fazer minha primeira comunhão depois, usando a roupa de todos os dias, não seria a mesma coisa. Por outro lado, se eu recebesse a primeira comunhão em estado de pecado mortal, Deus jamais me perdoaria; seria um início fatal. Travei uma luta encarniçada com minha consciência, sabendo o tempo todo, acho, que o demônio ia levar a melhor: eu tomaria a comunhão e só Deus e eu saberíamos a verdade dos fatos. E foi o que aconteceu: recebi minha primeira comunhão em estado de santidade externa e de horror interno, crente de que estava danada, pois não podia imaginar que me arrependesse sinceramente — o momento de arrepender-me era aquele, antes de cometer o sacrilégio: mais tarde seria impossível, pois já teria obtido o que desejava.

Suponho que confessei esse fato na confissão seguinte — mal conseguindo sussurrar o que acontecera — e que o padre não teve qualquer reação dramática: pouco a pouco eu iria descobrir que meus pecados eram mais pesados para mim do que para meus confessores. Na realidade, é comum as crianças que estão se preparando para a primeira comunhão passarem por desventuras semelhantes à minha: ficam tão agitadas na manhã longamente esperada, que mal sabem o que estão fazendo; também é possível que o próprio tabu que cerca a água e os alimentos e a importância da ocasião despertem nelas uma resistência inconsciente. Ouvi uma história praticamente igual à minha da boca de Ignazio Silone. No entanto, o desespero que senti naquela manhã de verão (acho que era o dia de Corpus Christi), era, em certo sentido, inteiramente justificado: eu conhecia a mim mesma, sabia como era e como seria para sempre; esse autoconhecimento, a seco, é terrível. Todas as crises morais por que passei na vida, daquele dia em diante, tiveram exatamente as mesmas características do embate da primeira comunhão; lutei, sem sucesso, contra a tentação de fazer algo que somente eu considerava ruim, levada pela necessidade de manter as aparências e de corresponder às expectativas dos outros em relação a mim. A heroína de um de meus romances, ao se descobrir grávida, possivelmente como resultado de uma infidelidade, e ao se ver tentada a ter o bebê e não dizer nada ao marido, encontra-se moralmente na mesma situação em que eu me encontrava aos oito anos de idade, com aquele gole de água em meu interior, do qual ninguém, a não ser eu, tinha conhecimento. Quando cheguei à conclusão de que estava condenada, eu tinha razão — condenada à repetição interminável daquele conflito entre os escrúpulos exacerbados e a inércia da vontade.

Muitas vezes me perguntam se guardo algo de minha herança católica. É difícil responder a essa pergunta, em parte porque minha herança católica compreende dois elementos distintos. Havia o catolicismo que aprendi com minha mãe e com os modestos padres e freiras da paróquia de Minneapolis, que era, no todo, uma religião de beleza e bondade, mesmo que imperfeitamente realizada; e havia o catolicismo praticado no salão de minha avó McCarthy e no lar onde fôramos acolhidos — uma doutrina azeda e malévola, na qual antigos ódios e rancores eram cozidos há gerações e gerações, com a ignorância orgulhosamente mexendo a panela. A diferença pode ser ilustrada através de um incidente ocorrido quando passei por Minneapolis a caminho de Vassar, em 1929, para meu primeiro ano de estudos naquela universidade. Para festejar a ocasião, minha avó McCarthy convidara o pároco a ir a sua casa, para que ele reforçasse a opinião que ela tinha de Vassar, ou seja, que se tratava de um ''covil de iniqüidades''. O velho sacerdote, padre Cullen, recusou-se a fazer o que ela queria e, ignorando as exclamações indignadas de sua ovelha, preferiu falar comigo sobre as notáveis possibilidades intelectuais que eu encontraria lá.

Talvez o padre Cullen fosse simplesmente mais hábil que sua paroquiana, mas não esqueço minha gratidão por ele. Não só pelo fato de ele ter calado minha avó, mas por ter mostrado largueza de espírito — qualidade rara entre católicos, ao menos pela minha experiência, embora a falsa magnanimidade seja corrente entre eles. Vez por outra me ocorreu que o catolicismo é uma religião que não se adapta à laicidade, ou, pelo menos, aos laicos americanos, nos quais tem-se a impressão de despertar algumas das piores características da natureza humana, ao mesmo tempo em que lhes empresta uma espécie de santificação. No processo de publicação destas memórias em revistas, recebi um grande número de cartas de laicos, bem como de padres e freiras. As cartas dos laicos — mulheres, principalmente — são todas iguais; dão a impressão de terem sido escritas pela mesma pessoa; classifiquei-as sob a rubrica ''Correspondência, Injúrias''. São cartas freqüentemente cheias de erros de ortografia, embora seus autores afirmem ser cultos; e todas elas, sem exceção, fazem ameaças. ''Falso'', ''deformação'', ''mentira'', ''intolerância'', ''ódio'', ''veneno'', ''lixo'', ''sujeira'', ''vulgar'', ''fanático'' — este é o vocabulário comum a todas elas. Ameaçam cancelar suas assinaturas da revista que publicou a memória; falam de ''um grande número de pessoas que, a senhora deveria saber, pensam como eu'', ou seja, tentam constituir-se como grupo de pressão. Algumas solicitam resposta. Uma senhora declara: "Tenho a impressão de que a Lei proíbe esse tipo de coisa".

Em compensação, padres e freiras que me escreveram acerca das mesmas memórias adotaram um tom que se aproxima do herético. Sentem-se comovidos, afirmam muitos dentre eles, com minha "sinceridade"; algumas freiras rezam por mim, enquanto padres dizem missas. Um jovem jesuíta escreve que pensou em mim quando visitou o convento de Forest Ridge, em Seattle, e olhou para as fileiras de meninas: "Vejo que a enorme inteligência de uma frágil órfã ia de par com uma ardente determinação e um ímpeto temerário. A vida não era fácil para ela, naquele tempo. Suponho que, tecnicamente, devesse estar convencido de que a senhora é uma apóstata, que se posiciona mal, que está do lado de fora do portão...". Um padre mais velho escreve que estou salva, sem que eu mesma saiba: "Não posso dizer-lhe onde a senhora irá encontrar seu lar espiritual — mas encontrará, disso tenho certeza: o Espírito será seu guia. Na realidade, para mim a senhora já o encontrou, embora seja necessário que continue procurando". Uma freira de Maryknoll convida-me a visitar sua missão. Nenhum desses correspondentes se sente na obrigação de tentar me converter; aparentemente, confiam a Deus essa preocupação. Alguns dentre eles atravessaram períodos de dúvida e escreveram-me falando disso, para mostrar sua compreensão e simpatia. Cada carta tem sua própria individualidade. O único ponto de uniformidade é todas começarem por: "Querida Mary".

Sou grata a esses padres e freiras, grata por existirem. Devem ser minoria, embora provavelmente não queiram admiti-lo, mesmo entre o clero. A idéia de que a religião tem como meta ensinar a pessoa a ser boa, idéia comum entre as crianças, parece pairar, como uma doce entoação, sobre suas cartas. Raras são as pessoas que acreditam nisso, hoje em dia; é uma idéia absolutamente fora de moda entre os neoprotestantes, e o católico médio não vê nenhuma conexão entre religião e moralidade, exceto quando se trata da moralidade de alguma *outra* pessoa, ou seja, das supostas influências perniciosas de livros, filmes, idéias, ou da conduta de alguém.

Pelo que vi, sou levada a concluir que a religião só é boa para pessoas boas, isso sem querer lançar um paradoxo; simplesmente, parece-me um fato constatável. Só pessoas boas podem permitir-se ser religiosas. Para os outros, a tentação é grande demais — tentação de cometer os pecados mortais do orgulho e da ira, principalmente, aos quais poderíamos acrescentar o da preguiça. Tenho certeza de que minha avó McCarthy teria sido melhor se fosse atéia ou agnóstica. A religião católica, em minha opinião, é moralmente a mais perigosa de todas (não conheço a religião muçulmana) porque, ao pretender ser a única religião verdadeira, provoca aquela sensação de privilégio de que falei antes — a noção de que nem todos têm a sorte de ser católicos.

Não me arrependo de ter *sido* católica, em primeiro lugar por razões práticas. Foi assim que adquiri um certo conhecimento da língua latina, dos santos e de suas histórias, que nem todos têm a sorte de saber. Aprender latim foi, para mim, fácil e atraente, como um velho amigo. Conhecer a vida dos santos, bem como seus martírios, é extremamente útil, quando se aprecia a pintura italiana: saber, por exemplo, que o emblema de santa Apolônia, padroeira dos dentistas, é um dente, e que santa Inês é sempre representada com um cordeiro, enquanto santa Catarina de Alexandria aparece com uma roda. Para a leitura de Dante, Chaucer, dos metafísicos ingleses ou até de T. S. Eliot, a educação católica é mais que um auxílio. Ter que aprender um pouco de teologia quando se é adulto para poder compreender um poema de Donne ou de Crashaw é como travar conhecimento com a Bíblia classificada como Literatura Clássica num curso universitário; não cola. Mesmo assim, a maioria dos estudantes americanos não tem outro recurso senão tomar essas injeções de vitamina para suprir a deficiência cultural.

Aquele que nasceu e foi educado como católico, antes dos doze anos já absorveu boa quantidade de história mundial e de história das idéias. É como aprender cedo um idioma; o efeito é indelével. Ninguém mais nos Estados Unidos, nenhum outro grupo, se encontra nessa posição privilegiada. A história católica é parcial, mas não é árida nem morta; sua vantagem para o estudante, na realidade, reside no fato de aparecer ressuscitada pelo violento partidarismo que a inflama. Esse partidarismo, além do mais, funciona como um ímã para atrair fragmentos perdidos de informação que em geral não são ensinados nas escolas americanas. Enquanto os alunos das escolas públicas estudavam história americana, nós, no convento, estudávamos a história inglesa a partir da época de Lord Palmerston. A razão para isso encontra-se no fato de a história inglesa, até Henrique VIII, confundir-se com a história católica e, a partir daí, com um ou dois interlúdios, tornar-se anticatólica. Claro, ensinavam-nos a simpatizar com Maria Sanguinária (jamais chamada assim no convento), com Maria, rainha da Escócia, com Filipe da Espanha, com os jesuítas mártires, com Carlos I (casado com uma princesa católica), com Jaime II (casado, antes, com uma protestante; depois, com Maria de Modena), com o Pretendente, o príncipe Carlos. O interesse declinava com Peel e a emancipação dos católicos. Para mim, pouco importa que essa história fosse parcial (isso sempre pode ser remediado mais tarde); o importante é ter aprendido sobre as batalhas e os soberanos, suas consortes, amantes e primeiros ministros, conhecer o passado de uma terra estranha a tal ponto de detalhe que esse país fica sendo seu. Se eu tivesse ficado no convento, teríamos passado para a história da França, e hoje eu saberia toda a lista dos seus reis, bem como de suas mulheres e ministros, porque a história francesa, até a Revolução, era história católica, e Carlos Magno, Joana d'Arc e Napoleão eram católicos proeminentes.

Tampouco se trata de aprender mais em mais tenra idade, e de que o aprendido se incorpore mais firmemente; há, também, uma questão sentimental. Preocupar-se com as querelas do passado, identificar-se com paixão a uma causa que, politicamente falando, tornou-se perdida com o advento do mundo moderno, é experimentar uma espécie de embate com a realidade, um inconformismo rebelde mais uma vez raro nos Estados Unidos, onde as crianças são instruídas nas virtudes do sistema no qual vivem, como se a história atingisse o final feliz no civismo americano.

Isso pelo lado prático. Mas se poderia argumentar que aos olhos de um educador americano minha instrução católica talvez não apresente a menor utilidade. Qual é a vantagem, diria ele, de se ouvir diariamente a lengalenga de uma língua morta, ou de saber que santa Úrsula, uma princesa bretã, foi martirizada em Cologne com dez mil virgens? Já demonstrei que esse tipo de coisa apresenta certa utilidade ao longo da vida — uma utilidade que não era prevista na época, pois não estudávamos a vida dos santos para poder admirar a pintura italiana, nem recitávamos nosso catecismo para poder ler John Donne. Tal idéia seria uma blasfêmia atroz. Aprendíamos aquilo pela glória de Deus, e o resto, por assim dizer, era lucro. Aliás, não teríamos estudado com tanto afinco se nos tivessem dito que o que estávamos aprendendo seria útil mais tarde, assim como as crianças não estudam aritmética com mais aplicação quando lhes garantem que esse conhecimento irá ajudá-las, mais tarde, nos negócios. Nada é mais tedioso para uma criança do que o princípio da utilidade. Minha educação católica serviu, basicamente, para ensinar-me, junto com muitas outras coisas que se revelaram práticas, uma concepção de algo anterior e mais alto que a utilidade ("Considerai como crescem os lírios do campo: não trabalham nem fiam"), a idéia de desperdício, sempre chocante para os não-católicos, que não podem suportar, por exemplo, o contraste entre a riqueza das igrejas e a pobreza das pessoas do sul da Europa. De acordo, aquelas igrejas são uma loucura; assim como a vida de um anacoreta sujo ou de uma freira enclausurada que não se dedica ao ensino — sem proveito para a sociedade e danosa para a pessoa envolvida. Mas prefiro pensar neles dessa maneira do que vê-los como um investimento, como ações compradas para uma salvação futura. Na realidade, nunca gostei da doutrina das indulgências — a idéia de que você pode rezar cinco ave-marias e liquidar com um ano de purgatório. Para mim, isso pertencia ao tipo de catolicismo praticado por minha avó McCarthy. Do que eu gostava na Igreja, e disso me lembro com gratidão, era o senso do mistério e do milagre, as cinzas na testa na Quarta-feira de Cinzas, a bênção da garganta, com velas, no dia de são Blaise, os véus roxos cobrindo as imagens após o domingo da Paixão (atrás dos quais elas escondem o rosto em sinal de luto, pois Cristo vai ser crucificado), o som das campainhas na hora do Sanctus, a explosão de lírios na Páscoa — todo esse ritual, aparentemente estranho e despropositado (exceto a bênção da garganta), senão o de comemorar uma Pessoa que morreu há muito tempo. Nesses momentos de altruísmo exaltado, a alma se inflamava de reverência.

Portanto, na qualidade de católica decaída, não me preocupa, afinal, a existência ou não de Deus. Caso Ele exista (o que me parece bastante duvidoso), estarei em maus lençóis no outro mundo, mas não pretendo barganhar a crença em Deus pela salvação de minha alma. A aposta que Pascal fez consigo mesmo — de que Deus existia embora o raciocínio fosse incapaz de prová-lo — parece-me excessivamente prudente. O que Pascal teria a perder, comportando-se como se Deus existisse? Absolutamente nada, pois não havia contraprincípio para condená-lo caso Deus não existisse. Quanto a mim, prefiro arriscar-me mais, e se há uma coisa que jamais farei é mandar chamar um padre para recitar um Ato de Contrição em meus últimos momentos. Pouco me importa perder minha alma por toda a eternidade. Se existe um Deus que me condene por eu não ter querido fazer um trato com Ele, então é uma pena. Mas eu não teria mesmo vontade de passar a eternidade em tal companhia.

UM

MAS QUEM É AQUELE CAMPONÊS?

Sempre que nós, crianças, íamos à casa de minha avó, mandavam-nos dormir no quarto de costura, um retângulo desolado, miserável, utilitário, mais oficina que quarto, mais sótão que oficina, que na hierarquia dos aposentos desempenhava o papel de parente pobre. Era uma peça onde os outros membros da família raramente entravam, que a empregada raramente varria, uma peça sem orgulho; a velha máquina de costura, uma ou outra cadeira enjeitada, uma lâmpada sem quebra-luz, rolos de papel de embrulho, pilhas de caixotes de papelão que algum dia podiam ser úteis, pacotes de alfinetes e retalhos de tecidos associavam-se às camas de campanha, armadas para nosso uso, e ao assoalho despojado para dar uma impressão de intensa e implacável provisoriedade. Colchas brancas e fininhas, do tipo usado em hospitais e instituições de caridade, e janelas sem cortinas lembravam-nos nossa condição de órfãos e o caráter efêmero de nossa visita: ali não havia nada que nos pudesse encorajar a nos sentirmos em casa.

Os filhos do coitado do Roy — como nos designavam com uma comiseração viscosa — não podiam, segundo a família, alimentar qualquer ilusão. Nosso pai pusera-nos à margem da sociedade ao morrer subitamente de gripe, levando nossa jovem mãe consigo, falha comentada com um misto de horror e pena, como se nossa mãe fora uma secretária bonita que ele tivesse seduzido a ir perder-se com ele no paraíso irresponsável do além. Nossa reputação se via toldada por aquela desgraça. A opinião corrente, não apenas no âmbito da família, mas entre comerciantes, empregados, condutores de bonde e outros satélites de nosso círculo, era que meu avô, um homem rico, tivera um comportamento extremamente generoso ao conceder determinada quantia para nossa manutenção e ao instalar-nos com parentes desagradáveis e de meia-idade numa casa caindo aos pedaços, dois quarteirões de distância da dele. As outras alternativas que ele pudesse ter tido jamais eram mencionadas; supostamente, poderia ter-nos mandado para um orfanato e ninguém teria nada a dizer em contrário. Seja como for, mesmo aqueles que simpatizavam conosco achavam que levávamos uma existência privilegiada, porque não tínhamos direitos; o próprio fato de, na festa oferecida anualmente por um tio no Dia de Todos os Santos ou no Natal, apresentarmos um aspecto tão lamentável, mal-vestidos e enfermiços ao lado de nossos primos rosados e enfeitados, confirmava a opinião formada a nosso respeito — era evidente que só um impulso generoso nos mantinha no seio da família. Assim, quanto mais miserável nossa aparência, maior parecia a condescendência de nosso avô, opinião que nós mesmos compartilhávamos, considerando suave e timidamente aquele velho — com seu reumatismo, seu rosto rosado e seu cabelo branco realçados pelos botões de rosa que ornamentavam seu Pierce-Arrow e sua botoeira —, como fonte de bondade e filantropia, e a moedinha de cinco cents que ele nos dava de vez em quando para a coleta da igreja (nossa contribuição habitual sendo de dois cents) não nos enchia de inveja, mas de uma admiração ingênua por seu poderio; *isso* era ser nobre, *essa* era a maneira de dar. Não nos ocorria julgá-lo pela disparidade de nossos modos de vida. Toda amargura que sentíamos estava reservada para nossos tutores que, em nossa opinião, deviam estar-se apropriando do dinheiro que nos era destinado, visto que o nível de conforto atingido na casa de nossos avós — aquecedores elétricos, lâmpadas a gás dissimuladas entre as achas das lareiras, mantas, xales que envolviam ternamente velhos joelhos, carne branca de galinha e carne vermelha de boi, prataria, toalhas adamascadas, empregadas e o solícito motorista — convencia-nos de que ameixas e pudim de arroz, pintura descascada e roupas remendadas, nada tinham a ver com aquelas pessoas, portanto não podiam ter sido desejadas por elas. Riqueza, para nós, era o equivalente de bondade, e pobreza nada mais era que sinal de indigência espiritual.

Mas, mesmo que nos convencessem da honestidade de nossos tutores, continuaríamos aferrados à imagem benemérita que o mito familiar nos oferecia em relação a nosso avô. Éramos pobres demais, espiritualmente, para questionar sua generosidade, para perguntar por que ele permitia que vivêssemos transidos de frio, em meio à privação, mantidos a boa distância dele próprio, que escondia seus amáveis olhos azuis sob sobrancelhas hirsutas e cinzentas toda vez que a prova de nosso sofrimento se apresentava diante dele. Sabíamos a resposta oficial: nossos benfeitores estavam velhos demais para poder tomar conta de quatro crianças levadas; nosso avô estava preocupado com negócios e com seu reumatismo, ao qual se dedicava como se fosse um dever sagrado, levando-o consigo para peregrinações em Sainte-Anne de Beaupré e Miami, oferecendo-o com reverência imparcial ao milagre da Mãe do Norte e do Sol meridional. Aquele reumatismo envolvia meu avô na aura de uma vocação especial; meu avô vivia com ele à maneira de um artista ou de algum Galaad grisalho. O reumatismo diferenciava-o de todos nós, até de minha avó que, como não contava com uma aflição daquelas, levava uma existência relativamente injustificada e apresentava, em relação a nós, crianças, uma disposição mais severa e belicosa. Ela sentia que, apesar de tudo, estava exposta à crítica e, transpondo esses sentimentos com a destreza originada de uma longa prática, passava o tempo sondando nossas índoles em busca de sintomas de ingratidão.

Quanto a nós, nosso reconhecimento chegava às raias do servilismo. Não fazíamos exigências nem tínhamos esperanças. Ficávamos satisfeitos quando nos permitiam desfrutar dos raios refletidos por aquela prosperidade solar e passar uma ou outra tarde de verão sentados à sombra da varanda, ou folgar, numa manhã de inverno, nas poltronas de vime do jardim de inverno; contemplar a pianola no salão de música e sentir o cheiro de uísque no armário de mogno da biblioteca; ou subir nas poltronas do salão para olhar os quadros recobertos de vidro em suas enormes molduras douradas, frutos de viagens pela Europa: grupos de devotos melancólicos vindos da Itália, pesados e lustrosos como uvas, mulheres napolitanas a caminho da feira com suas cestas, vistas de canais venezianos, cenas de colheita na Toscana —, temas seculares que, para a mentalidade americano-irlandesa, se haviam impregnado de catolicismo por osmose pontificial. Nada queríamos daquela casa senão o orgulho de estarmos ligados a ela, o que estava ótimo para nós, pois minha avó, adepta fervorosa do princípio de hospitalidade que reza: ''dê-uma-mão-que-eles-logo-querem-o-braço'', jamais, que eu me lembre, ofereceu um único refresco a seus visitantes, considerando sua própria conversação como suficientemente nutritiva e reconfortante. Essa velha feia e severa, cujo colo era uma espécie de terraço monstruoso, minha avó, oficiava sobre tópicos bem definidos numa melopéia descolorida, como um padre rezando a missa, assuntos esses que a repetição investira de uma solenidade sem sentido: sua audiência com o Santo Padre; como meu pai rompera com a tradição familiar e votara democrata; uma visita a Lourdes; as Escadarias Sagradas de Roma, manchadas de sangue desde a primeira Sexta-feira Santa, as quais subira de joelhos; meus dedos mindinhos tortos, que provavam que eu era mentirosa; uma relíquia milagrosa; a importância da regularidade nas funções intestinais; a maldade dos protestantes; a conversão de minha mãe ao catolicismo; e a convicção de que minha outra avó devia tingir os cabelos. As lembranças mais insignificantes (como a crise de nervos de minha tia num monte de feno) assumiam, graças ao tom que ela empregava e ao contexto edificante, um sabor fortemente admonitório; inspiravam medo e culpa, e ficava-se procurando, desconfortavelmente, a moral que continham, como se fossem uma fábula obscura e enigmática.

Por sorte, estou escrevendo memórias e não uma obra de ficção, graças ao que não me vejo na obrigação de justificar a personalidade desagradável de minha avó nem de procurar a fixação edipiana ou a experiência traumática capazes de dar a ela a autenticidade clínica hoje em dia tão apreciada quando se retrata um personagem. Não sei como minha avó se tornou o que era; deduzo, a partir de fotografias familiares e da inflexibilidade de seus hábitos, que ela foi sempre assim, e parece-me tão inútil pesquisar sua infância quanto perguntar o que fazia Iago sofrer ou tentar descobrir se Lady Macbeth foi ensinada a usar muito cedo o vaso sanitário. A história sexual de minha avó, pontilhada de mortalidade infantil ao estilo característico de sua época, fora sólida e decisiva: criaram-se três filhos altos e bonitos e uma filha devotada. O marido tratava-a com gentileza. Tinha dinheiro, muitos netos e a religião para sustentá-la. Cabelo branco, óculos, pele macia, rugas, trabalhos de agulha — dispunha de toda a parafernália maternal; apesar disso era uma velha fria, ranzinza, impertinente, que passava o dia sentada em seu jardim de inverno fazendo tapeçarias de acordo com um modelo, lendo publicações religiosas e investindo com determinação contra qualquer infração a suas regras.

Acho que o traço predominante na personalidade de minha avó era a combatividade. Devota agressiva, era desprovida do menor sentimento cristão; a caridade do Senhor jamais entrara em seu coração. Sua piedade não passava de um ato de hostilidade dirigido à ascendência dos protestantes. As publicações religiosas sobre sua mesa forneciam-lhe, além de alimento para meditação, novos pretextos para ira; artigos contrários ao controle da natalidade, ao divórcio, a casamentos mistos, a Darwin e à educação secular eram sua leitura predileta. Os ensinamentos da Igreja não a interessavam, a não ser quando serviam para censurar os outros: ''Honra teu pai e tua mãe'', o mandamento que ela não precisava mais colocar em prática, era o que vinha mais freqüentemente a seus lábios. O extermínio do protestantismo, mais que a perfeição espiritual, era o objeto de suas orações. Sua mente se preocupava com a conversão; a captura de uma alma por Deus dava-lhe muita alegria — um protestante a menos no mundo. As missões estrangeiras, com sua nota dominante de boa vontade e atuação social, apresentavam menos interesse para ela; não era uma *colheita* de almas o que minha avó tinha em vista.

A combatividade de minha avó não se limitava ao entusiasmo sectário. Havia ainda a defesa de seus móveis e de sua casa contra a invasão imaginária dos visitantes. No caso dela, não se tratava daquele simpático e trêmulo sentimento de proteção, endêmico nas senhoras idosas, que temem pela integridade de suas posses com uma ansiedade verdadeiramente tocante, avaliando a fragilidade de todas as coisas a partir da pouca firmeza de seus velhos ossos e ouvindo o estrondo da mortalidade no tinir ameaçador de uma xícara de chá. O sentimento de minha avó era mais autocrático: ela odiava que sentassem em suas cadeiras ou que andassem em seus gramados ou que abrissem as suas torneiras, sem outra razão senão a mania de mandar. Via mesmo com maus olhos a caminhada diária do carteiro por suas aléias. Seu lar era um centro de poder, e ela jamais permitiria que esse poder fosse diminuído por uma utilização familiar ou democrática. Sob seu olhar ciumento, as propriedades sociais da casa haviam-se atrofiado e, na estrutura familiar, essa casa funcionava simplesmente como um quartel-general político. Ali eram celebradas reuniões familiares, consultas médicas e clericais; crianças desobedientes eram conduzidas até lá para um sermão ou para meditarem sobre seus erros; testamentos eram lidos, empréstimos negociados, e recebiam-se emissários da facção protestante nas ocasiões solenes. A família não tinha amigos e, entre parentes, as festas eram consideradas uma cortesia tola e inútil. Os jantares festivos faziam parte dos deveres dos membros menos poderosos da organização: as filhas e noras (convertidas da falsa religião) serviam pratos suntuosos apresentados em bandejas, como a cabeça de São João Batista, enquanto os mais velhos se sentavam à cabeceira e somente suas atividades digestivas prestavam homenagem ao dia de festa, com salvas de roncos enigmáticos.

Houve uma terrível ocasião, porém, em que minha avó abriu sua casa. Ela nos acolhera a todos durante aquelas semanas fatais da epidemia de gripe, quando não havia leitos disponíveis nos hospitais e as pessoas saíam usando máscaras ou ficavam fechadas em casa, com o medo pânico do contágio paralisando todas as atividades e transformando cada homem no inimigo de seu vizinho. Um a um, fomos retirados do trem que nos trouxera do longínquo Puget Sound para construir um novo lar em Minneapolis. Ao nos despedirmos dos que ficaram na estação de Seattle, não fazíamos idéia de que levávamos a gripe conosco no trem, juntamente com os presentes e as flores; mas, um após outro, fomos adoecendo à medida que o trem avançava para leste. Crianças, não entendíamos se o fato de estarmos rangendo os dentes, com mamãe estendida sem forças no beliche, fazia parte, de alguma maneira, da viagem (até então, doença grave, para nós, era uma coisa que sempre se associava a inovações — sempre tivera como resultado um novo bebê em casa); começamos a ter certeza de que tudo aquilo era uma aventura quando vimos nosso pai apontar um revólver para o chefe do trem, que queria que descêssemos numa estaçãozinha de madeira no meio das pradarias do North Dakota. Na plataforma, em Minneapolis, havia macas, uma cadeira de rodas, carregadores, funcionários agitados, e, por trás deles, em meio à multidão, o rosto rosado de meu avô, equipado com seu charuto e sua bengala, e o chapéu emplumado de minha avó, dando um ar de festa àquele quadro estranho e confuso, e persuadindo-nos, crianças, de que nossa enfermidade era o início de férias deliciosas.

Despertamos para a realidade no quarto de costura, várias semanas mais tarde, numa atmosfera de óleo de rícino, termômetros retais, enfermeiras mal-humoradas e eficiência. Embora mantidos à margem do que ocorria tão perto de nós, simplesmente fora do alcance de nossos ouvidos — um escândalo dos mais graves, idas e vindas de padres e de agentes funerários e caixões (mamãe e papai tinham ido para o hospital para ficarem bons, era o que nos asseguravam) —, percebemos, assim que despertamos de nossas febres, que tudo, inclusive nós mesmos, estava diferente. Havíamos encolhido e murchado, tal como os pijamas de flanela que vestíamos tinham ficado terrivelmente finos e gastos naquelas poucas semanas, certamente devido ao desinfetante em que eram lavados. O comportamento das pessoas a nossa volta, brusco, indiferente e tenso, deixou bem clara a diminuição de nossa importância. Nosso prestígio empalidecera, e uma nova imagem de nós mesmos — a imagem, se fôssemos capazes de adivinhar, do órfão — já se formava em nossas cabeças. Não sabíamos que éramos mimados, mas agora essa palavra entrava pela primeira vez em nosso vocabulário e servia para definir a mudança para conosco e apregoar a nova ordem. Antes de ficarmos doentes éramos mimados, e no momento o problema era esse; tudo o que não conseguíamos entender, tudo o que nos parecia pouco familiar e desagradável, assumia certa plausibilidade quando associado àquele novo conceito. Não sabíamos o que era receber bandejas atiradas sumariamente em nossas camas, comer cereais sem açúcar ou creme, tomar remédio de um só gole porque determinada pessoa não podia ficar a nossa espera, sentir nossos braços enfiados de qualquer jeito nas mangas, os cabelos arrancados ao ser penteados, ser banhados com impaciência, receber a ordem de sentar ou deitar de uma vez, sem criar problemas, fazer perguntas e não obter respostas, pedir coisas e não recebê-las, ficar deitados horas e horas sozinhos à espera da visita do médico... mas tudo aquilo, ao que parecia, devia-se a uma lacuna em nossa educação, e minha avó, com todo o seu aparato doméstico, pôs mãos à obra para corrigir a deficiência.

Suas razões, sem dúvida, eram válidas; de fato, já era tempo de aprendermos que o mundo não se limitava mais ao interior de nossa concha. A vida feliz que levávamos antes — os cestos de flores de 1º de maio e os cartões no dia de São Valentim, os piqueniques no quintal e o elaborado boneco de neve — na verdade não nos preparara para o futuro que agora se abria para nós. Afinal, não podíamos exigir que nossos novos educadores deixassem de externar certa impaciência para com nossos pais, que haviam sido tão pouco previdentes. Era do interesse de todos, decididamente, que esquecêssemos o passado —

quanto antes, melhor —; a crítica sistemática de nossos antigos hábitos ("Chá e chocolate, imaginem só, e todos esses doces — não é de espantar que a pobre Tess passasse o tempo chamando o médico") e os elogios rigorosamente comparativos ("Você não faz idéia de como essas crianças estão melhorando") lisonjeavam os sentimentos dos que falavam e preparavam-nos para aceitar uma perda que era, de todo modo, irreparável. Como qualquer criança, queríamos adaptar-nos; a idéia de que nossos antigos hábitos eram de certa maneira ridículos e inadequados fez com que a lembrança do passado balançasse um pouco, como uma criança que recita uma poesia para pessoas que não conhece. Paramos de pedir o que nos era devido, e o desejo de rever nossos pais enfraqueceu sem que percebêssemos. Em pouco tempo deixamos de tocar no assunto e assim, sem lágrimas nem dramas, ficamos sabendo que tinham morrido.

Por que ninguém, muito menos nossa avó, em cujo repertório o assunto pareceria tão natural, tivera o cuidado de nos contar? Impossível sabê-lo agora. É fácil imaginá-la "dando a notícia" àqueles com idade suficiente para ouvi-la, durante uma das entrevistas oficiais que, periodicamente, tumefaziam sua natureza, tornando-a pesada e túrgida como seu monstruoso colo, como peônias, sua flor predileta, ou como o manequim de costureira, aquela réplica grotesca dela mesma que, meio escondida por um lençol para manter o decoro, emprestava uma solenidade de museu ao quarto de costura e iria despertar nossas primeiras curiosidades sexuais. Podemos imaginar as sentenças que, na realidade, ela não formulou, fosse por motivos higiênicos (manter a mente desinformada e os intestinos abertos), fosse por delicadeza mal-compreendida — difícil imaginar. Talvez, na verdade, ela temesse nossas lágrimas, que poderiam cair sobre ela como acusações, já que a política da família, na época, se baseava no axioma de nossa insensibilidade virtual, pressuposto que lhe permitia tratar-nos como se fôssemos peças do mobiliário. Sem explicações nem carinhos, assim que tiveram condições de abandonar o leito sem correr perigo, meus três irmãos foram despachados para a outra casa; eram muito pequenos para "sentir" o que acontecera, foi o que ouvi os adultos murmurarem, e não notariam a diferença, "se Myers e Margaret tiverem cuidado". No meu caso, porém, deve-se ter ficado em dúvida. Eu tinha seis anos — era crescida o suficiente para "lembrar" — e esse fato me dava direito, aos olhos da família, a uma maior consideração, como se essa memória fosse um advogado encarregado de representar-me no tribunal. Assim, em consideração a minha idade e a meus supostos poderes de crítica e comparação, fui mantida ali por algum tempo, perambulando languidamente pelos salões de minha avó, criatura mutante em etapa de transição, um girino virando sapo, enquanto meus irmãos, pobres pólipos minúsculos, já estavam bem instalados na estrutura da nova vida. Não me preocupei com o fato de eles terem desaparecido. Acho que pensei que haviam morrido, mas o destino deles não chegava a ser motivo de muita ansiedade para mim; meu coração estava anestesiado. Eu me achava muito inteligente por ter adivinhado a verdade sobre meus pais, como uma criança que descobre, orgulhosa, que Papai Noel não existe, mas me recusava a falar sobre isso, recusava-me até a reagir a isso em meu foro íntimo, pois não queria ter nada a ver com aquilo; recusava-me a cooperar com aquela perda. Aquelas semanas na casa de minha avó voltam-me à lembrança muito obscuramente, tarjadas de negro, como um cartão de pêsames: o vão escuro da escada, por onde me vejo passando a todo instante, de um lado para o outro, na esperança de ver mamãe quando ela voltasse do hospital, e depois por força do hábito; a classe de primeira série, escura por causa do inverno, na nova escola para onde me mandaram; o desmazelado consultório médico, onde todos os sábados eu berrava e implorava sobre uma mesa, enquanto me aplicavam choques elétricos — com que objetivo eu não consigo imaginar... Mas aquele tratamento preferencial não podia prolongar-se indefinidamente; já era tempo de eu encontrar meu lugar. "Há uma pessoa que quer falar com você", anunciou a empregada certa tarde, com um sorriso meio curioso, meio sabido, nos lábios. Meu coração deu um salto; quase desmaiei (quem mais poderia ser?) e ela teve de empurrar-me para que eu andasse. Mas o homem e a mulher que me observavam enquanto eu entrava no jardim de inverno, sentados ao lado de minha avó, eram estranhos, duas desinteressantes pessoas de meia-idade — uma tia-avó e o marido, ao que parecia —, a quem fui obrigada a dar a mão e sorrir, pois, como disse minha avó, Myers e Margaret tinham vindo buscar-me para me levar, naquela mesma tarde, à casa deles, onde eu ia morar, e eu não devia causar-lhes má impressão.

Assim que nossa vida se reorganizou, a morte de nossos pais foi oficialmente admitida e as emoções tiveram vez e lugar. Alusões diretas aos falecidos, a sua beleza, alegria e boas maneiras não eram, claro, bem-recebidas por nossos tutores, que não possuíam nenhuma dessas qualidades, mas a veneração da *memória* de nossos pais foi considerada um exercício admirável. Nossas orações noturnas foram prolongadas com a inclusão de uma prece pelas suas almas e considerou-se que nós quatro formávamos um belo quadro, vestidos em nossos pijamas, ajoelhados em fila, mãos postas a nossa frente, recitando a oração pelos mortos. ''Concedei-lhes repouso eterno, ó Senhor, e que a perpétua luz brilhe por eles'', implorávamos com nossas frágeis vozinhas; mas aquela comemoração, que tanto prazer provocava em nossos tutores, para nós não passava de uma obrigação penosa. Era algo que associávamos ao apagar das luzes, à lavagem do rosto, a todas as coerções da hora de ir para a cama, especialmente a fita adesiva colada sobre nossos lábios tão logo acabávamos de rezar, para impedir que respirássemos pela boca, lacrando-nos até de manhã, quando a remoção, extremamente dolorosa, era feita com o auxílio de éter. Embaraçava-nos o fato de ser exatamente as pessoas que os haviam substituído quem nos lembrava de nossos pais, evocando seus espectros com ares de proprietários, como se a morte, a grande niveladora, os tivesse reduzido a sua jurisdição. Dentro do mesmo espírito, éramos levados ao cemitério para contemplar os túmulos de nossos pais; sendo uma atividade gratuita, acabou se tornando passatempo regular aos domingos, atividade que passamos a detestar como todas as outras distrações impostas por nossos tutores — inaugurações de lojas, concertos de bandas, paradas, visitas ao Lar do Velho Marinheiro, ao Jardim Botânico, ao parque Minnehaha, onde olhávamos as outras crianças passearem de pônei, ao Zoológico, à caixa-d'água —, recreações que não custavam nada, mas envolviam longas viagens de bonde ou intermináveis caminhadas e esperas, e que tinham todas as características do entretenimento municipal americano: eram extremamente cansativas, poeirentas e proletarizadas. Os dois montinhos em que nossos pais se haviam transformado associavam-se, em nossa imaginação, a balas de canhão da Guerra da Secessão e a monumentos ao soldado desconhecido; nós os contemplávamos imperturbáveis, à espera de uma emoção que aqueles leitos cobertos de grama, colocados um ao lado do outro, com suas lápides medíocres e banais, jamais provocavam; cansados daquela contemplação interminável, acabávamos pedindo licença para ir brincar em algum mausoléu das proximidades, onde pelo menos os mortos eram enterrados em gavetas, o que oferecia algum estímulo à fantasia.

Para minha avó, o culto aos mortos tornara-se uma espécie de cortesia que ela considerava adequado desempenhar em nossa intenção, sempre que, por alguma razão, um de nós pernoitava na casa dela. A razão era quase sempre a mesma. Nós (ou seja, meu irmão Kevin e eu) havíamos fugido de casa. Independentemente um do outro, o mais velho de meus irmãos e eu havíamos desenvolvido um projeto idêntico: dar um jeito de ser mandado a um asilo de órfãos. Havíamos observado o interesse que a menção de nossa qualidade de órfãos parecia despertar nos desconhecidos, e isso nos levou a interpretar a palavra "asilo" no sentido grego, e a considerar determinado prédio de tijolos vermelhos, entrevisto certo dia de um bonde, perto do rio Mississippi, como o porto que nos ofereceria segurança. Assim, de vez em quando, sempre que nossas vidas se tornavam penosas demais, um de nós se punha a caminho, decidido a encontrar o prédio de tijolos vermelhos e a solicitar a proteção que, em nosso entender, era um direito legal que nos competia. Mas às vezes perdíamos o rumo, outras a coragem, e depois de um dia inteiro vagando pelas ruas — olhando furtivamente quintais desconhecidos, tentando avaliar a bondade do proprietário (pois também considerávamos a possibilidade de sermos adotados), ou após uma noite gélida escondidos num confessionário ou atrás de alguma estátua da Escola de Belas Artes — éramos levados de volta para a casa de minha avó pela polícia, por algum cidadão prestativo, ou simplesmente pelo medo e pela fome. Lá éramos sempre recebidos em silêncio e, imediatamente, convocava-se uma reunião de família. Instalavam-nos no quarto de costura por uma noite, às vezes mais, até que nossos sentimentos serenassem e pudéssemos ser mandados de volta, gratos por nos terem prometido que não sofreríamos represálias e que a vida da qual havíamos fugido prosseguiria "como se nada tivesse acontecido".

Desde que, em geral, fugíamos para evitar algum castigo previsto, essas escapadas ao menos valiam para alguma coisa; só que, além do sarcasmo de nossos tutores, que nos felicitavam rancorosamente por nossa "astúcia", nós não nos sentíamos tão triunfantes ao voltar para casa, visto que, afinal, era para lá que voltávamos. As cãibras e pavores daquelas longas noites nos impressionavam. O fracasso de nossas tentativas de fuga deixava-nos absolutamente à mercê de nossos tutores; havíamos perdido nossa última arma, pois era mais que evidente que eles sempre conseguiam nos levar de volta; jamais compreendemos por que não aproveitavam aquela situação para acabar com a nossa raça, como costumavam dizer. A que devíamos nossa salvação? Não conseguíamos adivinhar. Um milagre, talvez; não tínhamos conhecimento de nenhuma razão *humana* capaz de dobrar o exercício da Onipotência. Não fazíamos a menor idéia de que aquelas escapadas causavam consternação no círculo familiar, convencidos de que suas ações tinham o objetivo de defender nossos interesses, mas que, devido a nossas fugas, se sentia ameaçado de ser injustamente caluniado. Qual seria a reação protestante se algo ainda mais terrível nos acontecesse? Havia casos de suicídios infantis, e o pequenino e asmático Kevin já fora surpreendido com fósforos no porão. A família era incapaz de reconhecer um erro, mas chegava a admitir que Myers e Margaret eram um tanto ineptos. Era óbvio que podíamos nos tornar intratáveis se nossa volta ao lar, nessas ocasiões, não contasse com a indulgência. Eis por que minha avó nos mantinha numa espécie de detenção neutra. Recusava-se a tomar conhecimento de nossas queixas e não nos dirigia qualquer palavra de consolo, mas os confortos de sua casa tinham uma ação calmante sobre nós, como uma mão maternal automática. Comíamos e bebíamos com satisfação; apesar de todos os seus princípios rigorosos, minha avó era uma mulher prática e não teria achado que valesse a pena desorganizar todo o esquema doméstico só para ensinar a cozinheira a fazer mingaus embolotados e purês aguados, ou a ir à feira comprar nabos, rabanetes e todos os outros legumes que detestávamos, a fim de reproduzir as condições que considerava adequadas ao nosso caráter. O pão da humilhação pode custar caro, principalmente quando preparado sob encomenda.

Sem dúvida, ela não fazia idéia de quanto aquelas visitas nos pareciam deliciosas, uma vez passado o medo de sermos castigados. Ela se mantinha senhorialmente desinformada de nossas condições de vida. Não visitava nosso *lar* nem procurava saber quais eram seus hábitos; embora fosse hipersensível a um estrabismo ou a uma irregularidade dentária (efetivamente, era liberal no que diz respeito a óculos e aparelhos dentários, equipamentos que nos desfiguravam e que ficaram sendo o derradeiro símbolo de nossa origem burguesa, distinguindo-nos de nossos colegas da escola paroquial como as marcas de casta de alguma tribo primitiva), parecia não tomar conhecimento dos cerzidos e remendos de nossa roupa, de nossas mãos gretadas, de nossos braços esquálidos, de nosso silêncio, de nossos rostos envelhecidos. Em sua imaginação, continuávamos cercados pelos poucos brinquedos que um dia nos oferecera — uma caixa de areia, um balanço, um caminhão, uma ambulância, um carrinho de bombeiros. Na consciência de minha avó, esses objetos se mantinham eternamente inalteráveis; anos depois de a areia ter-se esparramado e as tábuas que a cercavam terem apodrecido, ela ainda nos perguntava ternamente como ia nosso lindo monte de areia, manifestando desagrado ao ver que não fazíamos coro a suas observações. Como muitas pessoas egoístas (observei essa característica em mim mesma), ela era capaz de um gesto generoso, mas ficava tão fortemente afetada por ele, que aquela generosidade continuava viva em sua memória mesmo quando os efeitos práticos do gesto já se tinham extinguido havia muito tempo. A lembrança do preço de um chapéu de castor marrom que ela me viu usar durante quatro anos ofuscava sua visão, tornando-a incapaz de notar a pele gasta, a aba disforme e a fita esfarrapada. Mesmo assim, embora sua imaginação enchesse de bordados a trama despojada de nossas vidas, era-lhe impossível deixar de perceber que notávamos, durante as curtas estadas em sua casa, *alguma* diferença entre as duas residências, mas considerava nossa admiração e nosso prazer como um cumprimento pessoal.

Sorria-nos com doçura quando elogiávamos a comida e os banheiros, guarnecidos de tapetes e aquecedores elétricos. Que criaturinhas esquisitas, boquiabertas diante de coisas que, afinal de contas, não passam de comodidades absolutamente triviais! Ao ver-nos satisfeitos em sua casa, seu espírito competitivo ia-se aquecendo, lentamente, em nosso entusiasmo: comparava-se a nossos tutores e, embora por razões práticas, não tivesse condições de criticá-los ("Vocês foram muito ingratos com Myers e Margaret, crianças, depois de tudo o que eles têm feito por vocês"), o sentimento da superioridade devido a sua magnanimidade dispunha-a sutilmente a nosso favor. Na pujança dessas emoções, unia-nos uma centelha de ternura. Ela parecia relutar à partida daquele, dentre nós dois, que estivera sob sua custódia, quase como se estivesse experimentando uma autêntica dor na consciência. "Tente comportar-se direitinho", costumava aconselhar-nos quando chegava o momento das despedidas, "e não incomode seu tio e sua tia. Se vocês não fossem tantos, teria sido possível organizar as coisas de outra maneira.'' Contrariamente ao que se poderia supor, essas manifestações de interesse, essa admissão tácita de nossa verdadeira situação, não nos inspiravam maiores ressentimentos para com nossos avós, uma vez que, desconhecendo os fatos, sua atitude poderia justificar-se. Ao contrário, enchíamo-nos de amor por eles, experimentando uma espécie de cumplicidade — nossos sofrimentos tornavam-se menos terríveis quando alguém tomava conhecimento de sua existência, quando alguém sofria por nós, alguém por quem nós também podíamos sofrer, absolvendo-os, dessa maneira, de toda culpa.

Durante essas tréguas, a lembrança de nossos pais criava, entre nós e nossa avó, um laço que reforçava nossa afeição mútua. Diferentemente de nossos tutores ou das damas chorosas que às vezes nos iam visitar, inspiradas, aparentemente, por uma curiosidade pornográfica pelos detalhes exatos de nossas sensações (''Você acha que eles se lembram dos pais?'' ''Às vezes eles *comentam* alguma coisa?''), nossa avó demonstrava absoluta falta de interesse por despertar a mínima tristeza em nós. ''Ela não sente absolutamente nada'', era o que eu costumava ouvi-la dizer, a meu respeito, às visitas, satisfeita, e sem a menor censura, como se eu fosse uma gata que, com judiciosa precaução, ela tivesse mandado ''tratar''. Para minha avó, a morte de meus pais transformara-se, com o tempo, num acontecimento memorável, relembrado com prazer e certa dose de auto-satisfação. Sempre que ficávamos em sua casa, tínhamos a permissão, muito especial, de entrar nos aposentos onde nossos pais haviam morrido, pois o fato de ''terem morrido em quartos separados'', como ela dizia, assumira para ela um significado ao mesmo tempo romântico e, sabe-se lá por quê, meritório, como se a separação, na morte, dos dois que se haviam amado em vida, fosse uma coisa bonita em si, além de reverter em honra para a dona da casa, que tivera condições de oferecer duas alcovas para o acontecimento. Na verdade, os detalhes domésticos da tragédia apresentavam para ela interesse primordial. ''Transformei minha casa numa clínica'', costumava dizer, especialmente quando tinha visitas. ''Enfermeiras eram tão raras quanto galinhas com dentes... e o *preço*! Vocês nem podem imaginar *quanto* aquelas moças cobravam por hora.'' As bandejas e a alimentação especial, a lavagem da roupa e os desinfetantes voltavam orgulhosamente a sua lembrança, como os pratos servidos em um jantar dançante ocorrido muito tempo atrás, cuja evocação a envolvesse num forte e possessivo sentimento de nostalgia.

Parecia que, ao morrer em seu domicílio, meus pais se haviam transformado em propriedade sua, e agora ela nos restituía pouco a pouco, profundamente convencida de sua generosidade, da mesma maneira como, mais tarde, quando apareci diante dela transformada numa jovem mulher, ela me outorgou um pingente de diamante que pertencera a minha mãe, como se aquela jóia fosse uma herança que lhe pertencesse de direito. Mas a generosidade com que distribuía suas lembranças aparecia, para nós, crianças, como um ato de soberana condescendência. Implorávamos reminiscências mortuárias como se mendigássemos doces, e já que em geral não só não ganhávamos doces como ainda nos era proibido ter amigos, ir ao cinema, ou qualquer leitura que não nos fosse prescrita pelos professores, mantidos em quarentena entre os ruibarbos de nosso jardim maltratado como se fôssemos portadores de germes de uma epidemia social, aquelas lembranças parcimoniosamente distribuídas por nossa avó tornaram-se nossos tesouros secretos. Jamais falávamos delas uns com os outros, colecionando-as, cada um para si, na fortaleza de nossos corações avaros. De modo que retornávamos da casa de nossos avós enriquecidos de todas as nossas faculdades; as migalhas de seu festim eram, efetivamente, um banquete para nós. Nem chegava a entristecer-nos o fato de voltarmos para a casa de nossos tutores, pois nos sentíamos superiores a eles; além disso, sabíamos muito bem, não havia alternativa. Apenas aceitando nossa situação como justa e inalterável é que alcançávamos transcendê-la, unindo-nos, assim, a nossos avós por um afeto que, por não produzir resultado prático algum, nos parecia ainda mais miraculoso.

Esse era o sistema que garantia a integridade de nossa vida doméstica, e meus avós não tinham por que preocupar-se em tomar outras providências a esse respeito. Evidentemente, de tempos em tempos explodia um novo escândalo (pois nossos tutores não ficavam mais gentis com nossas tentativas de fuga). No fundo, porém, havíamos perdido a esperança de provocar qualquer alteração real em nossa vida; fugíamos sem a menor expectativa, simplesmente para adiar uma punição. E quando, passados cinco anos, nosso avô protestante, finalmente informado dos fatos, interveio para nos salvar, sua indignação para com a família surpreendeu-nos quase tanto quanto seu gesto. Achávamos absolutamente natural nossos avós saberem a verdade e nada fazerem; Deus, de sua mansão celestial, também baixava o olhar sobre o sofrimento humano e nem por isso interrompia seu curso.

Há vários pontos dúbios nessas memórias.

"... não fazíamos idéia de que levávamos a gripe conosco no trem." O momento exato em que fomos contaminados parece discutível. De acordo com os jornais, isso teria acontecido durante a viagem, o que não corresponde à versão de que tio Harry e tia Zula teriam sido os portadores do micróbio. Minha lembrança atual é que já havia alguém doente antes de embarcarmos. Mas talvez não "soubéssemos" que se tratava da gripe.

"... vimos nosso pai apontar um revólver." Se o que tio Harry diz é verdade, esta afirmação é falsa. De toda maneira, não "vimos" nada; como já escrevi, essa história me foi contada pela minha outra avó. No momento em que ela me contava o caso, tive a sensação de também lembrar-me dele. Ou seja, minha imaginação me oferecia no mesmo instante imagem correspondente, assim como me ofereceu a imagem de meu pai em pé na sala com os braços cheios de rosas vermelhas. Na realidade, tenho uma vaga lembrança de uma discussão com o chefe do trem, que queria nos obrigar a descer.

"Despertamos para a realidade no quarto de costura, várias semanas mais tarde." É impossível que tenhamos estado doentes durante tanto tempo. Nos artigos de jornal dedicados à morte de meus pais, afirma-se que "as crianças estão se recuperando". Devemos ter chegado em Minneapolis no dia 2 ou 3 de novembro. Meus pais provavelmente morreram nos dias 6 e 7 do mesmo mês; digo "provavelmente" porque os dois artigos de jornal são contraditórios e nem meus irmãos nem eu temos certeza. Sei que eu ainda estava doente no dia do falso armistício, pois me lembro de sinos tocando, de buzinas e apitos, e de uma enfermeira ao lado de minha cama dizendo que aquilo significava que a guerra tinha acabado. Eu me encontrava em um quarto estranho e não conseguia entender como tinha ido parar ali; só sabia que lá fora, de onde vinha o barulho, era Minneapolis. Quando penso nisso agora, tentando chegar a uma conclusão, ocorre-me de repente

que aquele deve ter sido o dia do enterro de meus pais. É o que meu irmão Kevin também acha. Agora que esclareci — ou quase — esse ponto, tenho a sensação de me "lembrar" dele como um fato que eu sempre tivesse conhecido. De toda maneira, fiquei de cama por mais alguns dias, pois tive gripe e pneumonia. Segundo Kevin, no Natal ainda estávamos em casa de nossa avó. Ele tem certeza porque "se comportou mal" nesse dia; furou o pano do alto-falante da vitrola da biblioteca com uma vareta de tambor.

" 'Há uma pessoa que quer falar com você', anunciou a empregada certa tarde." Acho que isso é pura invenção. Na realidade, eu já encontrara, algum tempo antes, durante nossa convalescença, aqueles que viriam a ser meus tutores. Fizeram-nos descer, de pijama, certa tarde, para cumprimentar um casal de desconhecidos, sentados com o resto da família — que formava uma espécie de comitê de recepção — no solário de minha avó. Lembro-me de ter pressentido tratar-se de uma ocasião importante; talvez porque alguém nos tivesse contado que aquelas pessoas cuidariam de nós enquanto papai e mamãe não voltassem, ou nos houvesse recomendado sermos "bem-comportados". Ou foi simplesmente porque todos estavam vestidos de preto? O homem fez uma demonstração de bom-humor paternal, colocando meus irmãos no joelho, um a um, e acariciando-os enquato falava com meus avós. Não me deu a menor atenção; lembro-me de uma sensação curiosa, de vazio interior, quando percebi que ia ser deixada de lado. Ele não gostava de mim, notei com surpresa e pesar infinitos, menos enciumada do que perplexa. Depois de ele ter brincado com todos os meus irmãos, fomos levados de volta para a cama. Que eu me lembre, não os revi, nem ele nem a mulher, durante semanas, talvez meses. Não consigo me lembrar das circunstâncias de nossa transferência para a nova casa. Mas um belo dia era lá que eu estava, com tia Margaret me castigando por ter sujado o papel de parede de meu quarto.

O leitor se perguntará por que resolvi transformar este último fato em algo nitidamente inferior, mesmo do ponto de vista literário — sentimental demais; uma coisa que chega a soar *falso. Agora não estou mais lembrada, mas acho que a razão deve ter sido o fato de eu não querer "dissecar" meus tutores enquanto indivíduos nesse ponto da narrativa; reserva essa história para o capítulo seguinte. "Aquele Camponês", diferentemente dos outros capítulos, não se ocupa, na realidade, de indivíduos. É, antes de mais nada, uma denúncia indignada da maneira como o privilegiado trata o não-privilegiado, num discurso ininterrupto, sufocante e veemente sobre a indiferença humana. Órfãos, não éramos responsáveis pelo fato de sermos órfãos, mas éramos tratados como se o fôssemos, e como se orfandade fosse um crime. Substitua-se a palavra* órfão *pela palavra* pobre *ao longo da narrativa e ter-se-á uma espécie de alegoria ou ampla sátira social sobre o tema da riqueza e da pobreza. Minha cólera era uma espécie de furor genérico, que não visava meus avós senão como* espécimes *de um comportamento insensível.*

Tio Harry afirma que sou injusta em relação a sua mãe: teria sido suficiente ela levantar o dedinho para que eu fosse cortada do testamento de meu avô. Ele quer que eu entenda isso e me sinta grata. (Eu tinha catorze ou quinze anos quando meu avô morreu.) Esse é um exemplo típico do raciocínio McCarthy, como o leitor irá perceber: "... era evidente que só um impulso generoso mantinha-nos no seio da família".

Em certo sentido, porém, fui *injusta com minha avó, nestas páginas: apresento-a tal como a vejo hoje, retrospectivamente, apreciando-a e julgando-a enquanto adulta. Quando criança, no entanto, eu gostava de minha avó; para mim ela era notável. Muitos de seus defeitos — seu catolicismo sanguinário, por exemplo — não me apareciam como tal. Eu ficava eletrizada ao ouvi-la atacar "os protestantes" e as atrocidades cometidas pelo Ku-Klux-Klan; chegava a sentir prazer de ouvi-la contar a morte de meus pais. À sua maneira, "tia Lizzie", como a chamavam meus primos de segundo grau, era uma oradora fascinante. Passava os invernos na Flórida, mas no verão deixava que eu fosse passar as tardes na varanda sombreada de sua casa, olhando-a coser e ouvindo-a falar. Depois disso, eu recebia permissão para dar umas voltas na plataforma giratória de sua garage, uma espécie de carrossel que servia para o motorista tirar os carros sem jamais ter que utilizar a marcha à ré. Além do Pierce-Arrow, utilizado no inverno, ela possuía um Locomobile com teto de lona para o verão, no qual às vezes me levava até Minnetonka, o lago Great Bear ou Winona. Uma vez fomos visitar um convento de ursulinas, outra subimos até St. Joseph para apreciar a vista da Academia St. Benedict.*

Nessas ocasiões, em traje de automobilista, véus e chapéu de palha de copa alta, ela era uma senhora imponente.

Tinha-se a impressão de que, se quisesse, poderia ser ''grande''. ''Minha mãe era quadrada'', afirma tio Harry. Também tinha seu lado mundano, vendo-se como mulher elegante, sem preconceitos sociais estreitos. Houve um verão em que fui, junto com ela e meu avô, para uma estação de veraneio muito chique chamada Breezy Point, ao norte de Minnesota. Dirigida por um certo Billy Fawcett, editor da Captain Billy's Whiz Bang, *foi lá que vi pela primeira vez uma mulher fumar. Na volta, fizemos uma visita ao irmão de meu avô, meu tio John, bem perto de Duluth, onde a sociedade de armazenagem de grãos tinha sua sede. Ele possuía uma casa de campo, com canteiros e aléias muito retas, no meio de uma floresta cerrada. Mostraram-me madeira fosforescente e vaga-lumes, e me asseguraram que no jardim havia fadas. Antes de ir me deitar, deixei um bilhete para as fadas sobre uma rosa, certa de que ia receber resposta. Na manhã seguinte, só encontrei orvalho sobre a rosa e me senti bastante perturbada, pois aquilo provava, para mim, que as fadas não existiam.*

A personalidade de minha avó era tão ampla que a tornava uma pessoa cuja companhia era agradável, ainda que se sentisse amedrontado diante dela. Havia uma história que ela gostava de contar: a Marshall Field oferecera-lhe mil dólares por uma cadeira cuja tapeçaria fora feita por ela; mas, como havia prometido a cadeira a tio Louis, ela se viu obrigada a recusar a oferta. Aquilo me impressionou muito, mas eu me perguntava por que diabos ela não fizera outra cadeira igualzinha, se tinha ficado com vontade de vendê-la à Marshall Field. Sempre que saíamos para fazer compras, eu tinha a impressão de que ela ia me dar um presente, embora nada, além de sua atitude, encorajasse essa idéia. Quando parti para Vassar, ela se ofereceu para comprar uma assadeira elétrica de* waffles *para meu quarto. Por sorte, recusei; mais tarde descobri que ela costumava deduzir os presentes que dava a meus irmãos do capital que lhes estava destinado. De modo que seu caráter amplo não estava ao abrigo de estranhas mesquinharias.*

(*) Loja de departamentos Marshall Field. (N. T.)

Salientei a avareza da família quanto ao que nos dizia respeito — os dois pesos e as duas medidas aplicados com estrito rigor às duas casas. Segundo tio Harry, porém, meu avô gastou 41.700 dólares com nosso sustento entre 1918 e 1923. Durante o mesmo período, a contribuição da família Preston se elevou a trezentos dólares. Mais adiante retornarei a essa curiosa discrepância. O que me interessa no momento é o seguinte: para onde foi esse dinheiro? 8.200 dólares por ano, aproximadamente, não era pouca coisa naquele tempo, levando-se em conta, ainda, que essa quantia estava livre de impostos e que nada era subtraído para poupanças ou seguros de vida. Será possível que parte do dinheiro tenha sido efetivamente desviada, como costumávamos acreditar, quando crianças?

Com essa cifra diante dos olhos, compreendo um pouco melhor a atitude de meus avós. Quando via os canhotos de seus cheques, meu avô tinha todas as razões para acreditar que estávamos sendo bem cuidados na casa que comprara para nós. Lembro-me de sua surpresa ao ficar sabendo que nos davam apenas dois cents para a coleta da igreja aos domingos. Mas ele não nos via com freqüência e diante dele não nos queixávamos. Pode parecer esquisito, mas é verdade. Acho que nunca externamos nossas mágoas para nossos avós. Quando decidimos enfim falar, foi para nosso outro avô, aquele a quem conhecíamos tão mal. Penso que ficamos com medo de sermos castigados. A única forma de queixa visível para a família, de nossa parte, eram aquelas fugas silenciosas. Passei uma noite num confessionário e um dia escondida atrás da estátua de Laocoonte na escola de Belas Artes. Nunca fui mais longe, pois não tinha dinheiro para tomar o bonde até aquele orfanato de tijolos vermelhos. Kevin era mais ousado. Utilizando uma passagem de ônibus que dera um jeito de conseguir, chegou a um orfanato de tijolos amarelos chamado ''Braços Protetores'', mantido pelos Shriners.* Apesar do nome do orfanato, continuou achando que o outro, o de tijolos vermelhos, era melhor, e depois de passar algum tempo olhando por cima do muro, acabou ficando com medo de entrar. Um respeitável pai de família o encontrou chorando; alimentou-o e, finalmente, o Pierce-Arrow, com tio Louis, veio buscá-lo; aquilo convenceu o pai de família de que Kevin era um pequeno simulador.

(*) Ordem maçônica.

Hoje me parece que a família devia ficar profundamente perturbada com aquelas fugas. Das duas uma: ou significavam que nos sentíamos infelizes, ou que éramos incorrigivelmente maus. Eu havia roubado um anel no bazar e minha tia fora obrigada a escoltar-me até o escritório do gerente, para devolvê-lo. Kevin alterara o boletim quando nossos tutores prometeram um prêmio de dez (não, cinco) cents para quem tirasse as melhores notas; num outro mês, eu rasurara o meu, temerosa de mostrar uma nota baixa. Em casa, vivíamos sob a ameaça de sermos mandados para um reformatório; na escola, curiosamente, nós, ou pelo menos eu (não me lembro quanto a Kevin), tínhamos boas notas em comportamento. E quando eu ia me confessar, toda semana, minhas penitências eram quase sempre irrisórias — aqueles poucos pais-nossos e ave-marias quase me desapontavam. Como minha avó devia saber, meu sucesso junto aos padres da paróquia era considerável.

Atualmente, tenho a impressão de que meus avós se foram dando conta, lentamente, da verdadeira situação em nossa casa, e que eles próprios estavam em vias de intervir quando meu outro avô o fez. Olhando para trás, tudo me leva a crer que minha avó estava planejando mandar-me para aquele convento das ursulinas que havíamos visitado; para mim, em todo caso, fora essa a esperança despertada por sua atitude durante o passeio. Não há dúvida de que enquanto foi possível eles fecharam os olhos para a realidade, pois admitir a verdade significava encarar a necessidade de nos separar, colocando-nos em internatos (para os quais éramos, efetivamente, muito pequenos) ou distribuindo-nos pela família (idéia à qual meus tios e tias provavelmente resistiriam). Ou, ainda, entregar-nos aos protestantes. Tudo sempre acabava dando nisso, como o leitor verá no próximo capítulo.

DOIS

UMA BORBOLETA DE LATA

O homem a quem nos obrigavam a chamar tio Myers não era nosso parente. Quanto a isso, nós, quatro crianças órfãs, nos mantivemos irredutíveis. Ele se casara com nossa tia-avó Margaret pouco antes da morte de nossos pais, tendo-se tornado nosso tutor, portanto, em plena lua-de-mel — incidente talvez não muito agradável para um homem gordo de quarenta e dois anos, que acaba de se casar com uma solteirona munida de uma renda modesta, ver-se intimado de um dia para outro a abandonar sua casa em Indiana para ser pai de aluguel de quatro crianças, todas menores de sete anos.

Quando Myers e Margaret nos receberam, meus três irmãos e eu éramos "complicados"; quanto a isso não havia a menor divergência no lado McCarthy da família. A epidemia de gripe de 1918, que se abatera sobre nosso pequeno grupo familiar na viagem para Minneapolis, levando nossos pais com um intervalo de um dia, tinha, como todos os desígnios do Senhor, um aspecto meritório, que minha avó McCarthy não tardaria em descobrir: dava um fim misericordioso a um regime de mimos e festejos, criados japoneses, bolos confeitados, piqueniques, problemas estomacais, anéis de diamante (imagine só!), regalo e gola de arminho, chapéus e casacos forrados. Minha avó agradecia aos céus por Myers e sua irmã, Margaret, estarem dispostos a entrar em cena. Do contrário, talvez tivesse sido necessário separarnos (idéia que fazia umedecer seus olhos cinzentos e empapuçados) ou entregar-nos aos "protestantes" — era assim que se referia, sombriamente, a meu avô Preston, um respeitável advogado de Seattle com antepassados da Nova Inglaterra, o qual, como ela muitas vezes declarou com uma ênfase que nos atemorizava, se recusara a receber um padre católico em sua casa! Mas ela logo percebera que nossos avós de Seattle, que haviam vindo de Minneapolis para assistir ao enterro, estavam abatidos demais com a morte de nossa jovem mãe para questionar as providências tomadas pelos McCarthy. Chorando, minha avó judia (Preston, Morganstern em solteira), ainda uma beldade, como sua falecida filha, concordou com a idéia de que convinha manter-nos unidos na religião que minha mãe abraçara. Em meu leito de doente, convalescendo da gripe na casa de minha avó McCarthy, em Minneapolis, eu, a mais velha e única menina, observei minha outra avó chorar, molhando seu lindo véu negro. Eu não sabia que nossos pais haviam morrido nem que aquela avó soluçante — de cujos gramados verdes em Seattle, onde era tão bom rolar, aos domingos, eu estava muito bem lembrada — tinha acabado de encontrar, no andar inferior, no bem-aquecido jardim de inverno de minha avó McCarthy, o casal de meia-idade que viera de Indiana para reparar os erros de sua filha. Eu tinha apenas seis anos e recém-entrara na escola, no convento do Sacré-Coeur, situado num bulevar verdejante em Seattle, antes do êxodo fatal para o Leste em novembro, mas era suficientemente esperta para perceber que vovó Preston não se sentia à vontade naquele frio e severo quarto de doentes, e vaidosa para me orgulhar porque soubera inferir daí que alguma coisa tinha dado errado.

Pouco depois, os quatro e nossos guardiães fomos instalados na casa amarela (avenida Blaisdell, 2427) que meu avô comprara para nós. A casa estava situada a dois quarteirões de distância de sua próspera moradia munida de relógio de pêndulo, tapeçarias e quadros italianos, num trecho da rua que algum tempo antes tinha começado a "decair". Flanqueada por dois sobrados que abrigavam uma família por andar, era simplesmente uma caixa sumária onde empilhar móveis e vidas, uma espécie de depósito; as peças eram pequenas, pardas e, por alguma razão, escuras. Não sei por quê, aliás, já que nenhuma planta ornamental adornava sua fachada. À frente, tínhamos uma calçada de cimento; atrás, uma ruela. No piso inferior havia uma sala, um "escritório", uma sala de jantar, uma cozinha e um lavabo; em cima, quatro quartos e um banheiro. O papel de parede desbotado dos quartos das crianças foi imediatamente liquidado por nós; entediados, sem nossos brinquedos, divertíamo-nos desenhando silhuetas nas paredes com as línguas molhadas de saliva. Esse foi nosso primeiro crime; lembro-me dele porque a violência da surra que levamos nos surpreendeu;

não sabíamos que estávamos fazendo uma coisa errada. As manchas foram mantidas nas paredes ao longo dos anos para fixar bem em nossas cabeças aquela primeira surra e a noção do mal; olhavam-nos, à noite, quando, ainda entediados mas mudos e domesticados, aprendíamos a fazer sombras chinesas na parede — um cisne, um coelho mexendo as orelhas —, para passar o tempo.

Talvez tenha sido esse primeiro crime que conformou o papel punitivo de Myers. Ele percebeu que não tinha arranjado uma sinecura. Sem filhos, maduro, talvez tenha concluído, em sua lenta compreensão dos fatos, que a eloqüente irmã de sua mulher se aproveitara de sua inexperiência, oferecendo-lhe mais aborrecimentos que benefícios; em suma, fora enganado. Era assim, sem dúvida, que ele via a situação, sentado na poltrona de couro marrom de seu escritório, usando uma camisa de trabalho azul, manchada de suor, aberta no pescoço e deixando à mostra a camiseta e os pêlos louros e reluzentes de seu peito. Mais embaixo, as calças feitas de um tecido marrom-acinzentado, cheia de botões, desleixadamente abertas logo abaixo da cintura, deixando a descoberto sua roupa de baixo, de um branco amarelado. Sua cabeça gorda, coroada com uma crista de cabelos crespos cor de bronze, portava freqüentemente os fones de uma galena que, às vezes, quando envolvido por um estado de espírito generoso, colocava sobre as orelhas agradecidas de um de meus irmãozinhos.

Esse retrato fornece uma segunda desculpa para o comportamento de Myers. Tinha que fazer frente ao esnobismo irlandês, que o olhava de cima, friamente, através de quatro pares de olhos verdes, classificando-o como um membro da "plebe". "Meu pai era um cavalheiro, você não é" — já não me lembro o que pretendia dizer com essas palavras categóricas, a não ser que meu pai tivera um temperamento romântico e jogara dinheiro pela janela; mas suponho que incluíam certa noção de cortesia. Nossa família, como muitas outras famílias de irlandeses católicos novos-ricos, estava impregnada de ilusões aristocráticas; contavam-nos, sempre, que descendíamos dos reis da Irlanda e éramos parentes do general "Phil" Sheridan — um dos delírios de minha tia-avó. Mais exatamente, meu bisavô, por esse lado, fora condutor de bondes em Chicago.

Seja como for, Myers (ou Meyers) Shriver (ou Schreiber — aparentemente o nome fora americanizado) era visto como uma pessoa socialmente inferior a nós. Outro ponto desfavorável para ele, em nosso placar infantil, era o fato de ser alemão, ou melhor, descendente de alemães, o que provocava nosso temor em 1918, logo após o armistício. Naquela época, em Minneapolis, havia o preconceito arraigado entre os católicos irlandeses não só contra os alemães protestantes como também contra todas as linhagens nórdicas e sua odiosa heresia luterana. A nossos olhos infantis, considerávamos o luteranismo, antes de mais nada, uma religião para as empregadas e, em segundo lugar, uma espécie de corrupção associada ao pecado original e ao apodrecimento da língua de Martin Lutero dentro de sua boca como castigo de Deus. Os católicos bávaros, por seu lado, eram objeto de uma consideração toda especial; nós os víamos iluminados pela auréola dos primeiros cristãos, morenos e de cabelos encaracolados como os apóstolos. Isso se devia, em parte, à reputação de Oberammergau e de sua Paixão, e em parte ao fato de muitos padres de nossa diocese serem bávaros. Durante todo esse período, confiei meus pecados de desobediência ao jovem, bonito e moreno padre Elderbush. Quanto a tio Myers, embora protestante, era muito indolente para freqüentar o templo; não era dos nossos. A descoberta de que podíamos proteger-nos dele, refugiando-nos na escola, com as freiras, na igreja, nos sacramentos, parecia confirmar sua proscrição; decididamente, não fora tocado pela graça. Imbuída da idéia de que nossa religião era uma espécie de contágio lógico, difundido por livros santos e bons exemplos, jamais pude entender por que tio Myers, mau como era, não tinha sido atingido. Sua obstinação em ficar em casa aos domingos, metido em seu escritório como uma fera sonolenta no fundo da toca, dava-me a impressão de ir contra a natureza.

A situação no todo, aliás, tinha algo de anormal e inexplicável. Seu casamento com Margaret, em primeiro lugar: era três anos mais moço que a esposa, e minha avó McCarthy, sua rica cunhada, insistia nessa diferença como se explicasse tudo, de maneira levemente obscena. Tia Margaret, Sheridan em solteira, era um marmelo enrugado de 45 anos, com cabelos cinza-ferro sombreados de negro, um porte rígido, vestidos sem decote, chapéus fora de moda, um exemplar de *Nosso Visitante de Domingo* sempre debaixo do braço — dobrado como um malho —, uma pele seca e rugosa coberta por uma penugem incolor, como uma película de poeira, sulcada e franzida como as ameixas que comíamos diariamente no café da manhã. Pode-se dizer que ela era bem-intencionada, principalmente em se tratando de Myers, dos

95 quilos de queixada dupla com covinhas e pequenos olhos azuis, brilhantes e grosseiros, dele. Ela o chamava de "meu pedaço de mel", andava atrás dele com atenções, comidinhas especiais e beijinhos, aos quais ele reagia com tolerância, como se essa complacência fosse uma afirmação de virilidade. Era evidente que não desgostava dela, e que aquela coitada, como dizia sua irmã, estava completamente apaixonada por ele. Para nós, crianças, aquela meiguice de recém-casados era incompreensível, senão porque, à parte qualquer outra consideração, achávamos os dois muito velhos (como de fato eram), se comparados a nossos pais, um casal jovem e bonito. Era inevitável que deduzíssemos que ele a havia desposado por dinheiro, embora talvez não tenha sido o caso; muito provavelmente, era do poder que exercia sobre ela que ele gostava, e o poder que tinha de fazê-la castigar-nos era, talvez, o maior atrativo que ela possuía a seus olhos. Dormiam num quarto despojado, feio, onde havia uma cômoda de pinho barata sobre a qual Myers largava a carteira preta e suas moedas sempre que estava em casa — será que tinha a intenção de despertar nossa cobiça ou considerava a fortaleza de sua virilidade uma coisa inatingível para nossos frágeis desejos? Se bem que o roubávamos, meu irmão Kevin e eu — com todo direito, parecia-nos, pois nunca tínhamos dinheiro (exceto os dois cents que recebíamos para contribuir na coleta da igreja, aos domingos) e desconfiávamos que o dinheiro que nosso avô dava para a manutenção da casa ia acabar na carteira de Myers.

Havia outra coisa estranha a respeito de Myers. Além de não fazer nada, aparentemente não tinha história. Originário de Elkhart, Indiana, isso era tudo o que se sabia a respeito dele. Não se sabia sequer como havia conhecido minha tia Margaret. Reconstituída a partir do que ele contava, uma imagem de Elkhart emergia como um lugar plano composto basicamente de campos de beisebol, salões de bilhar e lojas de ferramentas. Tia Margaret vinha de Chicago, o que incluía o Loop,* Marshall Field, um sortimento de padres e monsenhores e a questão racial. Como esses dois universos se chocavam? Enquanto nossa família falava muito de seus membros, reais ou imaginários, Myers não falava de ninguém, nem mesmo dos pais. Bem no começo, quando o velho conversível de meu pai, despachado por trem, ainda se encontrava na garage, Myers recebia alguns amigos andrajosos aos

(*) A alça. Centro de Chicago, na alça formada pela linha aérea do metrô. (N. T.)

quais levava a dar uma volta. Outras vezes ficavam simplesmente sentados dentro do carro parado junto à calçada, como um barco ancorado. Mas quando o conversível foi vendido, os amigos desapareceram ou foram enxotados. Tio Myers e tia Margaret não tinham amigos, casais com quem trocassem visitas — só uma mulherzinha emaciada, de meia-idade, baixa e de cabelos pretos, com um nome alemão e uma pele amarelada, a quem fomos visitar certa tarde porque estava morrendo de câncer. Aquela morte prolongada tinha o aspecto de uma execução pública, razão pela qual, sem dúvida, Myers nos levou junto; era um espetáculo gratuito, próprio a inspirar inquietude e depressão. Myers era o tipo perfeito do urbano sem raízes, cujos prazeres brotam das sobras ou dos excedentes da civilização industrial. Gostava de ficar parado na calçada olhando desfiles, quanto mais insípidos melhor; o de 1º de maio era o seu preferido; em segundo lugar, os desfiles militares e, em terceiro, os desfiles promocionais, com danças e garotas fantasiadas. Chegava ao ponto de ir até os lagos Calhoun ou Harriet para assistir a desfiles de carros de boneca e concursos de crianças vestidas de índio. Adorava coretos, fanfarras, bandas, parques públicos desprovidos de grama e reclames escritos em fumaça no céu. Era o primeiro a saber em que loja ia ser a demonstração com bolhas coloridas para lançamento de um novo sabão, ao som de *I'm Forever Blowing Bubbles*, cantado por uma soprano melíflua. Colecionava cupons, papel laminado, pacotes de jornais velhos para o trapeiro (interferindo seriamente, dessa maneira, com as coletas de papel organizadas por nossas escolas), amostras grátis de queijo, entradas gratuitas distribuídas por algum cinema da vizinhança para o primeiro episódio de um seriado — em todos os anos que vivemos com ele, nunca assistimos a um seriado inteiro: apenas aqueles inícios truncados. Também gostava muito de andar de bonde (será que a rede não poderia ser encampada pela municipalidade?), de monumentos aos mortos, de cemitérios, de flores grandes e grosseiras como as canas e cristas-de-galo plantadas em canteiros pelos jardineiros municipais. Os museus não o atraíam, embora nos tenha levado, uma vez, ver o marechal Foch nas escadarias da Escola de Belas Artes, em meio a uma grande multidão. Passava o tempo se pesando em balanças automáticas. Raramente saía de casa, a não ser para dar aquelas voltas sem rumo ou para ir a uma partida de beisebol — sozinho. No inverno passava os dias em casa, no escritório ou na cozinha, fazendo balas. Muitas vezes deixava enormes bandejas de latão com bombons decorados, a esfriar no porão; o que levava meu irmão Kevin a deduzir daí que num ou noutro momento de sua vida Myers deve ter sido padeiro ou confeiteiro. Gostava de confeccionar figuras feitas com limpadores de cachimbo, que na época começavam a entrar na moda nas melhores confeitarias para decorar as mesas, só que Myers utilizava limpadores de cachimbo *usados*, manchados de amarelo e marrom. Os bombons que ele dispunha em fileiras tão caprichadas, decorados com uma noz ou uma amêndoa, eram para seu próprio uso; tínhamos licença para assistir a sua confecção, mas jamais — coisa que meu irmão Kevin confirma — provamos um único deles.

Nos cinco anos que passamos com Myers, as únicas balas que comi foram compradas com dinheiro roubado, que depois eram escondidas no fundo da caixa onde eu guardava minhas bonecas de papel; Kevin foi o autor das duas idéias: do roubo para comprar balas e do esconderijo. Ao abrir a caixa, certo dia, encontrei-a cheia de balas brancas e cor-de-rosa, coisa que, em minha opinião, só podia ser obra de Deus ou das fadas, em resposta a meus desejos e orações, até que me dei conta de que Kevin andava roubando e utilizando minha caixa de bonecas de papel como esconderijo; nossos bens pessoais eram tão escassos que ele não tinha onde esconder as coisas. Debaixo do colchão era muito arriscado, como eu mesma verifiquei quando tentei esconder revistinhas católicas; constatei que minha tia estava sempre virando os colchões para ver se não tínhamos molhado a cama. A leitura estava-nos proibida, exceto os livros escolares e, por alguma razão, revistas cômicas ilustradas e o suplemento de domingo dos jornais do grupo Hearst, onde se liam artigos sobre a lepra, as aventuras do conde Boni de Castellane e sobre uma estranha doença que transformava as pessoas pouco a pouco em pedra, a começar dos pés.

A proibição da leitura era fonte de escândalo para as freiras que me ensinavam na escola paroquial, e acho que foi devida à intervenção delas junto a minha avó que, finalmente, recebi permissão para ler a Coleção das Bandeirantes, *Fabíola* e outros livros que esqueci. Myers não lia; antes da época da galena, passava as noites ouvindo vitrola na sala: Caruso, Harry Lauder, *Keep the Home Fires Burning*, *There's a Sweet Little Nest* e *Listen to the Mocking Bird*. Seu prazer era nos alinhar, os quatro, em pé, para que cantássemos as canções que acabara de ouvir, enquanto ria de meu esforço em tentar reproduzir o *stacatto* das sopranos, muito alto e desafinado. Detestava palavras compridas, ou melhor, palavras que considerava compridas. Certo dia de verão, na cozinha, onde me haviam dado a tarefa de espantar as moscas, eu disse: "Elas desaparecem tão estranhamente", observação que ele passou anos imitando sempre que queria me humilhar e, requinte da tortura, como eu não percebia o que havia de errado naquela frase, que me parecia comum, eu me arriscava, a todo instante, a me expor novamente a sua chacota.

Que soubéssemos, ele jamais estivera no exército, mas gostava de manter uma rígida disciplina militar. Éramos freqüentemente obrigados a ficar em pé alinhados, de frente para ele, gritando em coro respostas a suas perguntas. "Em frente, *marche*!", berrava ele assim que acabava de dar uma ordem. O dia 4 de julho era o único feriado a que se dedicava com entusiasmo. Tudo o que ele achasse afetado ou "fresco" estava sujeito às mais duras reprimendas, e como eu era a mais velha, a que melhor se lembrava de nossos pais e de nossa antiga vida, era a pecadora-mor, às vezes de propósito, às vezes sem querer.

Eu tinha oito anos quando comecei a escrever versos na escola: "Na nossa paróquia tem um padre querido/O padre Gaughan, por todos preferido". E: "Ai de nós, dizia o povo aflito/Morreu o Papa Benedito". Na época, Benedito XV estava vivo e, que eu soubesse, gozando de boa saúde; eu escrevera esse dístico de abertura por causa da rima e da tristeza da idéia; mas quando, para minha grande conveniência, ele morreu um ano mais tarde, o fato me deixou com uma sensação de temível poder, um poder ainda maior que o dos padres, de unir e desunir. Apresentei meu poema que, lindamente copiado por nosso professor, foi utilizado como elegia da escola numa missa solene celebrada em intenção do pontífice. Não tive coragem de contar que o poema já estava pronto em minha mesa. Pouco depois, com dez anos, escrevi um ensaio para um concurso da escola sobre "Os irlandeses na história americana"; ganhei o primeiro lugar, a princípio na cidade, depois no estado. Eu retirara quase todos os dados de uma série de artigos sobre os católicos na história americana publicada em *Nosso Visitante de Domingo*. Partindo da idéia de que todo católico devia ser irlandês, retomei, para encompridar, a lista de signatários da Declaração de Independência e acrescentei todos os nomes que soavam irlandeses a minhas orelhas. Tudo isso cercado de muita retórica invocando "os lírios da França" — sabe Deus por quê, senão pelo fato de que eu estava apaixonada pela França e, de alguma maneira, passando pelo marechal MacMahon, transformara Lafayette em irlandês. Acho que até Kosciusko aparecia como irlandês *de coeur*. Bom, seja como for, houve uma cerimônia na escola durante a qual recebi o prêmio da cidade (vinte e cinco dólares, parece-me, ou talvez esse fosse o prêmio do estado); minha tia, na platéia com seu melhor chapéu com penas de pato, por uma vez na vida apresentava um ar orgulhoso e feliz. Na volta, ela foi muito gentil comigo; mas quando chegamos àquela casa feia, meu tio se levantou silenciosamente da cadeira, me conduziu até o lavabo escuro do andar inferior, que sempre cheirava a creme de barbear, e me espancou furiosamente com a correia de afiar a navalha — para que eu aprendesse, disse ele, a não ficar convencida. Tia Margaret não interferiu. Dominada a primeira expressão de perplexidade, seu rosto se crispou em dobras de aprovação; havia sido muito indulgente. Era a homenagem costumeira que ela rendia ao discernimento eminente de Myers — tinha medo de perder o amor de seu marido caso demonstrasse fraqueza. O dinheiro do prêmio me foi tomado — ''vai para as suas economias'' — e, obviamente, o assunto foi encerrado. Esse era o destino reservado a toda e qualquer coisa que se considerasse ''boa demais para ela'', categoria que só rivalizava com ''para ela está bom'', que a completava.

Apanhávamos o tempo inteiro, para falar a verdade — nos casos mais simples, golpes com a escova de cabelos nas pernas nuas; e nas ocasiões especiais, golpes com a correia de couro no traseiro nu, como no famoso caso do prêmio. Era como se aquelas pessoas ignorantes, sem saber o que fazer com quatro crianças amedrontadas, tivesse adotado um romance de Dickens — *Oliver Twist* ou *Nicholas Nickleby*, por exemplo — como bússola. Às vezes eram castigos merecidos, às vezes, não; eram ministrados gratuitamente, em muitas ocasiões a título preventivo. Eu era espancada com mais freqüência do que meus irmãos, pelo mero fato de ser a mais velha; ou seja, todas as vezes que um deles apanhava eu também apanhava, por não ter dado melhor exemplo, e esse princípio se aplicava a nós quatro em escala descendente. Kevin apanhava pelas travessuras de Preston e pelas de Sheridan, e Preston apanhava pelas de Sheridan, enquanto este último, o menorzinho e favorito, só apanhava pelas próprias travessuras. Esse método, naturalmente, tornava-nos temerosos e desconfiados uns dos outros; só entre Kevin e eu havia alguma espécie de aliança. Quando

Kevin fugia, como fez numa ocasião memorável, eu experimentava uma sensação de alegria e desafio, que se confundia com o medo do castigo que me esperava e com uma coisa ainda pior: a expectativa vingativa da surra que *ele* ia levar. Acho que nas duas vezes que fugi, seus sentimentos devem ter sido semelhantes — inveja, terror, admiração e uma certa excitação cruel, cúmplice de meu tio, ao pensamento da correia pronta para uso. Só que, estranhamente, nesses dias históricos ninguém apanhou. O culpado, assim que era capturado, refugiava-se em casa de minha avó, e a casa da avenida Blaisdell ficava envolta num silêncio amedrontado, diante da idéia da monstruosa ousadia e da falsidade do foragido. Tio Myers, sem sombra de dúvida, tremia dentro das botas diante da perspectiva de ter que dar explicações ao conselho de família dos McCarthy. Os três que haviam ficado em casa recebiam a sentença de passar o dia no andar superior, no mais estrito silêncio. Mas, se a distribuição imparcial dos castigos, adotada por meu tio, servia, muitas vezes, para transformar-nos em inimigos mútuos, não tinha a menor eficácia para implantar a disciplina, pois nada nos incentivava a portar-nos bem, já que não sabíamos nunca em que momento seríamos castigados por algo que não havíamos feito ou mesmo por algo que, de acordo com os padrões normais, seria considerado bom. Não sabíamos quando agíamos mal. No conjunto, o que aprendi com tudo isso foi uma política de mentira e dissimulação; muitos anos depois de sermos finalmente libertados, eu continuava mentindo compulsivamente.

Apesar do ódio bastante justificado que Myers nutria pelo intelecto, pela leitura e pela instrução (e havia, de fato, uma razão — *era* uma forma de escapar deles), ele tinha, como todos os ditadores, um livro de que gostava. Era *Uncle Remus*,* com uma capa vermelha — livro que eu detestava —, que ele costumava nos ler em voz alta em seu escritório, à noite: lia e relia. Eu tinha a impressão de que aquela redução da vida humana ao nível de animais falantes e aquela corrupção da linguagem em dialeto proporcionavam-lhe um prazer muito pessoal. Ele sabia que eu odiava aquelas histórias, mas me forçava a

(*) Histórias de animais contadas por um narrador negro. (N. T.)

ouvi-las, fazendo meu irmão Sheridan saltar sobre seu joelho, enquanto discorria sobre alguma façanha de "Brother Fox", em meio a muitas risadas e repetições. *Uncle Remus* era seu momento de triunfo e, até hoje, sou incapaz de ler textos em dialeto, ou fábulas, sem sentir uma certa repugnância.

É preciso estabelecer uma diferença entre a brutalidade caprichosa de meu tio e os castigos de minha tia, que aparentemente lhe eram ditados por sua consciência. Minha tia não era má: simplesmente acreditava em seus métodos. Como a história familiar contava que havíamos sido mimados, ela tratou de dedicar-se energicamente a remediar esse mal através de meios quase científicos. Tudo o que fazíamos obedecia a um programa e se encaixava num projeto conjunto. Ela era muito rígida, evidentemente, quando se tratava de educar as funções digestivas, e tudo em nossa vida estava dirigido para a sessão "no trono", após o café da manhã. A nossa dieta — sem falar no suco de laranja matinal com óleo de rícino, que nos era oferecido sob o menor pretexto de "palidez" — centrava-se nessa batalha. Todos os dias tínhamos ameixas no café da manhã, depois mingau de farinha de milho ou outros cereais, que eu era obrigada a comer puros, já que por algum capricho médico fui proibida de tomar leite. O cardápio do restante de nosso dia consistia em nabo, rutabaga, cenouras, batatas cozidas, couve cozida, cebolas, acelga, e assim por diante; quase todos os legumes verdes, aparentemente, eram caros demais para nós, embora, fora isso, eu tenha a impressão de que a família tinha uma espécie de afinidade moral com os legumes de raiz, resultante, talvez, de tudo o que havia de fibroso, tenaz, aguado e encaroçado em nossa ascendência irlandesa e camponesa. Nossas sobremesas eram pudim de arroz, pudim de semolina, pudim de leite cozido demais, cheiro de furinhos, ameixas, ameixas vermelhas em calda, ruibarbo, pêras em calda, pêssegos secos em calda. Suponho que comíamos carne, mas só tenho uma lembrança muito vaga de pálidos guisados de carneiro, com mais cenoura do que carne, osso e cartilagem — pedaços gordurosos e esbranquiçados; tenho certeza de que não comíamos bife, nem carne assada, nem peru, nem frango frito; é possível que eventualmente nos oferecessem uma ou outra ave fervida, com seu acompanhamento de legumes (pois lembro do pescoço, encolhido dentro do colarinho de pele enrugada — era o pedaço que me cabia —, e do cordão branco comestível que aparecia quando eu o chupava), e sem dúvida havia almôndega e cozido de boi. Nada de sorvetes, bolos, tortas ou manteiga; de vez em quando, pela manhã, comíamos bolo de fubá ou grandes panquecas fofas cobertas de Karo.

Não tínhamos licença para sair da mesa enquanto não comêssemos tudo o que estava no prato; muitas vezes passei a metade de uma tarde de inverno olhando para as cenouras frias de meu prato, até que percebi que podia jogá-las pela janela dos fundos se me movesse com todo cuidado. (Infelizmente, elas iam aterrissar no telhado coberto de neve, uma espécie de depósito que ficava junto à porta dos fundos, e quando a neve derreteu o castigo foi terrível.) De tempos em tempos tínhamos empregada, mas a comida era tão deplorável que as "meninas" iam embora e minha tia reassumia a cozinha, com amargo entusiasmo, assistida pela irmã, tia Mary, uma senhora artrítica, de cabelo branco, pálida e devota, que discretamente passou a viver em nossa casa, fazendo jus a seu pão com trabalhos de costura e limpeza, e tentando manter-se fora do caminho de Myers. Com sua suave assistência, tia Margaret conseguiu aproximar-se, em escala mais modesta, das condições vigentes nos orfanatos nos quais nós quatro estávamos sempre sonhando ser admitidos.

Myers não participava de nossa dieta. Ficava sentado à cabeceira da mesa com um guardanapo amarrado ao pescoço, comendo os pratos especiais que tia Margaret lhe preparava e enfiando a colher de vez em quando no prato de meu irmão mais moço, que sentava perto dele numa cadeira alta. De manhã, comia cereais em flocos com bananas ou pêssego fresco em fatias, que considerávamos um verdadeiro regalo de Lúculo.* No jantar, eram-lhe servidos pés de porço e outras *delikatessen* de que não lembro mais. Só sei que ele as dividia com Sheridan, que era chamado de Herdie, enquanto meu irmão do meio era chamado de Pomps, ou Pompsie — apelidos afetuosos herdados de nossos falecidos pais e que adquiriam uma tonalidade úmida como bolor de sepultura na voz aflanelada de tia Margaret, o que me fazia pensar numa cataplasma de assa-fétida para prevenir dores de garganta no inverno.

(*) Estadista e general romano (aprox. 114-57 a.C.), epicurista e, no fim da vida, hedonista refinado. (N. E.)

Além dos emplastros, cataplasmas de mostarda e comprimidos de ferro para reforçar nossa dieta já temível, submetiam-nos a todas as modas de saúde da época e àquelas da juventude de minha tia-avó. Já contei antes como éramos postos na cama, à noite, com as bocas lacradas com fita adesiva para que não respirássemos pela boca; pela manhã a fita era retirada com a ajuda de éter, que me causava enjôo e deixava em nossos lábios superiores e nas protuberâncias de nossos queixos pontudos um resquício encardido, cinzento e borrachento. Saíamos assim para a escola, vestindo nossa pesada indumentária, uma roupa de baixo comprida, meias pretas e botinas altas. Nossos travesseiros haviam sido confiscados; na primavera tomávamos um tônico à base de enxofre e melado e no inverno, aos sábados e domingos, obrigavam-nos a ficar três horas fora de casa pela manhã e três à tarde, independentemente da temperatura. Em Seattle o clima era ameno, mas em Minneapolis, com temperaturas de 10 ou 15 abaixo de zero, brincar era impossível, mesmo que tivéssemos brinquedos; por isso costumávamos simplesmente ficar em pé na neve, chorando, às vezes batendo na janela com as luvas congeladas, até que o rosto zangado de minha tia aparecesse e nos enxotasse dali.

Jamais nos ensinaram algum esporte, tanto de inverno como de verão; estávamos proibidos de escorregar no Fairoaks Park, perto dali, onde, no inverno, as crianças mais pobres faziam uma pista de gelo na encosta de uma colina para depois descerem a toda velocidade, sentadas ou em pé. Mas eu adorava aquele esporte ousado e escorregava sem permissão. Um dia, ao voltar para casa da escola, rasguei meu velho casaco no gelo e fiquei com medo de ir para casa. Uma mulher amável que se chamava Mrs. Corkerey, dona de uma pequena confeitaria perto da escola, costurou-o para mim, com tanto jeito que minha tia jamais notou; escorregar, porém, perdeu a graça para mim, pois não podia arriscar um segundo rasgão.

Os vizinhos, muitas vezes, eram gentis, às escondidas, e de vez em quando "falavam" com as irmãs da escola paroquial, mas todos, parece-me, tinham medo de ofender meus avós, que difundiam uma atmosfera de pompa e riqueza quando se instalavam em seu banco na igreja de St. Stephen aos domingos. Mrs. Corkerey, aliás, arranjou uma bela confusão para ela mesma e para mim pelo fato de me dar comida pela manhã, em sua cozinha no alto da loja, quando eu passava para pegar sua filha, Clarazita, que era da minha classe. Eu tinha o hábito de mentir para Mrs. Corkerey, dizendo que não tinha tomado café da manhã (quando a verdade era que eu estava simplesmente com fome), e ela acabou indo falar com as freiras, tomada de indignação. A história foi verificada junto a minha tia e fui obrigada a admitir que havia mentido e que eles me alimentavam pela manhã. Mrs. Corkerey deve ter desistido para sempre de se preocupar com dramas de crianças em estado de orfandade. Na época, era-me impossível explicar-lhe que o que eu queria era sua piedade e seu belo coração bravo e colérico. Outro vizinho, Mr. Harrison, um solteirão ou viúvo rico que morava na casa da esquina, costumava levar-nos de vez em quando para nadar; foi graças a suas aulas que aprendi a nadar — um estranho estilo antiquado de nado de peito, copiado de um senhor que usava uma roupa de banho abotoada até o pescoço e barba. Em geral éramos proibidos de manter qualquer tipo de relação com os vizinhos ou com outras crianças. Impediam a entrada de outras crianças em nosso quintal e a nossa no delas, assim como não havia permissão para ir andando para a escola na companhia de outro menino ou outra menina. Mas como passávamos a maior parte do dia na escola, cinco dias por semana, nossos tutores não podiam nos impedir, mesmo que quisessem, de ter amigos; na realidade as outras crianças se sentiam muito atraídas por nós, apiedando-se de nossa situação de abandono e respeitando-nos porque pensavam que éramos ricos. O motorista de nossa avó, Frank, ao volante de seu Pierce-Arrow de inverno e de seu Locomobile de verão, era bem conhecido na vizinhança, esperando-a diante da igreja aos domingos para levá-la para casa depois da missa. Às vezes íamos com eles, de modo que nossas roupas miseráveis e nossos corpos subalimentados eram associados a uma alta situação econômica, transformando-se numa espécie de privilégio duvidoso aos olhos de nossos colegas de classe.

Possuíamos coisas invejáveis e ao mesmo tempo não possuíamos. No armário de meu quarto, na prateleira mais alta, fora de meu alcance mesmo que eu subisse numa cadeira, havia uma pilha de caixas de papelão contendo fantásticas bonecas francesas, vestidas por minha avó de Seattle em sedas, rendas e cetins, com roupa de baixo de *crêpe de Chine* e sapatos de salto alto. Essas e outras coisas nos eram mandadas todos os anos no Natal, mas minha tia decretara que eram boas demais para nós, de modo que permaneciam em suas caixas e embalagens, *verboten*,* exceto nas raras ocasiões, talvez uma vez por ano, em que algum parente ou amigo da família chegava do oeste para nos visitar. Num instante desciam bonecas, luvas e máscaras de beisebol, relógios, carrinhos brilhantes e casas de bonecas, e éramos instalados, brincando com aquelas coisas, no assoalho da sala, enquanto a visita olhava ternamente para nós. Assim que a visita ia embora, pronta a fazer um bom relatório de nossa vida familiar, bonecas, relógios e carrinhos eram novamente confiscados para só reaparecerem em caso de necessidade. Se tivéssemos sido espertos teríamos rejeitado aquela isca, deixando bem clara nossa infelicidade, mas éramos ingênuos demais para fazer qualquer outra coisa que não aproveitar a oportunidade e brincar pelo ano inteiro naquela hora e meia de gala.

Essas técnicas são comuns em campos de concentração e instituições penais, onde impera a mesma visão calculista da natureza humana. Os prisioneiros aproveitam avidamente aquele pequeno momento recreativo; confiam mais em seus algozes e na divisa *carpe diem* do que nos desconhecidos que vieram fazer a inspeção. Como todas as pessoas maltratadas, estávamos cansados de ser enganados; ficávamos pouco à vontade com as visitas — protestantes de Seattle —, que talvez fossem muito piores que nosso tio e nossa tia. Pelo menos os defeitos destes últimos já conhecíamos. Além disso fomos submetidos a uma campanha de propaganda: éramos ameaçados inúmeras vezes com a facção de Seattle por nosso tio, que costumava zombar de nós dizendo: ''Com *eles* sim, vocês entrariam na linha''.

Acho que a base da educação que minha tia dava para nós era, na verdade, totalitária: estava idealisticamente decidida a destruir nossa intimidade. Via-se como pessoa esclarecida, em comparação com nossos pais, e um ideal implacável de saúde, limpeza e disciplina diminuíam, para ela, a severidade das medidas que aplicava para atingi-lo. Sua natureza, que nada tinha de desumana, fora pervertida pelo zelo burocrático e pela subserviência ao marido, cuja mão despótica, autocrática, cindia nossas bobagens como um machado. Se levávamos uma vida comparável à dos orfanatos, não era por acaso; tia Margaret dirigia-se com um passo resoluto rumo a um objetivo corporativo. Como a maioria dos diretores de instituições, ela gostaria

(*) Proibidas; em alemão no original. (N. T.)

de ter os olhos de Argos e dedicava todos os seus talentos à tarefa de ficar informada de tudo. Até suas medidas sanitárias tinham esse propósito. Os laxantes que nos fazia ingerir continuamente garantiam-lhe o controle de nossas evacuações diárias, e a visita mensal ao doutor dava-lhe a certeza, via estetoscópio, lâmpada frontal e "abaixa-língua", que nada se passava em nosso interior que não fosse de seu conhecimento. Nossas cartas para Seattle eram escritas sob sua supervisão; examinava nossos deveres de casa escrupulosamente, embora suas noções de aritmética, ortografia e gramática deixassem muito a desejar. Rezávamos, seguindo orientações, por uma lista de pessoas que ela determinava. E se não podíamos ter amigos, balas, brinquedos, dinheiro, esportes, leitura, diversão, não era com a intenção de nos fazer sofrer, mas por uma questão de praticidade. Era mais fácil banir qualquer criança do que inspecionar todas as crianças com quem nos ocorresse brincar. Com esse objetivo, nossas vidas, para serem comodamente acessíveis, tinham que ser vazias; os livros que talvez tivéssemos vontade de ler, os brinquedos com que talvez brincássemos eram vistos por minha tia, sem dúvida, como aquilo que a dona-de-casa denomina "junta-poeira" — em torno dessas distrações talvez se acumulasse sujeira. Ela achava que as dobras mais íntimas da consciência, tal como o umbigo, eram anti-higiênicas. De modo que minha tia, com esse tipo de visão, era uma precursora do funcionalismo.

Como todo sistema, o de minha tia, naturalmente, era imperfeito. Proibidos de ler, contávamos histórias e, caso nos separassem, contávamos histórias para nós mesmos, na cama. Inventávamos romances a partir de nossos livros escolares, até mesmo a partir do dicionário, e líamos romances condensados no *Book of knowledge*, na escola. A parcialidade de meu tio em relação a meu irmão mais moço era uma fraqueza dele, assim como a parcialidade de tia Mary em relação a mim. Ela me mantinha em seu quarto, costurando grandes quadrados de algodão barato para fazer lenços com bainhas largas e feias, depois desmanchar e fazer tudo de novo. Não tinha o menor senso de arte ou de beleza visual (não quis nem me ensinar a cerzir, o que é uma arte, nem a bordar, como fizeram as freiras algum tempo depois, no convento); gostava de falar dos bons tempos de antigamente, em Chicago, e de ler ficção religiosa sensacionalista numa revista chamada *Extensão* que, às vezes, me deixava levar para o quarto, com muitas recomendações para não ser surpreendida. E nas caminhadas de domingo, lideradas por meu tio, no final de uma interminável viagem de bonde, durante a qual meus irmãos maiores tinham que se encolher para passar por menos de seis anos, havia ocasiões em que ele nos levava (em formação militar) por uma vereda arborizada de onde se via o rio Mississippi bem do alto, e encontrávamos jacintos tardios e até mesmo, uma vez, uma cobra-coral. No parque Minnehaha, local muito freqüentado, podíamos brincar nos balanços e observar as outras crianças andando de pônei ou num trenzinho de brinquedo. Tio Myers sempre comprava uma caixa de Cracker Jack;* ficávamos vendo-o comer e depois rasgar a caixa para encontrar o brinde no fundo — ritual que nos despertava a mais profunda inveja, pois em casa, às vezes, fazia-se pipoca (Myers gostava de preparar) e até, uma vez ou duas, bolas de pipoca com melado, mas nunca recebemos mais que uma provinha daquele Cracker Jack industrializado, de amendoim, que nos dava a impressão de ter mais valor porque *ele* valorizava aquilo e muitas vezes voltava para casa com uma caixa na mão, comendo, depois de assistir a alguma partida de beisebol. Mas houve um domingo em que tio Myers, num estado de euforia, usando seu pedômetro novo, comprou uma caixa inteira para meu irmão Sheridan.

Claro que ficamos com inveja de Sheridan — o único louro, de cabelos encaracolados louro-avermelhados, enquanto os outros três eram muito morenos, com sobrancelhas e cílios negros espessos —, vendo aquele sortudo mastigar as bolas grudentas e extrair uma borboleta de lata pintada com um alfinetinho por trás. Meus irmãos armaram uma gritaria em torno dele, mas eu era muito orgulhosa para mostrar meus sentimentos. Sheridan, na época, devia ter uns seis anos, e aquela borboleta, no mesmo instante, ficou sendo seu bem mais precioso — na realidade, um dos raros que possuía. Andou com ela pela casa durante toda a semana seguinte, apertada na mão ou presa à camisa, e meus dois outros irmãos andavam atrás dele, pedindo que os deixasse brincar com ela, visão que me causava um certo asco, pois, com dez anos, eu sabia que era sofisticada demais para ficar me preocupando com borboletas de lata e porque sentia na história toda a mão provocadora de meu tio. Ele estava se deliciando com o desempenho de meus irmãos e fazia questão de garantir a Sheridan os direitos à borbo-

(*) Pipocas e amendoins envoltos em açúcar caramelizado. (N. T.)

leta, não deixando que mais ninguém a tocasse. A importância daquela borboleta de lata pintada não era seu valor intrínseco; era o fato de ser virtualmente o único brinquedo da casa que não fora, por assim dizer, socializado, que pertencia pessoalmente a um indivíduo. Os outros brinquedos — um balanço de madeira quebrado, um carrinho velho, uma caixa de areia suja, e talvez um carro de bombeiros, alguns cubos desbotados e trilhos tortos de segunda mão guardados no sótão — eram propriedade comum; os velocípedes que trouxemos de Seattle já haviam sido demolidos há muito tempo, e a corda de pular, os joguinhos, as raras bolinhas de gude e o par de patins de rodas enferrujados que nos deram foram decretados propriedade geral. Assim, durante toda uma semana, aquela borboleta despertou emoções ardentes, das quais me mantive teimosamente à parte, recusando-me inclusive a reconhecer sua existência, até que uma tarde, mais ou menos às quatro horas, quando eu estava dedicada a minha tarefa semanal de tirar o pó dos lambris de madeira, minha tia Mary, com seus cabelos brancos, entrou em meu quarto discretamente e, fechando a porta atrás de si, perguntou se eu vira a borboleta de Sheridan.

Eu estava tão cansada daquele assunto que mal levantei a cabeça, respondendo não, e continuei com a limpeza. Mas tia Mary insistiu suavemente: eu sabia que ele tinha perdido a borboleta? Será que eu podia ajudá-lo a procurar? Aquela proposta não me parecia nada atraente, mas percebendo uma leve agitação em sua atitude um pouco suplicante, larguei o pano de pó e fui ajudá-la. Examinamos a casa inteira, levantamos tapetes, olhamos atrás das cortinas, abrimos os armários da cozinha, procuramos na vitrola, em toda parte menos no escritório, que estava fechado, e no quarto de meus tios. Aliás, não sei por que eu não tinha esperanças de achar a borboleta; em parte, imagino, porque aquilo me era indiferente e, em parte, devido ao fatalismo que todas as crianças sentem em relação a objetos perdidos, considerando-os irrecuperáveis, engolidos pelo fluxo das coisas. Seja como for, eu tinha razão: não encontramos a borboleta e voltei vingada a minha tarefa. Por que *eu* ia ficar procurando aquela borboleta imbecil do Sheridan? Ele é que devia ter tomado conta dela direito! "Myers está furioso", disse tia Mary, que continuava em pé na porta de meu quarto, inquieta e atemorizada. Fiz uma leve careta e ela saiu, queixosa e suspirante, reclamando, em seu vestido velho abotoado até o pescoço.

O fato de que eu pudesse ser suspeita do roubo daquele brinquedo nem sequer me ocorreu, mesmo quando tia Margaret, cinco minutos depois, irrompeu em meu quarto e me ordenou que fosse procurar a borboleta de Sheridan. Reclamei, disse que já tinha procurado, mas ela não deu ouvidos a minhas objeções e me segurou pelo braço com brutalidade: "Então procure de novo, mocinha, e dê um jeito de encontrar". Sua voz era um tanto rouca e todo o seu aspecto franzido, cinza-ferro, parecia tenso e descontrolado, mas mesmo assim tive a impressão de que não estava zangada comigo e sim com alguma realidade exterior — aquilo que se poderia chamar destino ou contingência. Depois que procurei de novo, sem o menor empenho, e mais uma vez não encontrei, ela também começou a procurar, virando tudo pelo avesso. Chegamos até a entrar no escritório, onde Myers estava sentado, e remexemos tudo ao seu redor enquanto ele nos olhava com uma expressão irônica, enchendo o cachimbo com fumo de um envelope de Bull Durham. Não encontramos, e tia Margaret conduziu-me até meu quarto, que esquadrinhei inteiro enquanto ela ficava parada em pé olhando para mim. De repente, depois de examinarmos as gavetas de minha escrivaninha e meu armário, ela pareceu desistir. Suspirou e mordeu os lábios. A porta se abriu devagarinho e tia Mary entrou. As duas irmãs olharam uma para a outra, depois olharam para mim. Margaret deu de ombros. "Não está com ela, não acredito", afirmou.

Nesse momento olhou para mim, distendendo um pouco suas rugas cerradas, e sua mão de pele grossa, com a aliança, desceu sobre meu ombro. "Tio Myers acha que foi você que pegou", disse num sussurro gutural, como um espião ou um batedor. A consciência de minha própria inocência, associada a uma sensação de ter sido admitida na confederação das duas irmãs, encheu-me de excitação e de importância. "Mas não fui eu, tia Margaret", comecei a anunciar, decidida a aproveitar ao máximo meu momento de glória. "O que eu ia querer com uma borboleta velha e imbecil daquelas?" As duas irmãs trocaram um olhar. "Viu, Margaret, eu não disse?", exclamou a velha tia Mary sentenciosamente. Tia Margaret franziu as sobrancelhas e ajeitou um grampo de osso no penteado sem graça. "Mary Therese", disse-me solenemente, "se você sabe alguma coisa sobre a borboleta, se algum de seus irmãos pegou, conte-me agora. Se ela não for encontrada, acho que tio Myers vai ser obrigado a lhe aplicar um castigo." "Mas ele não *pode* me castigar, tia Margaret", insisti, cheia de razão. ''Afinal, não fui eu que peguei e *você* não está achando que peguei.'' Levantei os olhos para ela, fazendo de conta que me sentia confiante, apoiando-me com prudência naquela solidariedade que se estabeleceu subitamente entre nós. Os olhos desbotados de tia Mary encheram-se de lágrimas. ''Você não pode deixar Myers castigá-la, Margaret, se acha que ela não agiu errado.'' As duas levantaram os olhos para a ''Madonna'' de Murillo pendurada na parede manchada de meu quarto. Uma centelha de cumplicidade passou entre as duas e fiquei tranqüila, achando que graças a Nossa Senhora tia Margaret haveria de me salvar. ''Vamos lá, Mary Therese'', disse ela com sua voz rouca. ''Apronte-se para jantar. E nem uma palavra sobre esse assunto com seu tio quando descer.''

Quando entrei na sala de jantar estava exultante, mas tentei disfarçar. Durante a refeição, o mal-estar foi geral. Herdie estava arrasado com o desaparecimento de sua borboleta e Preston e Kevin ficaram em silêncio, lançando-me olhares dissimulados. Meus irmãos, aparentemente, estavam tentando descobrir como eu fizera para não ser castigada, quanto mais não fosse porque era a mais velha. Tia Margaret estava vermelha, o que melhorava um pouquinho sua aparência. Tio Myers mostrava uma expressão astuta, como se os acontecimentos fossem lhe dar razão. De vez em quando passava a mão pelos cachos dourados de Sheridan e insistia para que comesse. Depois do jantar os garotos seguiram tio Myers para o escritório e fui ajudar tia Margaret a tirar a mesa. Não íamos precisar lavar os pratos, pois no momento havia uma ''menina'' tomando conta da cozinha. Quando levantamos a toalha branca e a proteção que ficava por baixo, encontramos a borboleta — espetada na proteção de feltro, exatamente em meu lugar.

Minha sorte foi selada nesse momento, embora eu não me desse conta. Não percebi a importância do fato de a borboleta ser encontrada em *meu* lugar. Para Margaret, porém, aquilo era conclusivo, sua expressão me dizia que ela fora muito ''mole''. Mais uma vez, Myers estava certo. Ele preencheu a formalidade de interrogar os garotos um por um (''Não, tio'', ''Não, tio'', ''Não, tio'') e até, por insistência minha, de chamar a garota sueca da cozinha. Ninguém sabia como a borboleta fora parar ali. Antes do jantar não estava, quando a garota arrumara a mesa. Disso tudo, meus juízes concluíram que eu havia escondido o objeto em mim e que depois, durante o jantar, o enfiara sob a toalha, quando ninguém estava olhando. Aquele veredicto unânime me deixou fora de mim, no começo simplesmente por sua burrice — como era possível que fossem tão estúpidos para imaginar que eu ia esconder a borboleta exatamente em meu lugar, onde certamente seria descoberta? Eu não conseguia acreditar que ia ser castigada a partir de provas tão ridículas, embora eu mesma fosse incapaz de formular alguma teoria que explicasse a presença da borboleta ali. Meu primeiro impulso, vil, foi acusar a empregada, mas a razão expulsou-o de minha mente. O que um adulto ia querer com um brinquedo bobo de uma criança de seis anos? A própria injustiça da condenação que pesava sobre mim fazia-me relutar em transferi-la para um de meus irmãos. Continuei achando que a verdade ia acabar aparecendo, mas o interrogatório cessou bruscamente e todos os olhares passaram a evitar o meu.

O passo arrastado de tia Mary desapareceu na escada, os garotos foram mandados para a cama, e depois, no lavabo, a surra teve início. Myers me bateu com a correia até seu braço preguiçoso cansar; espancar é um trabalho pesado para um gordo fora de forma obrigado a segurar uma criança de dez anos que berra e esperneia. Saiu do lavabo e se afundou, ofegante, em sua cadeira favorita... Cheguei à conclusão de que a surra tinha acabado. Mas tia Margaret substituiu-o, batendo ainda com mais força, com uma escova de cabelos, objetivamente, sem alegria, enquanto repetia: "Confesse que foi você, Mary Therese, confesse que foi você". À medida que as pancadas iam me atingindo e eu não cedia, aquela frase ia assumindo um tom de súplica, como uma oração. Para mim estava claro que ela estava implorando para eu me render, dando essa satisfação a Myers, pelo meu próprio bem, para que a surra pudesse chegar ao fim. Quando finalmente gritei "Está bem!", ela largou a escova com um suspiro de alívio; suas dúvidas sobre minha culpabilidade deviam tê-la assaltado novamente, e minha confissão botava tudo no lugar. Levou-me até meu tio e ficamos as duas olhando para ele, enquanto tia Margaret, com a mão firme, mas sem brutalidade, pousada sobre meu ombro, sussurrou: "Diga a ele: 'tio Myers, fui eu', e pode ir deitar". Mas a visão que ele me apresentava, atirado em sua poltrona de couro, esperando complacente por minhas palavras, foi demais para mim. As palavras ficaram paralisadas em minha língua. Eu era incapaz de dizê-las para *ele*. Tia Margaret insistia, com um ar de reprovação, como se eu estivesse rompendo nosso pacto; mas depois de olhar bem para ele, depois de avaliar seu caráter repulsivo, comecei a berrar "Não fui eu! Não fui eu!", sentindo-me sufocar entre um grito e outro. Tio Myers lançou um olhar vingativo para a mulher, como se entendesse muito bem que nós duas estávamos coniventes. Mandou que eu voltasse para o lavabo e arregaçou as mangas, simbolicamente. Empunhou a correia com decisão, mas desta vez eu estava fora de mim e quando tia Margaret entrou precipitadamente para tentar conversar comigo, eu só conseguia responder com gritos desesperados, enquanto tio Myers, também sem fôlego, pendurava novamente a correia no gancho. "Sua vez", conseguiu articular, e a escova de tia Margaret foi incisiva, depois das primeiras pancadas encolerizadas que me castigavam por tê-la desobedecido. Myers não voltou à correia; a surra acabou, fosse por medo dos vizinhos, fosse pela frágil presença de tia Mary no andar de cima, fosse por um brusco acesso de remorso aterrorizado, não sei; talvez simplesmente porque já tinha passado minha hora de ir para a cama.

Finalmente subi as escadas, mancando, com uma louca sensação de vitória íntima, como se fosse uma santa, pois não cedera, apesar de tudo o que eles me tinham feito ou podiam fazer. Não me ocorreu que tivera um gesto pouco cristão recusando-me a atender um pedido do coração e da consciência de tia Margaret. Na realidade, eu sentia intenso prazer no fato de tê-la *obrigado* a continuar me batendo, até bem depois de ter-se convencido de minha inocência; era seu castigo por ter desculpado Myers. Na manhã seguinte, quando abri os olhos diante da "Madonna" de Murillo e do "Jovem Pretendente", minha sensação de triunfo decresceu; estava com medo do que fizera. Mas durante aquele dia e o dia seguinte ninguém me tocou. Eu estava nas nuvens, sem acreditar, e, sem dúvida, mostrava-me um tanto pomposa, considerando-me uma verdadeira figura lendária: minha força *equivalia* à força de dez guerreiros, pois meu *coração* era puro! Depois disso apanhei, normalmente, de acordo com a rotina de sempre, mas o assunto da borboleta ficou encerrado naquela casa.

Para mim havia, e ainda há, uma conexão entre a borboleta e nosso salvamento, efetuado por nosso avô protestante, que ocorreu no ano seguinte, no outono ou no início do inverno. Fosse por sensação de fracasso dentro de sua própria visão das coisas, fosse porque tinham deixado de se preocupar com nossa sorte, nossos tutores, pela primeira vez, permitiram que nós dois, meu irmão Kevin e eu, ficássemos a sós com aquele advogado severo e bondoso, andando os dois quarteirões que separavam nossa casa da de nosso avô McCarthy. Durante essa caminhada, entre as paredes de uma neve prematura, contamos tudo a vovô Preston, dominando o medo e pensando fixamente nas bonecas, nas luvas de beisebol e nos relógios. Só que, coisa estranha mas bem de acordo com seu estilo, não foi a história da borboleta nem as outras atrocidades o que mais o impressionou, enquanto acompanhava nossa narrativa com um olhar preciso de jurista; foi o fato de que eu não estava usando meus óculos. Eu estava de castigo por tê-los quebrado num tombo no pátio da escola: por isso estava proibida de usá-los; não entendi por que meu relato do incidente deixou-o enfurecido — para mim, era um grande alívio ver-me livre daqueles horrores. Mas ele cerrou os dentes, levantou seu queixo comprido e ossudo, tomou-nos pela mão e enveredou, ereto como a justiça, pelo caminho que levava à casa de meu avô McCarthy. Foi assim que as inquietações daquele bom americano finalmente se fixaram numa questão de saúde; quanto ao resto que lhe contamos, ou não acreditou ou ficou com medo de pensar naquilo, para não ter que lidar com o problema do mal.

Por razões de saúde, portanto, fomos separados de tio Myers, que desapareceu novamente em Elkhart com a mulher e tia Mary. Meus dois irmãos foram mandados para um internato de freiras católicas, com exceção de Sheridan, que Myers teve permissão para levar consigo, como um troféu dourado. A permanência de Sheridan, porém, foi curta. Pouco depois, tia Mary morreu, seguida por tia Margaret, seguida por tio Myers; num período de cinco anos, ainda na força da idade, todos eles se foram, um, dois e três, como pinos de boliche. Para mim, uma nova vida começava, sob uma estrela mais auspiciosa. Poucas semanas depois da visita de meu avô protestante, vi-me sentada ao lado dele numa cabine de trem, olhando o rio Missouri quebrar para o oeste, rumo a sua nascente, usando meu relógio de ouro branco e um vistoso chapéu novo, vermelho, uma criança extremamente nervosa, antiprotestante fanática, que, como expliquei para vovô Preston, merecia ser queimada na fogueira. No vagão-restaurante pedi, vorazmente, costeletas de carneiro, panquecas, salsichas, depois fiquei sentada olhando, incapaz de comer tudo aquilo. ''Ela tem os olhos maiores que a barriga'', observou o garçom.

Seis ou sete anos mais tarde, durante uma de minhas viagens à universidade, no leste, parei em Minneapolis para visitar meus irmãos, agora reunidos sob o teto de um novo tutor, mais indulgente: meu tio Louis, o mais bonito e mais moço dos tios McCarthy. Todos os velhos haviam morrido; minha avó McCarthy, que falecera pouco tempo antes, deixara um fundo para a construção de uma capela com seu nome no Texas, estado com o qual não tinha a menor conexão, que se soubesse. Sentados na penumbra da varanda de tio Louis, procurávamos um tema comum para nossa reunião e fomos encontrá-lo em tio Myers. Foi então que meu irmão Preston me contou que na famosa noite da borboleta vira tio Myers entrar sorrateiramente na sala de jantar, vindo do escritório, e levantar a toalha com a borboleta de lata na mão.

Tio Harry me diz que no diário de meu pai, nos dias 28 de fevereiro e 7 de novembro de 1916, a palavra ''borboleta'', sem qualquer outra observação, aparece escrita sobre uma página inteira. Como a maioria das contribuições de tio Harry, aquela me deixou muito abalada. Inexplicável, *pensei, até lembrar que meu pai, quando criança, colecionava borboletas. Minha avó tinha uma caixa dos espécimes que ele coletou. Essa lembrança é a minha única tentativa capaz de explicar a anotação.*

Quanto a tio Myers, tio Harry escreve que aquele ''monte de banha'' dizia ter sido comprador de salmouras na região de Terre Haute (Indiana). Eu desconhecia esse fato, mas não há dúvida que combina bem com ele. Por outro lado, aquelas bandejas de balas tinham efetivamente um toque profissional. Tenho a impressão de que depois de casar com minha tia ele nunca trabalhou com coisa alguma. Segundo tio Harry, a empresa da família contratara tio Myers como agenciador móvel de transportes de grãos, com um salário de 250 dólares por mês, com viagens e despesas pagas. O emprego tinha o objetivo de mantê-lo na parte oeste do South Dakota, no North Dakota e a leste de Montana, onde a vida era barata. Suas notas de gastos — almoços a três ou quatro dólares em trens transcontinentais — deixaram tio Harry boquiaberto, pois fora dele a brilhante idéia de mandá-lo para aquele território semidesértico.

Se era viajante, como passava o tempo em casa? Sou incapaz de resolver essa contradição, e a hipótese de tio Harry — de que talvez ele fosse, na realidade, duas pessoas — não ajuda em nada. Ele passava o tempo em casa; meu irmão Kevin confirma. A única exceção foi um curto período em que participou de um júri; costumava sair de casa pela manhã, nessa época, usando um chapéu-coco preto. Gosto de imaginar tio Myers como jurado. Kevin lembra que uma vez ele fez uma viagem curta — para Elkhart, foi o que pensamos na ocasião. Mas é possível que se tratasse do emprego na Capital Elevator, pois imagino que não tenha ficado muito tempo na empresa.

Kevin acrescenta uma observação sobre tio Myers e jogos de beisebol. Ele gostava de ficar parado junto à entrada do estádio, com meus irmãozinhos, até o momento, próximo do final, em que os portões se abriam e as pessoas entravam sem pagar. Assim, assistiam somente aos finais dos jogos de beisebol, assim como assistíamos apenas ao começo dos filmes seriados. Havia uma fantástica lógica interna em nossa vida, como se fosse uma obra de arte. É por isso que até eu, às vezes, acho difícil acreditar que tenha sido assim. Impõe-se, porém, uma pequena correção: uma vez assisti a um filme até o final. Foi no porão da igreja ou no auditório da escola — o nome do filme era O Segredo da Confissão. Havia uma cena em que um ateu caía fulminado por um raio, depois de desafiar Deus. Claro que o filme era de graça.

A respeito do episódio da borboleta de lata, tenho de fazer uma retificação mais grave, ou pelo menos exprimir uma dúvida. Um dia desses, ao reler o que escrevi, fui assaltada por uma suspeita terrível. De repente me lembrei que na universidade comecei a escrever uma peça sobre o assunto. Seria possível que a idéia de tio Myers colocando a borboleta em meu lugar fosse uma sugestão da professora, nessa ocasião? Sou quase capaz de ouvir sua voz: "Deve ter sido seu tio!", dizia entusiasmada. (Seu nome era Mrs. Hallie Flanagan; mais tarde foi diretora do Teatro Federal.) Em uma cena da peça, tio Myers entrava na ponta dos pés e prendia a borboleta ao forro da mesa. Depois de um debate com minha consciência (a primeira comunhão de novo), chamei Kevin e apresentei minhas dúvidas. Ele se lembrou do episódio da borboleta e da surra terrível; lembrou-se da conversa na varanda de tio Louis, quando nós quatro, reunidos, conversamos sobre tio Myers. Mas não se lembra de ouvir Preston dizer que tio Myers colocara a *borboleta no forro da mesa. Preston, a quem consultei por telefone interurbano, não se lembra de ter afirmado isso nem de ter visto. (Ele não podia ter mais de sete anos na época do incidente, portanto seria pouco provável que guardasse uma lembrança, tão clara e tão* terrível.)

Continuo com a certeza de que pelo menos conversamos sobre a história da borboleta na varanda de tio Louis; é possível que eu tenha apresentado a hipótese de Mrs. Flanagan e que Preston tenha concordado. Pode ser até, afirma Kevin, que no momento ele tenha achado *que se lembrava, depois que a idéia lhe foi sugerida. Mas tudo isso é conjetura; na realidade não me lembro se fiz o curso de teatro antes ou depois da noite na varanda de tio Louis. O mais provável, parece-me, é que eu tenha fundido duas lembranças.* Mea culpa. *A peça, aliás, jamais foi concluída. Não passei do primeiro ato, que se passava no jardim de inverno de minha avó, mostrando o primeiro encontro que tivemos com nossos tutores. Foi ao pensar nesse encontro, obviamente, que me lembrei de Mrs. Flanagan e da peça. Mas quem colocou a borboleta em meu lugar? Talvez tenha sido tio Myers, afinal. Mesmo que ninguém tenha visto, ele continua sendo suspeito: tinha o motivo e a oportunidade.* "Aposto que foi seu tio!" — *Foi assim que ela disse?*

Escrevi que foi no outono ou no começo do inverno que meu avô Preston chegou de Seattle para ouvir nossas queixas. Kevin acha que foi na primavera. Nós dois lembramos da neve. É provável que ele tenha razão, pois está lembrado de uma seqüela dessa história, ocorrida no verão, depois de eu ter partido e de ter-se desmanchado a casa. Ele e Preston haviam sido levados temporariamente para a casa de minha avó McCarthy. Pela primeira vez, desfrutaram da liberdade de andar pela rua; até aquele momento, éramos mantidos do lado de dentro de nossa cerca de ferro. Ele e Preston tomaram um carrinho emprestado de uma vizinha, uma menina chamada Nancy, e começaram a subir e descer a avenida Blaisdell, passando pela casa onde vivêramos. Para sua surpresa, tio Myers continuava lá, sentado à entrada da casa com Sheridan no colo. Os dois meninos, em seu carrinho emprestado, passaram pelo outro lado da rua gritando palavrões e insultos para tio Myers, festejando como dois diabinhos sua liberdade e a impotência dele: "Fu, fu, fu!". Tio Myers não reagiu; simplesmente ficou sentado no mesmo lugar, um alvo passivo, com Sheridan ao colo. Sem dúvida todos os vizinhos estavam olhando. Para Kevin, segundo o que ele conta, todo o prazer da vitória foi desaparecendo diante do desamparo de tio Myers; sentiu-se desconcertado diante daquele gordo imóvel e foi-se embora com o carrinho.

Poucos dias depois, passaram novamente diante da casa. Estava vazia. Entraram por uma janela do porão que ficara aberta. A casa tinha um ar muito estranho; todos os móveis haviam sido retirados. De repente, foram tomados por um acesso de fúria; começaram a arrancar o papel de parede — o papel de parede que havíamos estragado, causa de nosso castigo. Arrancaram todo o papel, em tiras, depois abriram o armário de remédios. Alguém tinha esquecido de esvaziá-lo e lá estavam todos os remédios da família, juntamente com um pote vazio do caldo de carne de tia Mary. Jogaram os frascos de remédio na parede, quebrando tudo; o chão e as paredes ficaram salpicados de uma horrível tintura amarela — tonalidade predominante dos remédios. Estavam se vingando na casa. Depois de terem feito tudo o que podiam para estragá-la, saíram novamente pela janelinha do porão.

Quando aquilo foi descoberto, minha avó incumbiu-se de castigar Kevin. Espancou-o, em seu banheiro, com a escova de cabelos, segurando-o firmemente sobre os joelhos. Ele achou muito interessante descobrir que a surra que ela aplicava não doía. De bruços, imobilizado, berrou como convinha, mas por dentro achava graça dos esforços que ela fazia. Lembrou-se da escova de cabelos de tia Margaret e da correia de couro de tio Myers e sentiu ternura por minha avó — a ternura da experiência diante da inocência. Naquele outono, ele e Preston foram mandados para a escola St. Benedict, depois de uma temporada de verão no Breezy Point do capitão Billy Fawcett.

Última observação sobre a dieta de saúde de tia Margaret. Tenho digestão perfeita e excelente saúde; suponho que devo isso a tia Margaret. É verdade que, quando crianças, passávamos muito tempo doentes antes de ir para a casa dela; e sem dúvida ficamos mais robustos com suas ameixas, pastinagas, camas sem travesseiro e longas caminhadas. Kevin tinha, antigamente, duas fotografias, uma tirada por tia Margaret e outra por tio Myers; nelas, lia-se: "antes da caminhada de 7 km" e "depois da caminhada de 7 km". A que mostrava tio Myers de boné desapareceu misteriosamente. Meu irmão Preston achava que tinha uma foto dele, mas essa também desapareceu. É como se o próprio tio Myers tivesse dado um jeito de subtrair-nos a prova de que existiu fisicamente.

Em uma das fotografias antigas da família, nós quatro aparecemos com um ar muito feliz. Preston e Sheridan estão montados sobre um pônei. Estamos bem vestidos; estou sem óculos e meu cabelo liso, cacheado. O pônei era um acessório de cenário: pertencia a um fotógrafo itinerante que andava pela cidade oferecendo seus serviços. A fotografia, evidentemente, foi mandada para a família Preston, no oeste, que não imaginava ser aquela a única vez em que vimos um pônei de perto. A fotografia estava no meio das coisas de minha avó Preston.

Para mim, tio Myers e tia Margaret eram pessoas fora do comum, talvez únicas. Mas uma carta de um leitor de Chicago me dizia que Myers se parecia tanto com seu pai que estava tentado a acreditar em reencarnação. E a dieta de tia Margaret era quase a mesma adotada na casa desse leitor, quinze anos mais tarde: os mesmos cardápios, acrescentando-se bolinho de bacalhau; as mesmas sessões prolongadas "no trono", os mesmos colchões virados para verificar se não haviam sido molhados, o mesmo confisco de presentes, sob pretexto de que eram "bons demais". Tudo conferia; até a correia dos castigos, o sonho de ser admitido num orfanato e a ameaça de que outros membros da família (possivelmente protestantes) se encarregassem de "fazer você entrar na linha". Esse homem e sua irmã haviam perdido apenas a mãe; os vizinhos também tinham o hábito de alimentá-los.

Ainda mais curiosa é uma carta que recebi da Austrália, escrita por uma mulher de sessenta anos, dizendo-me que "Aquele Camponês" fora, "provavelmente", a experiência mais sobrenatural" de sua vida. Ela e os quatro irmãos e irmãs haviam perdido o pai e a mãe, e sua infância, dizia, era uma réplica quase perfeita da minha. "Se eu tivesse seu talento... já teria escrito há muito tempo, teria escrito uma história na qual ninguém teria acreditado, pois seria tão absurda — cada palavra, porém, teria sido particularmente verdadeira. Por isso li e reli seu artigo, que... se parecia tanto com nossa experiência... que até parecia que quem estava escrevendo era eu, e não a senhora".

Essa mulher, tal como o homem de Chicago, era católica de nascimento. Seu pai desposara uma protestante.

TRÊS

O FACÍNORA

Se ainda estivesse vivo, meu avô protestante ficaria incomodado ao saber que o destino de sua alma provocou intensa ansiedade teológica nas *Mesdames* do Sacré-Coeur. Enquanto seu lado mortal, inteiramente inconsciente desse fato, percorria os dezoito buracos de golfe ou jogava uma partida de bridge no clube antes do jantar, seu lado imortal corria perigo junto a nós, freiras e alunas de um convento-escola extremamente rígido, situado numa colina arborizada bem perto de um terreno sem valor que meu avô comprou imaginando que Seattle estava expandindo-se em direção ao norte.

Foi um sermão pronunciado no convento, por um entusiástico jesuíta, que nos alertou para o perigo. Até aquele momento, a disparidade entre a minha religião e a de meu avô não me havia causado maiores preocupações. A morte de meus pais nos aproximou em diversos sentidos, inclusive o legal (pois fiquei sob sua guarda), mas ao mesmo tempo deixou entre nós o abismo de uma geração — o protestantismo de meu avô era um elemento natural do grandioso cenário de granito situado do outro lado desse abismo e o sermão do jesuíta destruiu essa vista tranqüila com um único trovão doutrinário.

Segundo o padre, aquele homem honesto e digno, a quem a Madre Superiora queria muito bem, estava condenado ao fogo eterno devido ao acidente de ter sido batizado. Se fosse maometano, judeu, pagão, ou filho de pessoas civilizadas sem religião, teria direito a um lugar no limbo, onde se encontraria com Cícero, Aristóteles e Ciro, o Persa, enquanto almas inocentes de crianças mortas não-batizadas estariam brincando a seus pés. Mas caso o jesuíta tivesse razão, todos os protestantes batizados iriam direto para o inferno. Uma vida virtuosa nada contaria a seu favor. O rito batismal, ao mesmo tempo em que lhes conferia a graça de Deus, tornava-os vulneráveis a Seu desagrado organizacional. Ou seja, o batismo transformava-os em católicos, quisessem ou não, e sua persistência no ritual protestante era uma espécie de apostasia reiterada. Meu pobre avô, portanto, sessenta anos atrasado em seus deveres pascais, na realidade reduzia suas possibilidades de salvação toda vez que se sentava na igreja presbiteriana.

As sobrancelhas suavemente franzidas da Madre Superiora acolheram-me, uma hora depois do sermão, quando eu fiz uma reverência agitada à porta de sua sala. Era óbvio que estava a minha espera. Madame Mac Illvra, uma administradora competente, devia ter-se dedicado a fazer um levantamento resignado dos nomes das alunas e pais protestantes durante toda a parte final da missa da manhã. Quando a conversa começou, com um ar levemente preocupado, tratou de desqualificar o sermão: do ponto de vista doutrinário, talvez, estivesse correto, mas faltava-lhe sutileza; aquele jesuíta inflamado, uma celebridade missionária, vivera tempo demais entre os esquimós. Aquela atitude descomprometida animou-me a alimentar esperanças. Com certeza aquela senhora, a mais alta autoridade que eu conhecia, seria capaz de encontrar uma saída para meu avô. Era capaz de ver que ele era um caso especial, que não se enquadrava na regra brutal e impiedosa delineada pelo jesuíta. Era dela, afinal, que provinham todas as isenções do convento, era ela quem criava, arbitrariamente, períodos de férias (chamadas *congés*, devido à tradição francesa da ordem); era ela quem nos dava permissão para retirar livros proibidos da biblioteca e, ocasionalmente, para receber cartas que passavam pelo censor do convento sem serem lidas. (Como norma, todas as expressões em gíria, violações da sintaxe, erros de ortografia, bem como sentimentos impróprios, eram cobertos com um grosso traço negro nas missivas de nossos amigos; assim, a não ser que nos movêssemos num círculo de jovens Addisons ou Burkes, as cartas que tanto desejávamos receber chegavam até nós transformadas em fragmentos, e seu texto original tinha que ser imaginado.) Para a minha cabeça de doze anos, parecia provável que Madame Mac Illvra, nossa Madre Superiora, tivesse autoridade para dar um *congé* a meu avô, e abandonei-me a sua solidariedade.

Como era possível que meu avô, a pessoa mais virtuosa que eu conhecia — cujo nome, entre amigos e colegas, era sinônimo de probidade rígida e única — devesse ser condenado, enquanto eu, objeto de suas admoestações, desespero de seu exemplo — eu, que cedia a todo e qualquer impulso, acumulando mentiras, vantagens e traições — devesse, só porque freqüentava regularmente os sacramentos e tinha o hábito da penitência fácil, ser salva?

A ampla testa branca de Madame Mac Illvra franziu-se; seus olhos azuis infantis toldaram-se. Como muitas diretoras de escola, gostava de um bom choro, e tratou de apertar-me contra seu peito roliço, trêmulo e maduro. Ela entendia, ela chorava por meu avô e pela injustiça da situação. Eles, na realidade, haviam estabelecido uma relação muito amistosa, com a qual ambos se compraziam. O estilo viril e a firmeza do caráter de meu avô constituíam um apelo estético para ela, enquanto sua suavidade e profundeza impressionavam-no favoravelmente; mas, acima de tudo, era a diferença de religião que apimentava as conversas dos dois. Sempre que se encontravam na salinha ordenada, preta e branca, da Madre Superiora, ambos eram invadidos por uma sensação de abertura, de compreensão, de superioridade transcendente em relação aos preconceitos mesquinhos. Meu avô mencionava que todos os Natais fazia uma contribuição para as duas irmãs de caridade que passavam por seu escritório; Madame Mac Illvra evocava, talvez, seus estudos de pós-graduação e Hume. Tinham longas conversas liberais, impregnadas de um tom *teatral*; aqueles dois virtuosos da magnanimidade realizavam verdadeiros prodígios. Mais tarde, falavam um do outro em termos praticamente idênticos: "uma mulher notável", "um homem notável".

Isso tudo (e provavelmente a suspeita de que seu veredicto poderia ser repetido em casa) fez Madame Mac Illvra responder com cuidado. "Talvez Deus", murmurou por fim, "em Sua infinita misericórdia..." Mas aquela formulação não era satisfatória para nenhuma de nós duas. A infinita misericórdia de Deus era uma coisa em que acreditávamos, mas suas manifestações eram problemáticas. A história sagrada demonstrava que havia mais probabilidade de serem beneficiados o Bom Ladrão ou a Mulher Surpreendida em Adultério do que pessoas de virtude cotidiana e hábitos regulares, como meu avô. Nossas especulações católicas divagaram e foram reunir-se num olhar de reconhecimento cheio de apreensão. Madame Mac Illvra ponderou. Havia, é claro, disse ela por fim, outras saídas. Se ele tivesse sido batizado de maneira inadequada... um pastor negligente... Avaliei aquela possibilidade e balancei a cabeça. Meu avô não era o tipo de homem capaz de incorrer num batismo negligente, mesmo quando recém-nascido.

O que dá a medida da inteligência de Madame Mac Illvra, ou de seu conhecimento do mundo, é que, mesmo com a alma de meu avô pendente, súplice, entre nós duas, ela não sugeriu a solução óbvia, ortodoxa. Seria ridículo tentar converter meu avô. Mais do que isso, como mais tarde se verificou, eu poderia tê-lo precipitado no abismo com minhas armadilhas inocentes (livros de oração abertos ao lado de seus corta-charutos, ou "Vovô, você não quer me levar à missa domingo que vem? Estou cansada de ir sozinha"). "Reze por ele, minha querida", disse Madame Mac Illvra, suspirando. "Vou conversar com Madame Barclay. Talvez a questão se preste a interpretações. Quem sabe ela não se lembra de alguma coisa, nos Pais da Igreja...".

Alguns dias depois, Madame Mac Illvra convocou-me a seu escritório. Além de Madame Barclay, a erudita diretora de estudos, também haviam sido consultados a bibliotecária e o capelão do convento. Parece que a visão beneditina diferia radicalmente da dominicana, mas uma passagem fundamental em Santo Atanásio fazia supor que a salvação de meu avô estava garantida. O ateu, de acordo com aquela generosa autoridade, não seria condenado a não ser que rejeitasse a verdadeira Igreja com pleno conhecimento e absoluta anuência da vontade. Madame Mac Illvra passou-me o livro para que eu lesse o trecho indicado. Era evidente, ele estava salvo. Pleno conhecimento era coisa que não tinha. A Igreja, não conhecia; só de longe, por ouvir dizer, como o pagão Hiawatha, a quem tinham contado estranhas histórias de missionários — homens brancos vestidos de negro que usavam uma cruz. Pulei no pescoço de Madame Mac Illvra e pela primeira vez abençoei a personalidade insular de meu avô, a cara amarrada e obstinada com que ele recebia idéias e costumes que não eram os seus. Resolvi desmanchar imediatamente o altarzinho que havia em meu quarto, em casa, deixar de lado as graças antes das refeições, os jejuns elaborados e todas as práticas ostentatórias de devoção, com receio de que a intensidade da luz de meu exemplo, em vez de iluminar meu avô, reforçasse o conhecimento pleno que o reduziria a cinzas.

Como eu ia passar os fins de semana em casa, não houve tempo para que meu projeto perdesse o ímpeto, e no domingo seguinte, em casa, meu avô observou a mudança ocorrida em mim, que meu gosto pela encenação tornava ainda mais gritante. "Espero", disse ele, numa voz um tanto severa e irônica, "que você não esteja utilizando a atmosfera *irreligiosa* desta casa como desculpa para deixar de lado seus deveres religiosos. Há tempo de sobra para mudar suas crenças quando você for mais velha, se for isso o que você quiser". A injustiça da repreensão deixou-me nas nuvens. Com ela, eu me via solidamente na tradição dos santos e mártires; Nosso Senhor passara por uma situação semelhante, bem como Elsie Dinsmore, ao piano. Isso não impediu que eu me zangasse e batesse a porta de meu quarto, onde me tranquei, emburrada. Quase desejei que meu avô morresse imediatamente, para que Deus pudesse oferecer-lhe a explicação de meu comportamento — era óbvio que ele teria de esperar até a outra vida para recebê-la; nesta, ela lhe pareceria uma simples invasão de sua individualidade.

Como para me recompensar por meu silêncio, a quarta-feira seguinte trouxe-me o momento mais feliz de minha vida. Para entender minha felicidade, que do contrário poderia parecer perversa, o leitor deve se transportar para a atmosfera religiosa do convento. Caso imagine que nossa vida atrás daquelas paredes era despojada, pobre, fria, austera, sectária, será obrigado a rever sua opinião; passávamos os dias num tumulto de emoções. Em primeiro lugar, comíamos, estudávamos e dormíamos naquele ambiente de intriga, rivalidade, escândalo, favoritismo, tirania e revolta comum a todos os internatos de meninas, um ambiente que transforma a vida "real", mais tarde, num armistício prolongado e improvável, num cessar da verdadeira ansiedade da ação. Mas acima dos retintins daquela opereta juvenil, com suas amizades cambiantes, seu enredo de cartas trocadas, bilhetes passados de carteira a carteira, segredos, ouviam-se no convento do Sacré-Coeur acordes mais solenes, as notas de um grande drama religioso, que era, ao mesmo tempo, pura paixão e capricho, no qual a salvação era a meta e os favores um tanto sultanescos e impalpáveis de Deus eram buscados, rejeitados, considerados impossíveis, consentidos, importunados. O suspense desse drama era fornecido pelo elemento paradoxal da doutrina católica. O Divino Déspota que cortejávamos não podia ser comprado, como uma coisa qualquer, por meio de longas horas no genuflexório, da estrita observância dos sacramentos, obediência, reverências para com os superiores. Essas súplicas ajudavam, mas nada impedia que a pior garota da escola, com o rosto bonito e altivo realçado com ruge e um olhar calmo, fechado, que fazia supor, até por nós, pequenas, algum conhecimento secreto dos homens, fosse, no fundo do coração, outra Maria do Egito, a santa prostituída no meio de nós. Essas idéias formavam um estranho contraponto para a disciplina. Com certeza a Madre Superiora jamais expulsaria uma garota sem primeiro evocar, com certa perplexidade, a conturbada juventude de Santo Agostinho e Santo Inácio de Loyola.

A doutrina da salvação, essa carta escondida, com toda sua sabedoria mundana e seu encanto enigmático, estava profundamente entranhada no idioma do convento. A mais modesta das noviças era capaz de sustentar com firmeza uma discussão, em torno da purificação através do pecado, com Mr. Auden, Herr Kafka, ou *Gospodin* Dostoiéveski; quanto a Madame Mac Illvra, embora ela certamente considerasse de mau gosto inclinar-se, como o padre Zossima, ante o assassinato que estava no coração de Dmitri Karamazov, certamente travaria com ele uma série de conversas longas e interessantes em sua sala.

Como todas as mulheres verdadeiramente intelectuais, aquelas eram, em espírito, bandoleiras românticas. Desprezavam os heréticos metódicos, como Lutero e Calvino, mas os grandes ateus e pecadores eram os heróis do drama de época que ensinavam através de uma matéria denominada história. Marlowe, Baudelaire — Byron, principalmente —, brilhavam como estrelas terríveis sobre seus cursos de literatura. As garotinhas de dez anos já recitavam ''O prisioneiro de Chillon'' e ouviam histórias de Claire Clairmont, Caroline Lamb, Segatti e a travessia do Helesponto a nado. Até o sr. Voltaire desfrutava de uma equivocada popularidade. As freiras falavam dele com um misto de horror e admiração: ''Uma grande cabeça, um espírito indomável — mas para que fins terríveis foram utilizados''. Quanto a Rousseau, personagem descomposto e de classe média, não despertava o menor interesse.

Para conciliar essas preferências, partilhadas pelas alunas, com a ortodoxia católica, recorria-se a diversos estratagemas. As freiras mais eruditas conseguiam resignar-se ante a danação daquelas grandes almas luciferianas. Uma simples freirinha, por outro lado, que jogava beisebol e ensinava aritmética na sexta e na sétima série, costumava dizer às alunas que, pessoalmente, estava convencida de que Lord Byron, em seus últimos momentos, rezara um ato de contrição.

Assim, portanto, nada havia de extraordinário no fato de encontrarmos uma citação das obras desse dissoluto autor na lousa da classe de retórica da oitava série, quando fomos entrando em fila na manhã daquela quarta-feira que, para mim, até hoje é memorável. "*Zoè mou, sas agapô*": a última promessa de Byron à Donzela de Atenas ali estava, na letra francesa de Madame Barclay, evocando-nos a transitoriedade das paixões. Para mim, aquela frase falava de uma história já conhecida. Eu lera o poema antes, sozinha, na biblioteca de meu avô; na realidade eu o sabia de cor, e não via com bons olhos a sua socialização naquela sala: era uma invasão de meus direitos particulares sobre ele. Pouco depois, lá estava a régua de Madame Barclay apontando as palavras uma a uma: "Minha... vida... eu... a... amo", traduziu ela secamente. Quando a régua voltou ao início da frase para empreender a segunda viagem, fui refugiar-me no desdém e comecei a fazer um desenho da garota sentada a meu lado. Subitamente a régua estalou em minha carteira: "Você é exatamente como Lord Byron, brilhante mas perversa".

Ouvi a régua sendo pousada sobre a carteira e o desenho sendo rasgado ao meio num gesto brusco, mas não consegui olhar. Nunca, em minha vida, senti-me tão lisonjeada. Durante todo o resto da aula fiquei sentada imóvel, fingindo humildade, enquanto minhas colegas me lançavam olhares de admiração, espanto e inveja, como se de repente eu tivesse sido atingida por uma doença fantástica, ou canonizada, ou transfigurada. A declaração de Madame Barclay, que eu não me cansava de repetir para mim mesma em voz baixa, tinha para nós, meninas, uma espécie de certeza definitiva e majestática. Ela era a mais severa e a mais taciturna de nossas professoras. Suas sobrancelhas escuras se encontravam, tinha uma pele cor de oliva, em seu lábio superior havia um tênue bigodinho — ela era o ferro e a autoridade do convento. Não admitia infrações, tomava conhecimento de tudo, era profunda e obstinadamente justa, não tinha favoritas; mas seu rosto um tanto pontudo apresentava as marcas do sofrimento, como se sua famosa disciplina tivesse deixado nele suas marcas com a mesma decisão com que ela corrigia nossos deveres. Sua personalidade era amarga e sarcástica; dizia-se que fizera seus estudos na Sorbonne. Antes daquele dia, uma ou duas vezes eu tive a ousadia de pensar que Madame Barclay gostava de mim. Seus olhos escuros, bonitos, voltavam-se para mim de vez em quando, no momento em que seus lábios se preparavam para emitir um aforismo ou uma observação sarcástica. Só que, nem bem eu avaliava, sopesava e media aquele olhar para depois guardá-lo no livro de memórias das afeições correspondidas, lá vinha um castigo doído para despertar-me de meu sonho e deixar-me incerta quanto a minhas conclusões. Agora, porém, já não havia dúvidas. Aquela censura era uma declaração de amor tão clara quanto a frase da lousa, que tremulava de leve diante de meus olhos. Minha felicidade era uma exaltação confusa, na qual o fato de eu ser Lord Byron e o fato de ser amada por Madame Barclay, a freira mais misteriosa do convento, fundiam-se para formar um triunfo donjuanesco.

No refeitório, na hora do almoço, aquele momento foi enriquecido por uma boa dose de publicidade. Insaciável, eu mal podia esperar o fim de semana para levar as palavras de Madame Barclay para casa, como se fossem um prêmio. Com a generosidade da opulência, eu me dizia que era preciso partilhar aquela felicidade, aquela honra, com meu avô. *Aquilo*, com toda certeza, iria compensá-lo por todas as preocupações e dificuldades que eu pudesse ter-lhe causado. Ao mesmo tempo, teria o efeito prático de explicar-me um pouco para ele. Meu cérebro estava repleto de frases sobre o tipo de pessoa que eu era: "aquele gênio infortunado", "aquela alma turbulenta", "aquela natureza talentosa e excêntrica".

Meu avô ficou roxo quando lhe contei as novidades. Sua testa se encaroçou de veias; praguejou; ficou com um ar estranho e jovem; era a primeira vez que eu o via zangado. Foi inútil argumentar e explicar. Para meu avô, a história não interpusera distância alguma entre ele e Lord Byron. Embora o poeta incestuoso tivesse morrido quarenta anos antes de ele nascer, a perspectiva romântica estava ausente. O isolacionismo puritano de meu avô levava-o a negar a realidade do exótico, fazia-o julgar o poeta como julgava a si mesmo ou a um de seus vizinhos — ou seja, pelo mérito de suas ações. Num segundo estava ao telefone perguntando à Madre Superiora, numa voz tonitruante, de sala de tribunal, que direito tinha uma de suas irmãs de associar sua neta inocente àquele facínora degenerado, aquele Byron. Na segunda-feira, Madame Barclay, com lábios apertados, disse à turma que tinha uma correção a fazer: Mary McCarthy não tinha a menor semelhança com Lord Byron: não era nem brilhante, nem dissipada, nem perversa.

As conversas entre meu avô e Madame Mac Illvra chegaram ao fim. Evidenciara-se a incompatibilidade daquele notável casamento intelectual. Mas a partir daquele dia os sinais da estima que Madame Barclay me dedicava foram-se tornando cada vez mais nítidos, ao mesmo tempo em que a expressão de sofrimento gravava-se mais profundamente em seu rosto, a ponto de alguém dizer que ela estava com câncer (hipótese confirmada pelo tom amarelado de seu rosto) e que o câncer, outros acrescentavam, nada mais era que sua antipatia pela Madre Superiora.

Este relato está muito romanceado. É verdade que houve um jesuíta fazendo aquele sermão, e realmente fiquei preocupada com a alma de meu avô; eu ainda era muito devota, de uma maneira infantil e extremamente sugestionável. Suponho que ainda era ''nervosa'', como resultado de minhas experiências em Minneapolis. De fato levei o problema à Madre Superiora interina, que finalmente teve condições de tranqüilizar-me com a afirmação de que meu avô podia salvar-se se não soubesse *que a Igreja Católica era a verdadeira Igreja. Essa era sua ''ignorância invencível''. A freira que chamo de Madame Barclay de fato disse-me que eu era como Byron, brilhante mas perversa. Mas por que razão ela o afirmou é coisa que não me lembro. E de fato contei a meu avô, que exigiu desculpas da Madre Superiora interina, o que me deixou absolutamente furiosa. Em suma, a história é verdadeira em essência, mas os detalhes foram inventados ou deduzidos.*

''Meu avô'', escrevi, ''reduzia suas possibilidades de salvação toda vez que se sentava na igreja presbiteriana.'' A redução não pode ter sido muito grande, já que jamais lembro de tê-lo visto ir à igreja, exceto para casamentos e enterros. Mas quando lhe perguntei qual era sua religião, disse que era presbiteriano. Eu era a única pessoa da família a freqüentar a igreja; todos os domingos o carro levava-me à missa, depois novamente para casa. Quando fui embora de Minneapolis, minha avó McCarthy me deu algumas obras de propaganda ca-

tólicas, com a instrução de que as deixasse pela casa, na esperança de fazer alguma conversão. Mas logo vi que aquilo estava fora de questão. O leitor talvez se pergunte por que o sermão do padre não me deixou preocupada com minha avó Preston, também. A resposta é simples: ela era judia. Em outras palavras, não fora batizada.

Essa questão técnica acerca do batismo foi o que me abalou no sermão do padre. É possível que ele não tenha feito mais que mencionar incidentalmente os protestantes, mas minha atenção fixou-se nisso. Talvez o tema do sermão fosse o fato de o sacramento do batismo ser ao mesmo tempo magnífico e perigoso; impunha deveres, além de conceder privilégios. Só uma pessoa batizada podia se salvar, mas se essa pessoa (por exemplo, um protestante) recusasse o benefício da graça concedida pelo sacramento, podia ser condenada simplesmente por essa atitude. Eu sabia, naturalmente, que qualquer pessoa — ou seja, qualquer pessoa que tivesse sido batizada — podia se salvar, independentemente do que tivesse feito ou deixado de fazer, se recitasse um Ato de Contrição em seus últimos momentos. Mas meu avô não sabia *o Ato de Contrição: "Senhor meu, Jesus Cristo, Deus e Homem verdadeiro, Criador e Redentor meu, por serdes Vós quem sois sumamente bom e digno de ser amado sobre todas as coisas; e porque vos amo e estimo, pesa-me, Senhor, de todo o meu coração, de Vos ter ofendido...".*

Um arrependimento sincero seria suficiente, sem dúvida, mas em minha mentalidade infantil eu achava que era preciso começar a dizer o Ato de Contrição propriamente dito, a toda velocidade, se você fosse, por exemplo, colhido por um automóvel em estado de pecado mortal. Atribuía-se grande importância às formas prescritas pelos padres e freiras que nos ensinavam. Falo de "batismo inadequado". Em nossa aula de Catecismo havíamos estudado essa questão. O batismo era o único sacramento que podia ser ministrado por um leigo, na realidade por qualquer pessoa, desde que fosse executado corretamente e que a pessoa tivesse a intenção *de batizar. (Impossível ser batizado acidentalmente.) Mas em caso de engano, se a forma prescrita não fosse adotada, o batismo não "vingava". Assim, nem todos os batismos protestantes eram reconhecidos pela Igreja. Esqueci muitos dos aspectos mais sutis, mas sei que era essencial utilizar água (gelo não servia), e lembro de levantarmos questões hipotéticas, absolutamente esquisitas, como: "Se um maometano ministrasse o batismo, esse batismo teria validade?'' A resposta, parece-me, seria: ''Sim, desde que fosse ministrado corretamente e que o maometano tivesse intenção de batizar''.*

Na Igreja Católica, até as possibilidades mais remotas são discutidas com uma literalidade pedante. O problema do que acontece no Além com os protestantes que viveram uma vida virtuosa foi assunto freqüente de debate na Igreja, e diversas respostas foram aceitas como legítimas em diferentes épocas e locais. ''Extra ecclesiam, nulla salus'' *— essa era a posição do jesuíta, uma posição bastante ortodoxa para a época, embora não fosse a única posição aceitável para um padre de boa reputação. Há não muito tempo o padre Feeney e um pequeno círculo de católicos de Boston foram excomungados por pregar que fora da Igreja não havia salvação; retorquiram que os ortodoxos eram eles, e que aqueles que os condenavam estavam errados. Em anos recentes e nos países protestantes, a Igreja demonstrou certo recuo desta posição, mas na Espanha, se não me engano,* ''extra ecclesiam, nulla salus'' *exprime a crença de todos. Muitos católicos escreveram, protestando que um sermão como o que descrevi não poderia ter sido proferido; de fato, não poderia ser proferido hoje, aqui, não depois que o caso do padre Feeney levou a questão aos últimos extremos. O que não impede um padre americano de acreditar, em seu foro íntimo, que os protestantes, bons e maus, estão condenados ao fogo do inferno.*

Acontece que me lembro muito bem do padre missionário, porque, antes de ir pregar entre os esquimós, havia sido pároco — um pároco muito querido — da igreja branca de madeira que eu freqüentava quando pequena, antes da morte de meus pais. Era um homem muito bonito, moreno, de cabelos grisalhos, que devia ter uns quarenta anos quando foi falar no convento. Lembro-me de ter achado que sua permanência no Norte havia tornado muito mais rude e brutal. Um padre como aquele passava por nosso convento como um verdadeiro furacão. Num dado momento, ele nos prescreveu um retiro. Era um orador convincente e tinha o dom — comum entre os padres que prescrevem retiros — de inquietar sua audiência. Cada palavra que proferia parecia visar-me pessoalmente.

Lá pelo fim do retiro, ele nos fez um sermão sobre a castidade que me deixou petrificada na cadeira; em seguida, se me lembro, ofereceu-

*se para ouvir as confissões de qualquer dentre nós que estivesse necessitada. Tomei um lugar na fila: o sermão evidenciara para mim o estado precário de minha alma. Essa foi a única de minhas confissões de que sou capaz de lembrar quase palavra por palavra. Ajoelhei-me no confessionário tremendo de medo. ''Padre, pequei contra a castidade.'' ''Quantas vezes?'' ''Três vezes, cinco vezes; não recordo o número exato.'' ''Foi com um garoto?'' A pergunta me sobressaltou. ''Não, não, Padre.'' ''Foi com você mesma ou alguma outra menina?'' ''Os dois, Padre.'' O padre fez um ruído do que parecia um estalo de satisfação. Depois se dedicou a extrair de mim os detalhes do que eu fizera, mas eu estava me sentindo tão mortificada que ia admitindo as coisas muito lentamente. Eu andara procurando palavras como ''seio'' no grande dicionário da escola e num livro médico que havia em casa, depois discutira a questão com minhas colegas. ''Você procurou essas palavras num livro e discutiu o assunto com as outras meninas?'' ''É, Padre.'' ''*Só *isso?'' Sua voz parecia positivamente indignada. ''É, Padre.'' ''Você está querendo me dizer que esse é seu único pecado contra a castidade?'' ''Sim.'' Antes que eu pudesse darme conta ele já tinha pronunciado a absolvição e a janela do confessionário bateu com força, como se eu tivesse abusado de seu precioso tempo. A experiência me deixou desorientada e aborrecida; durante o sermão inteiro ele insistira na terrível ofensa que se fazia a Deus com um* pensamento *impuro. Além disso, que será que ele imaginava que eu havia feito com um garoto? Ou comigo mesma, ou com outra menina, além do que eu havia confessado? Minha curiosidade foi despertada.*

Nessa época eu devia ter onze anos, e agora me dou conta que na época de ''O Facínora'' eu devia ter onze, e não doze anos. No próximo capítulo sou um ano mais velha, de acordo com o calendário, mas embora continue sugestionável já comecei a tirar proveito dessa característica e a representar, deliberadamente, para a galeria.

QUATRO

*C'EST LE PREMIER PAS QUI COÛTE**

Tal como os jesuítas, de quem são uma espécie de sobrinhas, as senhoras do Sacré-Coeur formam uma ordem altamente centralizada, que pratica obediência total à autoridade. Suas instituições seguem um modelo próprio estabelecido na França no início do século XIX — um modelo talhado e podado como um jardim, solene como um minueto. Todos os conventos-escola do Sacré-Coeur são iguais — os mesmos vestidos de sarja azul, em geral azul-marinho, com golas e punhos brancos; as mesmas fitas de gorgorão azuis, verdes e cor-de-rosa, como prêmio de bom comportamento, os mesmos livros nos dias de premiação; a mesma recitação de "Lepanto", por um ator inglês de jaqueta agaloada; os mesmos *congés*, ou férias, anunciados pela *Mère Supérieure*; o mesmo jogo de *cache-cache*, ou seja, de esconde-esconde, dos dias tradicionais de festa; o mesmo *goûter*, ou lanche; os mesmos retiros e sermões; as mesmas reverências profundas no vestíbulo, a mesma capela de manhã cedinho, com procissões de meninas, como rainhas viúvas, vestidas de véus de tule negro; o mesmo *prie-Dieu*; os mesmos cantos franceses ("*Oui, je le crois*"); os mesmos véus de tule branco, maravilhosos, e as flores e vasilhas de ouro na Páscoa, na Sexta-feira Santa e nas festas específicas da ordem. No ano em que entrei no *Mesdames* de Seattle, às quatro horas da tarde de qualquer dia da semana, em Roscrea (Irlanda), Roehampton (Inglaterra), ou Menlo Park (Califórnia), a mesma minúscula freira idosa e barbuda lia, sem dúvida, *Emma* ou *A Tale of Two Cities* para uma longa mesa de meninazinhas dedicadas a fazer bainhas francesas ou a

(*) Em francês no original.

bordar guirlandas de flores em caminhos de mesa. "Charles Evremonde, chamou Darnay!" — o velho olho negro de borda vermelha mirava e metralhava-nos a todas, sumariamente, com a metralha do Terror.

Eu tinha onze anos e estava na sétima série quando fui apresentada pela primeira vez ao grande estúdio do convento de Forest Ridge, de onde saí equipada com minha saboneteira, meu véu e meu anel de guardanapo. Fiquei muito impressionada com o som das palavras francesas, os reflexos das largas fitas de gorgorão cruzadas sobre os jovens peitos à maneira militar, as camas de cortinado nos dormitórios, o andar macio das meninas, as reverências até o chão, as mãos brancas do professor de música (um barão sueco de polainas), as partidas de criquete no pátio, o barulho de castanholas do rosário da *surveillante*. Eu não conseguia me acostumar à idéia de que houvesse freiras que não perdiam os sobrenomes, como todas as freiras normais, transformando-se em irmã Mary Aloysia ou em irmã Josefa, mas que se chamavam Madame Barclay ou Madame Slattery, ou *Ma Mère*, ou Mãe, simplesmente. Não eram freiras *quaisquer*, foi o que me explicaram com desdém; eram mulheres de boa família, senhoras da sociedade enclausuradas, assim como as meninas do Sacré-Coeur não eram católicas *comuns*, mas filhas das melhores famílias. E as novas matérias que eu ia estudar também não eram comuns, como ortografia e matemática, mas retórica, francês, literatura, doutrina cristã, história inglesa. Eu tinha acabado de sair de uma escola paroquial em Minneapolis, onde a regra era um "civismo" grosseiro, onde todas as manhãs prestávamos homenagens à bandeira, cantávamos o Hino Nacional, tínhamos uma pronúncia diferente, competíamos pelo primeiro lugar em coleta de papéis e em ortografia, desenhávamos machadinhas no aniversário de Washington e cabanas de troncos no de Lincoln, contribuíamos para as missões estrangeiras, para nossos irmãos negros e amarelos, temíamos o Ku-Klux-Klan, vendíamos loterias e assinaturas de revistas, íamos visitar moinhos e hidrelétricas. Eu considerava minha religião uma ramificação do civismo e do conformismo, e a atmosfera seleta do Sacré-Coeur deixou-me abismada. Até as austeridades de nossa vida tinham uma meticulosidade misteriosa, aristocrática: a regra do silêncio, que tantas vezes calava-nos durante as refeições, a jarra de água e a bacia para a higiene matinal ao lado da cama, o banho supervisionado de sábado à noite, no banheiro frio, com uma freira de rosto vermelho sentada num banquinho atrás de uma cortina corrida, com nossa toalha de banho sobre os joelhos. Eu tinha a impressão de estar assistindo do lado de fora à celebração de um culto, um culto de moda e elegância que se passava na esfera da religião.

Graças à uniformização de uma regra arcaica, o passado continuava vibrando no convento numa tonalidade alta e suave. Era a França da Restauração, embalsamada na atmosfera do Sacré-Coeur, como uma sala de época num museu, do outro lado de uma corda de seda. As disputas dos *philosophes* ainda ecoavam nas salas de aula; as carretas recém-haviam parado de ranger e Voltaire dava risadas ao fundo do cenário. A ortodoxia fora restaurada, Luís XVIII reinava, mas havia um quê de orleanismo no ar e os acasos da sorte deixavam-se adivinhar no picotar de nossas agulhas dedicadas à confecção de finos cerzidos e casas de botão. A grande estrela de Byron subira aos céus e do outro lado do mar, a América acenava para os romances de Chateaubriand e Fenimore Cooper e para as aventuras dos *coureurs de bois*. O protestantismo não nos molestava; fizemos as pazes com os Huguenotes. O que temíamos era o ceticismo, o deísmo e o terrível espectro do ateísmo — o Lúcifer francês. Mensalmente, no salão de estudos, a Madre Superiora, Madame Mac Illvra, conjurava-nos, a nós, filhas de dentistas e advogados, comerciantes e corretores de imóveis, herdeiras da filial da Chevrolet e de Riley & Finn (empreiteiros) contra o pecado da dúvida, essa maldição dos melhores intelectos. Seus olhos azuis se enchiam de lágrimas e sua bela fronte clara franzia-se sob a coifa alva enquanto ela observava, com autêntica simpatia feminina, a terrível sorte de Shelley, um jovem de boa família que contraíra o ateísmo em Oxford.

Os discursos de Madame Mac Illvra me fascinavam, povoando o mundo com novos personagens e com uma nova espécie de herói-vilão, solitário, nobre, destituído; eu via seu peito ofegar e vibrava de piedade e terror. Durante aquele primeiro ano fui muito infeliz no convento, ou, para ser mais exata, sentia-me como uma alma solitária recém-chegada ao Paraíso, exaltada e encantada com o que via — as hierarquias bem determinadas, os tronos e domínios —, mas incapaz de obter um gesto que fosse dos anjos que passavam por mim em suas missões celestiais. Enquanto revelação do princípio aristocrático, o convento me esmagava. A beleza e a pose das meninas "medianas" e das "mais velhas" não tinham nada que se lhes comparasse em tudo o que eu já vira sobre a Terra. Se não se parecessem com anjos, pareciam-se com as amantes dos reis, a cujo respeito eu lera em meus livros de história, ou com as deusas do Olimpo, altas e de passo ligeiro. Cada uma daquelas maravilhas se movia cercada por uma auréola entre as meninas mais moças e mais feias; as disputas em torno delas faziam estragos entre nós, como se alguém houvesse lançado o pomo da discórdia. Na intensidade da luz do convento, até mesmo uma menina bastante trivial podia adquirir aquela penumbra de beleza, através da gravidade e da dignidade pessoal; era uma espécie de vocação: a atenção calada às vozes íntimas — que colocava um sorriso secreto, pálido, nos lábios da eleita.

Desde o começo, é claro, desejei tornar-me membro daquela refinada sociedade, nem que fosse na qualidade de satélite favorito ou dama de honra. Mas em lugar disso caí diretamente na armadilha que, em todas as escolas, espera a recém-chegada que ainda não foi instruída na primeira lei da dinâmica social: desconfie das amigas prestativas. À minha volta, desde o primeiro dia, enquanto eu arrumava os livros na carteira, voejavam as tristes enjeitadas do sistema escolar, corvos famintos por amizade, copiosas com convites, palpites e doces mandados pela família. Qualquer escola, universidade, escritório ou fábrica tem sua parcela dessas criaturas miseráveis, numa das quais em breve eu iria me transformar. Sem dúvida também estão presentes no Paraíso, assim que passamos os portões, espiando por cima do ombro de São Pedro a chegada de um novo espírito para poder passar-lhe todas as informações úteis; no inferno também deve haver, e se eu fosse Dante, por exemplo, sabendo o que sei hoje, teria sido um *pouquinho* mais esperta com Virgílio e sua visita comentada. Seja como for, sucumbi; aceitei com agradecimentos aquelas ofertas de ajuda e companhia. Aprendi o caminho para o refeitório, como dobrar convenientemente meus papéis, como costurar minhas golas e punhos, como prender meu véu, e, em troca disso, vi-me condenada à companhia de meninas de rosto grande e chato e enormes coleções de sardas, meninas com caspa no uniforme, com roupas manchadas, bainhas soltas, meias pretas caídas, pele rachada, óculos de coruja, cabelo cor de cenoura — almas pegajosas, cheias de confidências, com milhões de irmãozinhos e irmãzinhas mais moças iguaizinhas a elas. E eu também era uma delas. Nas tardes de sábado (todas nós passávamos os fins de semana em casa, e por isso "tínhamos muita coisa em comum"), éramos amigas íntimas, jogávamos partidas de mah-jong, comíamos sorvete e bolo, eu fazia uma reverência a suas mães, senhoras de uma amabilidade suspeita com canelas grossas de golfistas, que ficavam insistindo para eu comer mais um pouquinho, que perguntavam sobre as notas e "Será que não conheci sua mãe?". Nas manhãs de segunda-feira, durante o recreio, Nêmesis exigia seu tributo: nós, as enjeitadas, "nos uníamos" lealmente, como os pedaços de uma bala que está se derretendo nos recessos empoeirados de um bolso de paletó. Na época eu achava que era a única a sentir impulsos violentos de debandada, mas hoje creio que todas nós, exceto as retardadas, amargávamos um mútuo ressentimento, pois nos conhecíamos muito bem.

Eu chegava inteiramente despreparada, por isso o impacto daquela experiência era ainda mais violento para mim. Eu cheguei ao convento convencida de que seria prontamente aceita — ou melhor, nem cheguei a estar convencida, pois jamais considerei outra possibilidade. Na escola paroquial eu era a primeira da classe em todas as matérias e nos esportes; o fato de ser órfã e as estranhas características de minha vida familiar, dividida entre avós ricos e uma dupla de tutores cruéis e avaros, garantiram-me uma posição social única. Agora, ao acordar em meu cubículo às seis e meia da manhã para ouvir as freiras cantando seu ofício na capela distante, eu relembrava, às vezes um tanto incrédula, a época em que os meninos e meninas mais destacados da classe literalmente disputavam meus favores. Pensei em minha crisma, o grande evento da sexta série na escola St. Stephen — que sensação quando todos ficaram sabendo que Mary McCarthy, que tinha só dez anos, ia receber a crisma com os alunos da sétima e da oitava séries! Recordei como minhas amigas, cheias de admiração e curiosidade, se aglomeraram diante da paróquia certa tarde, enquanto eu entrava sozinha para tentar convencer padre Gaughan, o velho pároco, a crismar-me, já que eu era um absoluto prodígio de sapiência teológica. Na sala de jantar, ao lado do escritório, a governante do padre fazia barulho com os pratos e rosnava de irritação, para me dar a entender que fosse embora, que o jantar do padre estava pronto, como eu podia muito bem verificar sozinha pelo cheiro. Mesmo assim fui ficando, teimosa, recusando-me a ser mandada embora, recitando trechos do catecismo, até que o velho sacerdote me deu uns tapinhas na cabeça, dizendo: "A perseverança é a rainha das virtudes", e saí correndo eufórica para a rua, onde minhas colegas, maravilhadas, esperavam por mim. "A perseverança é a rainha das virtudes, a perseverança é a rainha das virtudes", proclamei uma e outra vez, quase sem fôlego. Essa máxima e o triunfo que celebrava fortaleciam-me agora no convento; pensei comigo mesma que era só uma questão de tempo: os espíritos superiores, entre os quais eu me sentia no direito de estar, se dariam conta de minha existência.

Toda a minha atenção se consumia no desejo de ser notada; o resto, parecia-me, viria por si mesmo. Aquelas deusas, por cuja companhia eu ansiava, só tinham que baixar os olhos, uma única vez, para discernir, entre as meninas da sétima série, uma que era diferente do resto da horda das sardentas. O borrifo de sardas sobre meu próprio nariz arrebitado era, a meu ver, decorativo; eu gostava de me ver como um lírio tigrado, ardente, em meio às rosas, aos lírios comuns e às violetas da escola. Mas apesar de meu porte altivo, de minhas fivelas de cabelo novas, de minhas aplicações de creme de pepino aos domingos, de minha insolência estudada em relação às amigas, ninguém parecia capaz de me notar. Até *aquelas* amigas, que já deviam saber com quem estavam tratando (pois eu era capaz de fazê-las chorar sempre que tinha vontade), tratavam-me com toda familiaridade, como se eu fosse uma delas. Só as freiras percebiam a diferença, e com certa tristeza e suave desaprovação. Quando raspei a metade das sobrancelhas ouvi um discurso sobre a vaidade, mas no interior do convento foi proibido qualquer comentário sobre a minha aparência estranha. A impressão geral era que eu andava com idéias muito avançadas para a minha idade; minha lista de leituras foi examinada, e, depois do episódio das sobrancelhas, recebi uma dose semanal de Fenimore Cooper como corretivo. Rebelei-me, pois achava aquilo muito infantil; fui iniciada, então, nas conferências de John L. Stoddard.

Embora fosse freqüentemente a primeira da classe, a tão desejada fita cor-de-rosa de bom comportamento jamais cruzou meu caminho. Acho que foi por causa da minha crueldade, especialmente as ironias impertinentes com que eu crivava a minha principal concorrente pelas melhores notas: uma menina gorda e arrogante, herdeira mimada de um rico fabricante de conservas, com os dedos cheios de anéis e um casaco de pele de verdade. Só que na época eu não entendia por que não me davam a fita. Nunca infringi as regras; por acaso era minha culpa se ela ficava choramingando quando eu lhe aplicava, com perfeita pertinácia, um termo que ouvira as mães murmurarem — *nouveau riche*? Por acaso não era *verdade*, teimei, quando fui repreendida por Madame Barclay, nossa diretora de estudos, e a gorda Beryl não passava o tempo contando vantagem por causa do dinheiro que tinha e fazendo biquinho, com aqueles lábios de bebê, para as meninas cujas mães tinham que trabalhar? Não era gentil de minha parte, retorquiu Madame Barclay, mas eu também não achava gentil que Madame Barclay tivesse preferido dar o papel a Beryl, e não a mim, na distribuição dos personagens da peça da classe. Qualquer um podia ver que eu era muito melhor atriz e que o papel principal, da altiva Lady Spindle, era feito sob medida para meu estilo. Não acreditei quando Madame Barclay explicou que no teste eu tivera uma interpretação irada e orgulhosa demais para uma comédia; as freiras da escola paroquial nunca me disseram nada disso. Eu podia perceber uma punição velada naquele favoritismo invertido, tão típico da autoridade ("Aquele a quem o Senhor ama, a esse castiga"), pois todo mundo detestava Beryl, até as freiras. Até o último minuto não acreditei que iam fazer aquilo comigo; eu sabia o papel de cor e ensaiava a parte por minha conta, apostando no dia em que iriam reconhecer seu erro e mandar-me buscar para salvar a peça. Mas, coisa incrível, a peça continuou sem mim, e meu único prazer, ao assistir à apresentação da platéia, foi ver o Barril de Banha esquecer sua parte: soprei-a para meus vizinhos, saboreando a vingança, até que alguém me mandou ficar quieta.

Aparentemente ninguém estava se importando; ninguém fazia idéia do que tinha perdido; para eles o espetáculo não passava de uma peça boba de sétima série. Meu desprezo pela sétima série aumentou com essa experiência; resolvi romper com ela. Nessa época, por razões disciplinares, trocaram minha mesa de lugar no salão de estudos, e pelo resto do ano escolar sentei ao lado de uma aluna da oitava, uma menina muito animada que tinha uma irmã gêmea, ambas muito populares na escola; a garota estava sendo castigada por conversar com a antiga companheira de mesa. O abismo entre as séries era grande demais, e previu-se, com toda razão, que ela não sentiria interesse por renovar seu pecado comigo. A diretora de disciplina que nos reuniu, porém, devia ter um gosto especial por trocadilhos visuais, pois aquela menina e eu éramos muito mais parecidas do que ela e sua estudiosa irmã gêmea. Tínhamos as mesmas sobrancelhas, os mesmos narizes, a mesma pele clara, o mesmo cabelo escuro, a mesma altura; a única diferença era a maneira como repartíamos o cabelo e a cor dos olhos, pois os dela eram castanhos e os meus verdes. Louise, diferentemente de mim, tinha uma personalidade afável e pouca curiosidade, e nem a semelhança entre nós duas, que tanta sensação causou entre as freiras, foi suficiente para que ela pousasse seu alegre olhar em mim por mais de um segundo. Por ser gêmea, sem dúvida tornara-se indiferente às esquisitices da natureza. Seja como for, não ligou a mínima para mim, e aquilo que poderia ter-nos aproximado tornava ainda mais evidente a disparidade entre nós. Um dia, quando estávamos sentadas lado a lado, fui dominada pelo rancor, ao vê-la — minha sósia — trocando bilhetinhos com as colegas da oitava série e fingindo que eu não estava ali. Peguei um pedaço de papel e escrevi: "Na minha outra escola eu também fazia sucesso" e empurrei o papel pela mesa em sua direção. Ela leu e levantou os olhos, com um ar de espanto interrogativo. "Conte", escreveu de volta, e respondi com uma brilhante dissertação sobre os amigos que tinha, as competições que ganhara, os garotos que gostavam de mim. Olhando-a ler, senti uma tremenda satisfação: finalmente conseguira fazer um registro dos fatos. De repente eu tinha me dado conta de que ninguém se apercebia de minha presença porque o convento não sabia *quem eu era*. Assim que a verdade fosse descoberta eu iria receber o que me era devido, tal como a realeza viajando incógnita, que é reconhecida por alguém no meio da multidão e o povo inteiro cai de joelhos. "Deve ser muito duro", respondeu ela amavelmente. E ponto final, para meu assombro. O máximo que eu conseguira fora deixá-la com um pouco de pena de mim, de modo que daí em diante passou a sorrir para mim de vez em quando, como se quisesse me encorajar. Fui obrigada a aceitar o fato de que meu antigo eu estava morto.

Mas nem por isso desanimei. No outono voltei como interna em regime de tempo integral, com uma certa rigidez no maxilar, decidida a vencer sozinha. O verão passei em pensativo isolamento, remando num lago de montanha e mergulhando. Transformei-me numa pessoa absolutamente arrojada. Eu ia me impor, custasse o que custasse. Foi nesse estado de espírito frio, calculista, de jogador, comum entre políticos e adolescentes, que avaliei a situação no convento. Se eu era incapaz de obter a fama através da bondade, estava pronta a fazê-lo através da maldade, mas fui procurar precedentes no passado. Tudo o que acontecia num convento do Sacré-Coeur tornava-se, por assim dizer, fossilizado nas instituições da ordem. Uma vez, há muito tempo, talvez aqui, talvez em Bruges, talvez em Chicago ou na França do século XIX, uma garota fugira com o professor de música, por isso agora uma irmã gorda assistia a nossas aulas de piano, uma das irmãs que se ocupavam do serviço doméstico, que se reclinava, roncando suavemente, numa cadeira colocada logo atrás da cadeira do barão. Durante algumas semanas, no outono, meus pensamentos foram dominados pela perspectiva de uma fuga. Minhas mãos de doze anos tremiam de esperança sempre que roçavam as mãos brancas do professor, no momento em que eu tinha que espichar os dedos para fazer uma oitava: ele tinha uns poucos fios de pêlo louro brilhante nos dedos gorduchos, aparentemente um indício de virilidade — dormente mas vibrante, como a freira adormecida. Eu ficava mole quando meu sapato encontrava o seu no pedal. Em minha cabeça acotovelavam-se os exemplos de casamentos infantis na nobreza feudal, como querendo encorajar o barão, mas com o passar do tempo tive que me dobrar diante da força da realidade americana e encarar o fato: provavelmente ele me achava muito moça.

Logo depois desse desapontamento, veio minha decisão de perder a fé. As pessoas estão sempre me perguntando como foi que perdi a fé, imaginando um período de profundos conflitos interiores. A verdade é que aquele projeto memorável simplesmente pulou em cima de mim, prontinho, de um dos discursos de Madame Mac Illvra. Eu tinha resolvido realizá-lo antes mesmo de saber o que era, quando ele não passava de uma trama de palavras, perder-a-fé, como a escada de lençóis utilizada pela moça audaciosa para cair nos braços de Romeu. "Diga que perdeu a fé", soprou o demônio, com a garantia de que eu não corria perigo se escolhesse o momento com todo cuidado. Íamos fazer um retiro que começava segunda-feira, para ouvir a prédica de um jesuíta particularmente inspirado. Se eu perdesse a fé no domingo, por exemplo, podia recuperá-la durante os três dias de retiro, antes das confissões de quarta-feira. Assim minha alma correria perigo durante apenas quatro dias, se por acaso eu morresse de repente. O único sacrifício real seria perder a comunhão do domingo, mas aquele que vacila dá-se mal. "*Qui ne risque rien n'a rien*, observou o demônio.

falando francês, como costuma fazer. Se eu não fizesse aquilo, alguém mais faria — aquela horrorosa da Beryl, por exemplo. Era um milagre que ninguém tivesse tido aquela idéia, parecia uma coisa tão óbvia, como uma loja à espera de ser roubada.

Olhares assombrados voltaram-se para mim domingo pela manhã, na capela, quando se formou a fila para a comunhão e continuei ajoelhada imóvel em meu banco. Eu sempre fora uma comungante aparatosa. Naquela manhã as meninas foram passando à minha frente, alguém me deu um cutucão, mas balancei a cabeça tristemente, demonstrando pela expressão de meu rosto que estava em estado de pecado mortal e que não ousava aproximar-me do altar. No almoço comi pouco; a minha mesa já era um centro de atenções; guardei um silêncio melancólico, ensaiando o que ia dizer a Madame Mac Illvra, em seu escritório, assim que acabasse o almoço. Depois de ter solicitado uma entrevista, estava começando a ficar levemente amedrontada. Enquanto esperava do lado de fora de sua porta, não conseguia parar de lamber os lábios. Aquele medo, pensava eu comigo mesma, era uma prova de sinceridade; claro que a pessoa fica amedrontada quando acabou de perder a fé!

"*Ma Mère*, perdi a fé." Sentada diante de sua escrivaninha com tampa corrediça, Madame Mac Illvra estremeceu, sua mão branca e gorducha voou para o coração. Lançou-me um olhar levemente interrogativo. Claro, minha superioridade nos estudos haviam-na preparado para aquela catástrofe, pois ela não aprofundou a questão, enquanto eu, em pé diante dela, tremia e baixava a cabeça, tentando conter uma risada tola e traiçoeira. Eu estava à espera de um longo interrogatório, mas ela se limitou a suspirar e pegar o telefone, como se eu estivesse com apendicite ou sarampo.

"Ore, minha filha", murmurou, enquanto convocava padre Dennis, capelão da escola, no colégio jesuíta perto dali. "Não posso", respondi prontamente. Um dos sintomas clássicos de descrença era a incapacidade de rezar, como eu sabia pelas aulas que ela mesma dava. Madame Mac Illvra assentiu e ficou um pouco mais pálida; olhou para o relógio em seu peito. "Vá para seu quarto", disse, perturbada. "Você está proibida de falar com qualquer pessoa. Quando o padre Dennis chegar, mando chamar você."

Eu fora contagiada por parte de sua apreensão. Não me dera conta de que o que eu havia dito era tão sério. Comecei a sentir-me efetivamente assustada com o que fizera e com a perspectiva de uma conversa com o padre Dennis, um homem velho, seco e rebarbativo, muito diferente do missionário bonito que ia fazer a prédica em nosso retiro. A idéia de desistir de tudo foi ficando cada vez mais atraente, mas eu não via maneira de fazê-lo sem ser tachada de superficial. Além do mais, parecia-me muito duvidoso que Madame Mac Illvra acreditasse se eu lhe dissesse agora que de repente minha fé tinha voltado. De qualquer maneira, ela me obrigaria a conversar com o padre Dennis. Uma vez mobilizado o mecanismo do convento, não havia maneira de interromper sua marcha, como eu sabia por terrível experiência própria. Era como as moendas dos deuses.

Cheguei à minha cela completamente apavorada. Era evidente que ia ter que enfrentar aquilo tudo, do contrário me transformaria numa mentirosa aos olhos de todos, e pela primeira vez me ocorreu que ia precisar de argumentos para que minhas dúvidas parecessem reais. No mesmo instante percebi que não sabia coisa alguma sobre ateísmo. Se estivesse fora do convento poderia consultar os livros escritos sobre o assunto, mas ali, obviamente, era impossível qualquer acesso a literatura desse tipo. Eu ouvia as vozes das meninas, rindo no pátio. Cheguei à janela e olhei para baixo, para elas, sentindo-me completamente isolada e aprisionada em meu próprio vazio. Não havia ninguém para quem eu pudesse me voltar a não ser Deus, mas naquela ocasião específica não ia adiantar nada rezar. Rezar para descobrir argumentos em favor do ateísmo era uma coisa que certamente indisporia Deus. Que fazer?

Sentei na cama e tentei fazer um levantamento de meus recursos. Afinal de contas, disse para mim mesma de repente, eu entendia um pouco de ceticismo, graças à própria Madame Mac Illvra. Os argumentos dos céticos apoiavam-se na ciência — falsa ciência, dizia Madame Mac Illvra: "Deus não existia porque era impossível vê-Lo". Essa era uma "prova" materialista tola, para a qual, infelizmente, eu sabia a resposta. Por acaso é possível ver o vento? Não, mas ele está em toda parte, como a graça invisível de Deus soprando sobre nossas almas. Os céticos diziam que não havia vida depois da morte, que não existe o Paraíso, só o azul do espaço na abóbada celestial. Era coisa provada pela ciência, afirmavam; a ciência também provava que não havia Inferno ardendo debaixo da terra. A resposta para esta última afirmação fora-nos fornecida na semana anterior, na classe de Doutrina

Cristã, com as palavras inflexíveis de São Paulo, que fôramos obrigadas a decorar: "Nem o olho viu, nem o ouvido ouviu, nem entrou no coração do homem o que Deus preparou para aqueles que o amam". Fui tomada por um desespero opressivo. Será que eu ia ter que dar "provas" que qualquer imbecil podia destruir? Qualquer imbecil sabia que os parâmetros científicos do homem eram incapazes de apreender Deus diretamente. O Inferno e o Paraíso não estão em contradição com a ciência, são inteiramente diferentes, estão além da ciência. E os milagres?

Levantei o corpo bruscamente. Os milagres não eram invisíveis. Supostamente aconteciam aqui mesmo na Terra, hoje. Eram atestados pelas fotografias de Lourdes, com todas aquela muletas penduradas em sinal de gratidão pelas curas efetuadas. Apesar disso, pensei encantada, *eu* nunca tinha presenciado um milagre, talvez todas aquelas pessoas estivessem mentindo ou se iludindo. A Ciência Cristã também afirmava ter realizado curas e sabíamos que tudo aquilo não passava de imaginação. Voltaire era um homem inteligente e havia rido dos milagres. Por que não eu?

Enquanto organizava minha memória, dúvidas antigas, que em algum momento rechaçara apressadamente, como contrabando numa gaveta da escrivaninha, ressurgiram, reconfortantes. Descobri que sempre desconfiara um pouco daquela história de vida após a morte. Talvez fosse mesmo verdade que os mortos simplesmente apodreciam e que eu nunca iria reencontrar meus pais no Paraíso. Passei a unha numa mancha em meu uniforme, vendo como ficava branca à medida que eu raspava. Outra lembrança estava aflorando a minha consciência: a ressurreição do corpo. Quando soasse a última trombeta, todos os corpos, desde Adão, saltariam de seus túmulos e se uniriam às almas que os haviam abandonado; era por isso que a Igreja proibia a cremação. Mas em algum lugar, há não muito tempo, eu ouvira um padre citar, escarnecendo, um argumento materialista contra isso. O materialista tinha dito (é, era isso!) que as pessoas apodreciam, se transformavam em adubo e assim eram absorvidos pelos vegetais que outras pessoas comiam, de modo que quando chegasse a hora da Ressurreição não haveria corpos suficientes. O padre dizia que para Deus tudo era possível; se Deus fez o homem do barro, certamente podia fazer alguns corpos mais. Mas nesse caso, pensei, apoderando-me do argumento, por que Ele se opunha à cremação? Fosse como fosse, não seriam os *mesmos* corpos, e era essa a questão central. Além disso, um exemplo ainda mais forte me ocorreu: e os canibais? Se Deus dividisse o canibal para reconstituir os corpos que ele havia digerido, o que seria do canibal? Deus podia partir do que compunha o corpo do canibal quando ele era bebê, antes de começar a comer missionários, mas o que fazer se o pai e a mãe do canibal também tivessem sido canibais? Que carne esse canibal teria para chamar de sua, para chamar de seu corpo?

Naquele tempo eu não sabia que esse problema havia sido tratado por Santo Tomás de Aquino e com uma persistência infantil fui minando os alicerces da rocha da fé. O medo foi substituído pelo entusiasmo. Eu estava ansiosa para falar com o padre Dennis e apresentar-lhe aquelas dúvidas, notáveis para uma pessoa de minha idade. Minha cabeça estava cheia de comparações com o jovem Jesus, falando aos escribas e aos doutores: "Todos os que ouviam, estavam maravilhados da sua sabedoria e das suas respostas". Agora ninguém teria coragem de me acusar de fingimento. Segui orgulhosamente a emissária que veio me buscar: no exato momento em que ela bateu à porta, eu havia atingido o estágio de duvidar da divindade de Cristo. Pelo olhar que Iris me lançou, constatei que já estava fazendo honra a minhas educadoras.

No parlatório sombrio, o padre estava a minha espera, ainda de sotaina — um homem idoso, enrugado, com um rosto glabro e cabelos encaracolados, mortos, que pareciam uma peruca. Ao afastar-se da janela, tinha um ar cansado, distraído, como se tivesse passado a vida no confessionário. Sua voz era oca; tudo nele era seco e sem cor. Enquanto capelão de Madame Mac Illvra, devia ter-se transformado numa espécie de factotum espiritual, como um criado de confiança usando um avental, e tudo em sua atitude mostrava desânimo, como se seu *Nunc dimittis* jamais fosse ser pronunciado. Era evidente que ele não tinha o estofo de nossas inteligentes freiras.

"Nossa Madre me disse que você está com dúvidas", começou ele numa voz baixa e apática, apontando uma cadeira a sua frente para depois sentar-se em uma poltrona, voltando um pouco o rosto para o lado, à maneira dos padres no confessionário. Concordei, com um ar importante. "Sim, padre", recitei. "Tenho dúvidas sobre a divindade de Cristo, a ressurreição do corpo e a existência real do céu e do inferno.'' O padre levantou suas sobrancelhas ralas que lembravam duas peruquinhas, e suspirou: ''Você andou lendo literatura atéia?''. Fiz que não com a cabeça. ''Não, padre. As dúvidas surgiram por si mesmas.'' O padre apoiou o queixo na mão. ''Muito bem'', murmurou. ''Vamos ver, então.''

Fiquei ofendida quando ele me interrompeu bem no meio dos canibais. ''Essas são questões escolásticas'', disse secamente, ''que você é muito jovem para compreender. Acredite-me, a Igreja tem uma resposta para elas.'' Fui invadida por uma sensação de desapontamento; parecia-me que eu tinha direito de saber a resposta para a questão dos canibais, já que pensara sozinha naquilo tudo, mas meus ''Por que não posso saber agora?'' foram sumariamente postos de lado, como se eu estivesse perguntando como os bebês nasciam. ''Não'', disse padre Dennis com decisão. Meu primeiro entusiasmo se fora e comecei a desconfiar do padre Dennis à maneira dos adolescentes: o que será que a Igreja estava tentando esconder de mim?

''Passemos para coisas mais importantes.'' Inclinou-se em sua cadeira, mostrando pela primeira vez algum interesse. ''Você tem dúvidas sobre a divindade de Nosso Senhor?'' Percebi uma estranha avidez em sua pergunta, o que me deu vontade de recuar. Senti-me novamente um pouco amedrontada. ''*Acho que sim*'', disse, temerosa, a ponto de ceder terreno. ''*Acha!* Não sabe, então?'', perguntou, elevando a voz como um trovão em miniatura. Tremendo, apresentei minha dúvida — eu era o tipo do covarde que tem medo de não ser corajoso. Falei às pressas, porém atabalhoadamente, como se estivesse tomando algum remédio. ''Supomos saber que Ele era Deus porque Ele se levantou do meio dos mortos — foi esse o sinal que Ele nos deu para mostrar que era mais do que homem. Mas é impossível provar que Ele levantou do meio dos mortos. Foi o que os apóstolos disseram. Como vamos saber se eles estavam falando a verdade? Eram homens muito ignorantes, supersticiosos — não passavam de pescadores, não é mesmo? Hoje pessoas como essas acreditam em fadas e fantasmas.'' Olhei para ele com um ar súplice, desejando ao mesmo tempo que reconhecesse o valor de minha dúvida e que a esclarecesse.

O padre passou uma mão pela testa. ''Quer dizer que você considera Nosso Senhor um mentiroso?'', disse num tom sepulcral. ''Acha que Ele enganou os pobres e ignorantes apóstolos fingindo ser o Filho de Deus. É isso que você está dizendo, minha filha, embora nem você o saiba. Está chamando Nosso Abençoado Salvador de mentiroso e impostor." "Ele pode ter-se enganado", objetei, sentindo a irritação crescer. "Ele pode ter *pensado* que era Deus." O padre Dennis fechou os olhos. "Você precisa ter fé, minha filha" disse abruptamente, levantando-se da cadeira e dando alguns passos rápidos, balançando a sotaina.

Olhei para ele, humilde e perplexa. Pela primeira vez ele me dava a impressão de estar impregnado de santidade, como se a palavra "fé" tivesse liberado algo de suave e santificado em sua alma, mas pela mesma razão ele me parecia distante, como se estivesse sentindo alguma coisa que eu fosse incapaz de sentir. Só que ele não estava respondendo a meus argumentos; na realidade, estava olhando para mim com uma expressão severa e perturbada, como se ele, também, tivesse subitamente tomado consciência do abismo que havia entre nós, um abismo que as palavras não podiam atravessar. De repente uma idéia terrível me atravessou: e se eu *tivesse* realmente perdido a fé? Seria possível que ela se escoasse de mim sem meu conhecimento? "Me ajude, padre", implorei humildemente, sabendo que era oportuno dizer aquilo naquele momento e, ao mesmo tempo, sendo sincera.

Parecia que eu tinha me dividido em duas pessoas. Uma olhava o padre sub-repticiamente, enquanto ele afundava outra vez em sua cadeira; outra, inquieta e consternada com o rumo que a entrevista estava tomando. "A sabedoria e a bondade de Jesus", disse o padre Dennis lentamente, "tal como as encontramos na vida e em seus ensinamentos — você acha que um homem qualquer seria capaz *disso*?" Refleti. "Por que não?", perguntei seriamente. Mas o padre lançou-me um olhar de reprovação, como se eu tivesse sido insolente. "Estou vendo que você não conhece a história sagrada. Entre os profetas e pagãos, entre reis e filósofos, santos e sábios, houve alguma vez alguém como Ele?" Um pequeno sorriso apontou nos cantos de sua boca. "Não", admiti. O padre assentiu com a cabeça. "Está vendo, minha filha? Uma anulação tão radical da natureza humana demonstra a intervenção divina. Se não tivéssemos nada além dos ensinamentos de Cristo, eles já seriam suficientes para sabermos que Ele é Deus. Mas temos também seus milagres, a confirmação da tradição e a Igreja viva, a pedra sobre a qual Ele construiu e que sobreviveu ao assalto dos séculos, enquanto as falsas religiões desmoronaram e se perderam para a mente dos homens."

Tirou o relógio e olhou a hora na penumbra. Meu orgulho era excitado mais uma vez. ''Não são só as boas coisas que sobrevivem'', disse-lhe audaciosamente. ''O pecado, por exemplo.'' ''O diabo é eterno'', disse padre Dennis, suspirando, com uma rápida olhadela em minha direção.

''Mas então a Igreja poderia ser o instrumento do diabo, não poderia?'', investiu padre Dennis. ''Nesse caso os ensinamentos de Jesus, que a Igreja preserva, teriam origem diabólica?'' Corei. ''Outras religiões perduraram'', disse eu recuando. ''A religião judaica, o islamismo... Será que perduraram porque são diabólicas?'' Falei com um ar de ingenuidade, mas sabia que ele estava encurralado — no convento havia meninas judias. ''São detentoras de uma verdade parcial'', murmurou padre Dennis. ''Por isso se preservaram.'' Eu estava ficando enervada com aquela argumentação, que me afastava de um ponto essencial que havia entrevisto. ''Sim, padre'', disse eu. ''Mas continuo sem entender por que o fato de Cristo ser uma exceção prova que Ele era Deus.'' ''Na natureza não há exceções'', retorquiu padre Dennis. ''Ah, padre! Conheço muitas!'', exclamei.

Eu estava morrendo de vontade de continuar discutindo aquele tema, pois me ocorrera que de fato Cristo *poderia* ter sido um homem. A idéia de Cristo como simplesmente humano tinha algo de extraordinário e alegre, inteiramente diferente, eu percebia, da condescendência de Deus com a carne. Estava feliz por ter começado aquela discussão, pois estava aprendendo uma coisa nova por segundo. Já não sentia medo algum, nem hostilidade premeditada. Estava interessada em provar ao padre Dennis as novas possibilidades que se abriam; meus sentimentos em relação a ele eram de camaradagem.

Uma vez mais, porém, ele me fez calar. ''Você precisa aceitar o que lhe digo'', afirmou, quase rude. ''Você é muito moça para entender essas coisas. É preciso ter fé.'' ''Mas é o senhor que tem que me incutir a fé, padre'', protestei. ''Isso é uma coisa que só Deus pode fazer'', respondeu. ''Reze, e Ele lhe dará a fé.'' ''Não consigo rezar'', disse eu automaticamente. ''Você sabe suas orações. Reze.'' Levantou e fiz minha reverência. ''Padre!'', chamei de repente, desesperada pela maneira como ele estava me abandonando. ''Tem outra coisa!''

Ele se voltou, com ar fatigado, mas minha expressão angustiada deve tê-lo assustado. ''O que é, minha filha?'' Chegou um pouco mais perto, olhando para mim com uma expressão preocupada, gentil. ''Minha filha'', disse ele com gravidade, ''você duvida da existência de Deus?''. ''Sim'', sussurrei, tomada de uma exultante agonia, sabendo que era verdade.

Ele sentou comigo de novo e tomou minha mão. Muito carinhosamente, vendo que era aquilo o que eu parecia querer dele, recitou para mim as cinco provas *a posteriori* da existência de Deus: o motor inamovível, as causas eficientes, o ser necessário pressuposto pelos seres contingentes, as perfeições graduadas, a magnífica ordem e desígnio do universo. Não entendi a maior parte do que ele disse, mas o sentido geral era claro: todo efeito deve ter uma causa e a causa, evidentemente, era Deus. O universo não poderia existir se algum ser auto-suficiente não o tivesse criado e posto em movimento. Ouvi atentamente, tentando avaliar o que ele dizia, quase convencida mas não completamente. A dúvida varava meu pensamento, como um túnel, e os axiomas que pareciam simples e claros uma hora antes tornavam-se obscuros. ''Por que, padre'' — perguntei por fim —, ''tudo *tem* que ter uma causa? Por que o universo não poderia simplesmente estar aí, causando-se a si mesmo?''

Padre Dennis acendeu a lâmpada da mesa a seu lado; ouviu-se a campainha chamando para o *goûter*; uma menina enfiou a cabeça pela porta e desapareceu rapidamente. ''Porque'', disse ele, pacientemente, ''expliquei para você agora mesmo, todo efeito tem que ter uma causa proporcional.'' Fiquei pensando naquilo, fazendo força para me lembrar de que era uma criança e que provavelmente ele pensava que eu não estava entendendo. ''Exceto Deus'', repeti prestativa. O padre concordou. ''Mas, padre'', exclamei, estremecendo com o impacto da descoberta, ''se Deus pode ser auto-suficiente, por que o universo não pode? Por que as coisas compostas de matéria não podem ser causa sem causa? Como a eletricidade?''

O padre balançou a cabeça tristemente. ''Não posso dizer-lhe, minha filha.'' Adotou um outro tom, cáustico e reprovador. ''Não posso abrir olhos que se recusam cegamente a ver. Por acaso a matéria inerte pode dar origem ao espírito? Por acaso a matéria inerte deu sua consciência a você? Aquele que nega a necessidade causal transforma o mundo num caos, onde imperam o vício e a anarquia!'' Sua voz cava reverberou, como se estivesse falando a todo um renque de filósofos seculares, sentados no banco dos réus, num dos cantos da peça. ''Ah, minha filha'', concluiu levantando-se, ''pare de ler toda essa sujeira atéia. Reze a Deus para que Ele lhe dê fé e faça uma boa confissão.'' Saiu do aposento às pressas, com a batina voando atrás dele.

O fracasso do padre Dennis causou sensação no convento. Por toda parte onde eu ia, olhos seguiam-me com respeito: lá vai a menina que um padre jesuíta não conseguiu convencer. As externas e as meninas que passavam o fim de semana em casa, ao voltarem para o convento na segunda-feira, foram rapidamente informadas das novidades. Rainhazinhas que jamais haviam se dado conta de minha existência reuniam-se a minha volta durante o recreio, fazendo-me perguntas baixinho, pois não tínhamos permissão para conversar durante o retiro. A coincidência do fervor sagrado do retiro com meu estado de ausência de fé realçava a sensação de prodígio. Dizia-se que o padre Heeney, o missionário bronzeado de cabelo encaracolado que tão bons resultados obtivera entre os esquimós, estava dirigindo sua oratória contra mim. Numa segunda entrevista na sala de Madame Mac Illvra, vi-a enxugar os cantos dos olhos com seu lenço de cambraia. A consciência acusava-a de ter falhado na missão que minha falecida mãe, do Paraíso, lhe confiara. Tinha muita facilidade para chorar, como acontece com a maioria das diretoras bonitas, sobretudo quando sentia que o *convento* poderia ver-se exposto à crítica. Na quarta-feira, quando tivemos nosso terceiro encontro, chegamos a um impasse. Minha companheira de mesa, Louise, apostou que eu não ia recuperar a fé até o fim do retiro; à medida que os sermões incendiários se sucediam e que eu permanecia inquebrantável, acentuava-se no convento uma espécie de inquietude. Era claro para todos, inclusive para mim, que eu *teria* de recuperar a fé para acabar com aquela horrível incerteza.

Eu estava tão preocupada, agora, quanto a própria Madame Mac Illvra. Estava tentando, com todas as minhas forças, sentir fé, nem que fosse por dever público, mas quanto mais eu me auscultava, mais era obrigada a reconhecer que não havia fé dentro de mim. Até minha alma desaparecera, pelo que me era possível perceber. Mas o que havia de estranho naquilo tudo era que, pela primeira vez, vendo o que havia feito, tive um sentimento de dever em relação aos outros e não em relação a minha própria alma ou a Deus, o que em si era uma prova de que eu O havia perdido, pois nossa máxima obrigação na vida, supostamente, era agradá-Lo. Deus (caso existisse) certamente não gostaria que eu *fingisse* recuperar a fé para satisfazer Madame Mac Illvra, Madame Barclay e minha nova amiga e sósia, Louise, que era travessa mas boa católica. Foi essa, porém, a decisão que tomei depois de uma segunda sessão infrutífera no parlatório, dessa vez com padre Heeney, que, se alguém fosse capaz de me converter, me converteria, pensava eu com o coração pesado. Ele repetiu todas as afirmações de padre Dennis, só que me chamando pelo primeiro nome e rindo quando eu lhe disse que meu pai e meu avô eram advogados, como se minhas sérias dúvidas fizessem parte daquilo que ele denominava o dom da argumentação. Ele também parecia estar convencido de que eu andara lendo literatura atéia e me ameaçou, brincando, com o confessionário, quando eu disse que não havia lido. Esses padres todos, pensei eu amargamente, parecem imaginar que não se é capaz de fazer nada sozinha, que tudo vem por herança e leitura, assim como imaginavam que Cristo não podia ter sido um "simples homem" e como repetiam, aliás, que é preciso ter "fé", palavra que foi-se tornando cada vez mais irritante para mim nos últimos dias. "A razão humana, Mary" — explicava padre Heeney —, "não a levará até o fim do caminho. Há uma brecha, que temos que encher com a fé." Encarei-o avaliando suas palavras. Então *havia* uma brecha. Como era possível que eles nunca tivessem mencionado esse fato tão interessante?

Ao sair do parlatório, resolvi responsabilizar pessoalmente o padre Heeney pela fraude que ele estava me levando a praticar. "Vou ouvir sua confissão", gritou ele atrás de mim numa voz sonora e quente. Mas não era eu, pensei, que ele ia ouvir, mas a mera imagem piedosa de mim. Ao não conseguir me converter e ao tratar meu caso com tanta despreocupação — chamando-me Thomasina, alusão pretensamente engraçada a Thomas o incrédulo — ele me levava diretamente à fraude. Graças a sua incompetência, restava-me representar uma conversão. Mas eu não tinha a menor intenção de atribuir-lhe esse crédito. Decidi me converter durante a noite, por causa de um sonho.

E não fiquei nem um pouco arrependida, nem na manhã de terça-feira, ajoelhada com meu véu branco diante do altar, esperando para receber a comunhão. Atrás de mim, eu sabia, as freiras estavam regozijantes, como toda boa freira deve estar ao pensar na salvação de uma alma. Madame Mac Illvra, provavelmente, estava com os olhos azuis marejados de lágrimas. A meu lado, Barril de Banha estava estourando as costuras do vestido, de tanta inveja. Louise (a quem eu acabara de contar a novidade na sala onde prendíamos os véus) convidou-me a passar o Natal em sua casa. Eu me sentia dominar por uma sensação de surpresa distanciada — estava longe de meus antigos pontos de apoio, como certa vez, quando aprendia a nadar e flutuava, levantei a cabeça encharcada e avistei minha bóia ao longe, na superfície do lago.

Essa história é tão fiel à vida que levávamos no convento que acho quase impossível separar, da realidade inegável, o que foi deduzido e o que foi semi-recordado. O professor de música, a velha freira que roncava, o ator inglês recitando ''Lepanto'', o bordado, A Tale of Two Cities, Emma, *Lady Spindle (o outro personagem da comédia era Mrs. Dwindle), tudo isso é rigorosamente exato. Não tenho absoluta certeza quanto à cronologia; todo o drama de minha perda da fé ocorreu durante um espaço muito curto de tempo, acho que foi durante um retiro. Os diálogos, como já disse ao leitor, são quase inteiramente inventados, mas o tom e o conteúdo são autênticos. Era assim que os padres falavam e, de maneira geral, foram aqueles os argumentos que me apresentaram. Apesar de ter sido eu quem escreveu esses diálogos, sorrio ao lê-los, espantada com a semelhança.*

As provas da existência de Deus foram retiradas da Enciclopédia Católica. Minhas próprias perguntas são uma mescla de lembrança e conjetura. Um pedaço de diálogo foi tomado de um pastor episcopal: ''Há uma brecha, que temos que encher com a fé''. Meu filho, Reuel, chegou em casa um dia citando essa frase de seu professor de instrução religiosa. Eu ri (era tão parecido com o que meus *padres diziam) e incluí.*

Na realidade, agora tenho a impressão de que minha entrevista com o primeiro padre não teve lugar no parlatório do convento, mas no gabinete do velho sacerdote. Onde era esse gabinete e como cheguei até lá? Não faço idéia. Quanto ao segundo padre, a quem chamo de padre Heeney, talvez se trate do padre missionário de ''O Facínora'', talvez de algum outro que confundo com ele. Recordo-me apenas, com certeza, que sua *atitude em relação a minhas supostas dúvidas era mais brusca e desembaraçada que a do velho sacerdote. Não as levava a sério, o que incomodava, em parte por vaidade, mas principalmente porque naquele momento as dúvidas* tinham *ficado sérias e eu estava com medo. Aquele padre, caso fosse o mesmo, não tinha muita paciência com meninas.*

A família McCarthy sempre responsabilizou meu avô pelas "idéias atéias" que eu adquirira em Seattle. De meus três irmãos, porém, todos protegidos da influência desse avô, apenas um, o mais moço, continua católico. Na geração de minha mãe, a Igreja fez três conquistas. Todas as noras protestantes se converteram; tio Florrie, marido de tia Esther, resistiu até o fim — costumava levar a família à missa aos domingos e esperar do lado de fora, no carro, despertando a admiração e a inveja das crianças. Em minha geração, a fé perdeu pelo menos três almas (não estou informada quanto a meus primos).

Contrariamente ao que acreditavam os McCarthy, meu avô Preston fez questão que eu conservasse minha religião. Nós dois fizemos um pacto: eu continuaria freqüentando a igreja até ficar um pouco mais velha e ele jamais questionaria minha sinceridade. Quando eu lhe disse que perdera a fé (num momento em que isso já era verdade), ele não pensou que se tratasse de um estratagema para evitar a ida à missa. Acho que a maioria das famílias teria pensado assim. Ele, porém, achava muito natural e adequado que uma pessoa, mesmo que fosse criança, agisse a partir de razões de consciência. Sua eqüidade repousava sobre esse postulado. Muitos anos mais tarde, envolvida com a esquerda radical, aos vinte e poucos anos, ele recebeu essa novidade com a mesma gravidade atenta; o carro que antes me levava à igreja, ou melhor, seu substituto, levava-me então às reuniões sindicais, por ordem de meu avô.

Tratarei de descrever a vida com os Preston nos capítulos seguintes. Nessa época, enquanto continuei no convento, eu não era parte integrante da casa. Todas as minhas amigas da escola eram católicas e seus pais, em geral, não faziam parte do círculo de conhecimentos de meus avós, que estavam separados deles não só pela religião como pela diferença de uma geração. Jamais algumas daquelas crianças foi à minha casa, embora eu fosse levada às delas. Eu tinha verdadeira paixão pelo palco; o desejo de representar um papel e de fazer sucesso, aliado a minha facilidade de memória, levaram-me a acreditar que nascera para a ribalta. Em casa eu passava o tempo fazendo recitais e convidando a família Preston a assisti-los. Minhas peças favoritas eram poemas de um romantismo desbragado. Meus novos tios, minha tia e minha avó achavam aqueles recitais hilariantes, mas não desconfiei disso muito tempo. Depois, passei a recusar-me a recitar quando eles estavam presentes.

Aos olhos da família eu era um fenômeno, e era assim, também, que algumas das garotas do convento me viam, como o leitor irá constatar no próximo capítulo. Quando criança, eu não distinguia o respeito humano e minha seriedade me impedia de ver que as outras pessoas podiam estar rindo de mim. Era chegado o momento de perceber tudo isso.

CINCO

NOMES

Anna Lyons, Mary Louise Lyons, Mary von Phul, Emilie von Phul, Eugenia McLellan, Marjorie McPhail, Marie-Louise L'Abbé, Mary Danz, Julia Dodge, Mary Fordyce Blake, Janet Preston — assim se chamavam (ainda sou capaz de desfiar esses nomes como um rosário) algumas das meninas maiores do convento: as Virtudes e as Graças. As virtuosas usavam, como prova de bom comportamento, fitas largas de gorgorão azuis ou verdes cruzadas a tiracolo sobre os uniformes de sarja azul-marinho; as bonitas usavam ruge e pó de arroz, pelo menos era o que se dizia. Nossa classe, a oitava série, usava fitas cor-de-rosa (que eu nunca recebi) e tinha nomes como Patricia (''Pat'') Sullivan, Eileen Donohoe e Joan Kane. Até nisso éramos deselegantes; o nosso melhor nome era o de Phillis (''Phil'') Chatham, que gostava de se gabar do nome de seu pai, Ralph, que devia ser pronunciado ''Rafe'', como na Inglaterra.

Os nomes tinham grande importância para nós no convento; Nomes estrangeiros — franceses, alemães ou puramente ingleses, que, para nós, eram estrangeiros devido a sua sonoridade protestante — floresciam como rosas premiadas em meio a um canteiro de batatas. Nomes irlandeses eram muito comuns na escola para ter algum prestígio, seja como sobrenomes (Gallagher, Sheehan, Finn, Sullivan, McCarthy) seja como nomes de batismo (Kathleen, Eileen). Tudo o que fosse exótico era valorizado; como por exemplo uma tez ''cor de oliva''. A mascote do convento, Susie Lowenstein, era uma menina judia, frágil, com um cabelo louro-avermelhado muito claro e um delicioso nariz arrebitado, que, se fosse nosso, talvez recebesse o qualificativo de "nariz de pequinês". Também gostávamos de seu nome e do nome de uma menina da classe das pequenas: Abbie Stuart Baillargeon. Entre todos, porém, o nome que eu preferia era o de Emilie von Phul (que se pronunciava Pul), cuja irmã mais velha, que se formara um pouco antes, se chamava Celeste. Outro nome que me agradava era o de Genevieve Albers, por causa de Santa Genoveva, a santa padroeira de Paris, que salvou a cidade das hordas de Átila.

Todos esses nomes refletiam o fato de o litoral noroeste do Pacífico continuar sendo uma região de pioneiros. Não havia equivalentes na escola paroquial de Minneapolis, onde, de qualquer maneira, a origem "estrangeira" era considerada vergonhosa, com um forte movimento de americanização do nome e do sobrenome. Exceções eram os irlandeses, que podiam vangloriar-se de nomes como Catherine O'Dea e o de minha prima-segunda, Mary Catherine Anne Rose Violet McCarthy, enquanto um infeliz menino alemão chamado Manfred sofria por causa disso. Mas isso era em Minneapolis. Em Seattle, sobretudo no convento das Senhoras do Sacré-Coeur, nomes estrangeiros não evocavam imigração, e sim emigração — um exílio distinto. Minneapolis era um celeiro. Seattle, um porto, atraíra uma verdadeira Legião Estrangeira de aventureiros — soldados mercenários, filhos caçulas, jogadores, traficantes atraídos pelas fortunas que se podiam fazer com a madeira, o comércio marítimo e o ouro do Alasca. Guerras e revoluções haviam mandado seus vencidos a Puget Sound, para começarem uma nova vida; a última delas fora a revolução russa, que nos remetera, via Harbin, uma colônia russa completa, com restaurante e tudo, sobre a Queen Anne Hill. Os nomes ingleses do convento, quando não indicavam uma origem inglesa direta, como no caso de "Rafe" Chatham, tinham-nos chegado do sul e representavam uma espécie de exílio interno; garotas como Mary Fordyce Blake e Mary McQueen Street (uma classe anterior à minha; sua irmã se chamava Francesca) portavam seus duplos nomes como títulos de nobreza oriundos de um Sul de antes da guerra. Nem todas as meninas do convento eram católicas, longe disso; algumas das mais bonitas — Julia Dodge e Janet Preston, se estou bem lembrada — eram protestantes. As freiras haviam-nos ensinado a acolher com uma cortesia toda especial aquelas estrangeiras em nosso meio, e o efeito geral era o de uma espécie de hospedaria de primeira classe para refugiados de todas as causas perdidas dos últimos cem anos. Dinheiro não tinha muita importância numa atmosfera como aquela; os pais e avôs de muitas de nossas "melhores" meninas eram homens arruinados.

Os nomes eram freqüentemente esquisitos naquelas paragens do noroeste do litoral do Pacífico, sobretudo os das meninas. No pensionato episcopal que freqüentei depois, em Tacoma, havia uma menina chamada De Vere Utter, outra chamada Rocena e outra ainda chamada Hermoine. Será que Rocena e Hermoine eram versões errôneas de Rowena e Hermione? E será que Vere, como nós a chamávamos, deveria ser Lady Clara Vere de Vere? Provavelmente. De qualquer modo, nomes assim, incomuns a leste dos montes Cascade, fazem parte da fronteira, onde livros e bibliotecas eram raros e a memória, aparentemente, oral, como nos tempos de Homero.

Os nomes são mais importantes para os católicos que para as outras pessoas, pois são escolhidos pelas qualidades espirituais dos santos que os inspiram. Os protestantes, que costumavam tirar os nomes dos filhos do Velho Testamento, agora tiram de romances e peças cujos heróis e heroínas talvez sejam os novos santos padroeiros de uma era secular. Mas com os católicos é diferente. O santo cujo nome é dado a uma criança serve, supostamente, como modelo a ser imitado; seu nome é uma espécie de horóscopo, que lhe conta quem você é e o que deveria ser. As crianças católicas examinam seus nomes em busca de um significado místico, como se fossem signos do zodíaco; meu próprio nome, como fiquei sabendo, além de pertencer à Virgem e à Santa Maria do Egito, originalmente significava "amarga" ou "estrela-do-mar". Meu segundo nome, Therese, podia colocar-me sob a proteção de Santa Tereza ou da santa chamada a Florzinha, Irmã Thérèse de Lisieux, sobre a qual Deus supostamente havia descido sob a forma de uma chuva de flores. Ao ser crismada, acrescentei um terceiro nome (pois nesse momento os católicos se rebatizam, como fazem quase todas as freiras quando se ordenam); por conselho de uma freira, escolhi "Clementina", de São Clemente, um dos primeiros papas — mas logo me arrependi devido a "My darling Clementine" e seus sapatos 42. Na época em que fui para o convento, não dizia a mais ninguém qual era meu nome de crisma. O nome que eu quase escolhera era "Agnes", de uma virgem e mártir romana, sempre representada com um cordeiro devido a sua pureza. Mas Agnes teria sido a mesma coisa no convento de Forest Ridge, como logo percebi, primeiro porque havia a possibilidade de ser transformado num diminutivo pavoroso, como "Aggie", e segundo porque era sutil e indefinidamente *errado* em si mesmo. Com Agnes eu me tornaria parecida com um asno.

O medo de parecer ridícula entrou pela primeira vez em minha vida, como princípio dominante, durante meu segundo ano no convento. Até então, muitos de meus atos haviam resultado do desejo de me destacar, desejo esse que, aliás, continuava existindo. Mas na oitava série tomei consciência da zombaria e percebi que não poderia tentar me destacar sem atrair o riso. Outras pessoas podiam, mas eu não. Aquele riso provinha das meninas da turma imediatamente acima da minha, não das de minha classe, particularmente de duas amigas inseparáveis, Elinor Heffernan e Mary Harty, dupla que formava um conjunto muito estranho, como acontece geralmente com palhaços: uma era baixa, gorducha e tinha cara de bebê; a outra era alta, magra e tinha ar de coruja. As duas divertiam as maiores apontando todas as coisas ridículas das mais moças. Quase todas as escolas contam com representantes desse gênero de pessoas mordazes, geralmente com notas baixas, toleradas apenas devido a sua preguiça e seu inconformismo; uma delas (no caso, Mary Harty, a gordinha) tem sempre um ar meio entorpecido. Devido a seu pouco prestígio, sua indiferença com as aparências e ao triste estado de seus uniformes, suas palhaçadas são consideradas inofensivas, como geralmente são, ou seja, seu objetivo não é ferir ninguém, mas divertir; essas meninas se entediam na escola. Nós, da oitava série, sentávamos diretamente à frente das duas inteligências no salão de estudos, de modo que elas nos mantinham sob observação cerrada; mesmo assim, no início eu não tinha medo delas, desejando, se fosse o caso, identificar-me com seu riso, ser iniciada na brincadeira. Uma de suas especialidades era dar apelidos às pessoas, e era considerado uma honra, em minha classe, ser a primeira pessoa a ser informada da última invenção daquelas duas. Isso acontecia freqüentemente comigo: elas me contavam, no pátio, e eu ia contar às outras. Na qualidade de intermediária sentia-me quase amiga delas e não me ocorreu que pudesse ser a próxima da lista.

Eu havia atingido a notoriedade pouco antes, ao perder a fé publicamente para depois recuperá-la no final de um retiro. Acho que Elinor e Mary me fizeram perguntas sobre a questão durante o recreio, no pátio, e que ouviram com rostos sérios, respeitosos, enquanto eu lhes relatava minhas conversas com os jesuítas. Aqueles rostos sérios deviam ter servido como advertência, mas se as duas meninas utilizaram o que eu lhes havia revelado para fazer troça de mim deve ter sido às escondidas, pois nunca fiquei sabendo. Só que nesse momento comecei a sentir algo, uma espécie de hálito frio em minha nuca, que me fez pensar se a nova posição que eu conquistara no convento era tão segura quando havia imaginado. Eu olhava para trás, no salão de estudos, e deparava com as duas meninas olhando para mim com olhos cheios de curiosidade.

Foi exatamente nessa época, também, que me vi envolvida numa situação perfeitamente absurda, uma situação muito íntima, que me faria viver mês a mês no terror de ser descoberta. Certa manhã acordei, em meu quarto no convento, e percebi algumas manchinhas de sangue em meu lençol; durante a noite eu devia ter coçado um arranhão que havia feito na perna, abrindo a ferida. Fiquei imaginando o que fazer em relação aos lençóis, pois as freiras eram cheias de histórias com as roupas de cama, assim como eram meticulosas com nossas golas e punhos brancos; em caso de inspeção, aquelas manchas poderiam me causar problemas. Era melhor, resolvi, pedir um lençol limpo à freira que tomava conta do dormitório, a alta e robusta madre Slattery, embora talvez ela ficasse zangada comigo por eu ter coçado a perna durante o sono e me mandasse cortar as unhas dos pés. Nunca se sabe do que vão nos acusar. Mas quando madre Slattery chegou toda ofegante para examinar o lençol, não fui admoestada; na realidade, parecia nem estar ouvindo minha explicação sobre o corte na perna. Disse-me que me sentasse e que voltaria num minuto. ''Hoje você não precisa fazer ginástica'', acrescentou, fechando a porta. Enquanto esperava, fiquei pensando nessa observação, que me parecia estranhamente generosa em vista da pouca importância do arranhão. Pouco depois ela voltou, mas sem o lençol. Em vez disso, extraiu de seu enorme bolso uma espécie de cinto de fazenda e um objeto de flanela que inicialmente tomei por um curativo; ora, eu estava precisando era de um lençol de baixo. ''O lençol pode esperar'', disse madre Slattery, entregando-me dois grandes alfinetes de segurança. Foram aqueles alfinetes que me fizeram entender, repentinamente, o erro de madre Slattery, ao mesmo tempo em que ela me fornecia instruções sobre a maneira de colocar o objeto de flanela que eu agora havia identificado como um absorvente.

''Não, não, madre'', disse eu, sentindo-me um tanto embaraçada. "A senhora não está entendendo. É só um arranhãozinho na perna." Mas, novamente, a madre não estava ouvindo; parecia ter ficado surda, como as freiras costumam fazer quando você diz algo que não se enquadra a suas idéias. E agora que eu sabia o que ela estava pensando, dei-me conta de estar sentindo uma curiosa sensação de embaraço, achando inconveniente designar uma função natural por seu nome a uma freira. Era como tentar não imaginar que elas vão ao banheiro, não perceber as mechas grisalhas que escapavam de suas coifas (a idéia que se fazia geralmente, de que elas raspavam a cabeça, era falsa). O melhor, em suma, era mostrar-lhe o arranhão. Mas quando eu quis fazê-lo e desprendi minha meia preta, ela apenas lançou um olhar distraído em direção à minha perna. "Isso é só um arranhãozinho, querida", disse ela. "Agora vá depressa colocar isso, senão vai chegar atrasada na capela. Você está sentindo dor?" "Não, não, madre!", exclamei. "A senhora não entende!" "Entendo, entendo sim", respondeu ela querendo me acalmar, "e você também vai entender, um pouco mais tarde. A madre superiora vai conversar com você sobre isso esta manhã. Não precisa ficar com medo. Você ficou mulher."

"Mas eu já sei tudo isso", insisti. "Madre, escute, por favor. É só um corte na perna. Estava fazendo ginástica. Ontem à tarde!" Mas quanto mais excitada eu ficava, mais tranqüilizadora, e inabalável, ela ia ficando. Aparentemente não havia nada a fazer senão desistir e fazer o que ela estava mandando. Eu estava nas garras de uma autoridade mais alta, que quase tinha o poder de me convencer que estava com a razão e que a errada era eu. Mas claro que eu não estava enganada; seria bom demais para ser verdade. Enquanto madre Slattery esperava do lado de fora da porta, eu instalava tristemente o equipamento que ela me fornecera, pois não havia onde escondê-lo, considerando-se a inspeção das gavetas. Ela me conduziu até o vestíbulo, onde havia um tubo para roupa suja, e me explicou como fazer para me desembaraçar do instrumento de flanela, jogando-o pelo tubo para a lavanderia. (As instalações do convento eram muito antiquadas, datando, sem dúvida, da época de Luís Filipe.)

A madre superiora, Madame Mac Illvra, era uma mulher sensata; durante todas as minhas aulas da manhã fiquei ansiosa, esperando pela prometida entrevista com ela, quando então eu teria condições de esclarecer as coisas. "*Ma Mère!*", diria eu, "madre Slattery acha..." E aí eu lhe falaria do corte e da aula de ginástica. Mas exatamente o mesmo impasse se apresentou quando fui chamada a sua sala na hora do recreio. *Eu* falei de meu corte e *ela* de minha transformação em mulher. Aquilo parecia uma conversa de surdos. Nenhuma de nós era capaz de ouvir a outra, ou melhor, eu podia ouvi-la, mas ela não podia me ouvir. Devido à diferença das posições que ocupávamos no convento, ela tinha direito de me interromper, enquanto eu, supostamente, deveria permanecer em silêncio até o final de seu discurso. Como eu não parasse de interrompê-la, mandou-me calar, gentilmente, e pegou-me no colo. Exatamente como madre Slattery, ela atribuía todas as minhas referências ao corte a um medo cego daquela realidade nova e inesperada que, supostamente, adentrara minha vida. Muitas meninas, disse ela para me tranqüilizar, ficam com medo quando não foram preparadas adequadamente. "E você, Mary, perdeu sua querida mãe, que poderia ter tornado isso mais fácil para você." Embalada no colo de Madame Mac Illvra, senti meu corpo paralisar e fiquei quieta, ouvindo, apoiada em seu peito, com a ponta de sua touca branca, engomada, em forma de tubo, fazendo cócegas em meu rosto enquanto ela explicava como nasciam os bebês, coisas sobre as quais eu já estava informada.

Não adiantava lutar contra o convento. Eu tinha que fingir que me havia tornado mulher, exatamente como antes tivera que fingir que havia recuperado a fé — só para ficar em paz. Só que aquele fingimento era nitidamente mais incômodo que o primeiro. Com medo de ser descoberta pelas irmãs leigas da lavanderia (sem dúvida uma dificuldade imaginária, mas o convento era tão minucioso), reabri o corte em minha perna para retirar um pouco mais de sangue, de modo a sujar as toalhinhas, que passaram a ser-me entregues regularmente, não só naquela ocasião, mas a cada vinte e oito dias desde então. Acabei abandonando aquele ponto de sangria com medo do tétano e entreguei-me ao destino. Vivia, porém, no terror de ser desmascarada; para mim, a única esperança era sair do convento ou tornar-me mesmo mulher, coisa que poderia levar um ano, pelo menos, visto que eu só tinha doze anos. Ser liberada da ginástica uma vez por mês não era compensação suficiente para a farsa que eu estava vivendo. Não era minha culpa; elas haviam me obrigado a entrar nela; só que quem ficaria com cara de boba era eu — pior que boba; meio maluca — se a verdade nunca fosse descoberta.

Eu andava atormentada com aquela culpa e aquela vergonha quando finalmente um apelido me revelou. "Me revelou", num sentido genérico, pois ninguém jamais ficou sabendo o segredo íntimo que eu levava comigo, preso na tira de fazenda. "Arranjamos um nome para você", gritaram Elinor e Mary no pátio certo dia. "Qual é?", perguntei, um pouco temerosa e um pouco esperançosa, já que nem todos os apelidos eram desfavoráveis. "Cye", responderam, olhando uma para a outra e caindo na risada. " 'Si'?", repeti, imaginando que o nome se inspirava em Simple Simon. Será que elas me achavam uma caipira? "C. Y. E.", explicaram elas, soletrando em coro. "São as iniciais de uma coisa. Você não adivinha?" Não, não adivinhava, e continuo não adivinhando até hoje. O mais perto que cheguei, no convento, foi "*Clean your ears*".* Talvez fosse isso, embora mais adiante na vida eu tenha achado que talvez fosse simplesmente "*Clever Young Egg*" ou "*Champion Young Excentric*".** Mas no convento eu tinha certeza de que era alguma coisa horrível, uma coisa ainda pior do que orelhas sujas (que eu soubesse, minhas orelhas eram limpas), uma coisa que nunca consegui adivinhar porque representava algum aspecto de mim mesma que o mundo era capaz de ver e eu não, como um cartaz pregado em minhas costas. Todo mundo no convento devia saber o que significavam aquelas letras, mas ninguém quis me dizer. Elinor e Mary haviam-nas feito prometer que não contariam. Nem minha melhor amiga, Louise, quis me contar, por mais que eu insistisse. Mesmo assim todo mundo dizia que era "muito bom", ou seja, muito adequado. E todo mundo achava graça.

Aquele apelido acabou com todas as minhas pretensões e corroborou minha sensação de *incorreção*. Logo quando eu começava a me integrar ao convento! Fiquei me sentindo uma forasteira, pois era a única aluna que não estava informada. Eu gostava do convento, mas o convento não gostava de mim, como as pessoas costumam dizer a respeito de certas comidas que não lhes caem bem. Com isso não quero dizer que fosse radicalmente impopular, nem com as alunas nem com as freiras. A madre superiora chorou quando saí da escola, e profetizou que eu seria escritora. Além disso, eu acabara por fazer amigas; até Emilie von Phul sorria suavemente para mim com seus brilhantes

(*) Limpe as orelhas. (N. T.)
(**) Figurinha inteligente; jovem excêntrica-mor. (N. T.)

olhos azuis, do canto mais remoto do salão de estudos. O problema, simplesmente, era que eu não me enquadrava no modelo do convento; quando ia fazer a mais simples das coisas, como pedir um lençol limpo, via-me envolvida em conseqüências que jamais seria capaz de ter previsto. Eu não era má; não infringia as regras conscientemente; nem assim consegui, nem por uma única semana, que me dessem uma fita cor-de-rosa, e aquilo era uma coisa que eu não podia entender, já que estava fazendo todo o possível. Era como a história do detestado apelido; as freiras, evidentemente, viam alguma coisa em mim que eu mesma era incapaz de ver.

O mais estranho eram todos aqueles fingimentos. Transformada numa montanha ambulante de mentiras, fingindo ser católica e indo me confessar embora na realidade tivesse perdido a fé, e fingindo ter regras mensais cortando-me com tesouras de unhas; mesmo assim, tudo aquilo acontecera sem que eu quisesse, e até contrariamente a minha vontade. Mas o fingimento mais vil a que me vi obrigada foi a aceitação do apelido. Mas que outra coisa eu poderia fazer? No convento, impossível ver-me livre dele. Transformada em Cye McCarthy para todas as alunas. Era o que eu era. Era assim que eu me identificava quando telefonava a minhas amigas durante as férias para convidá-las a ir ao cinema. ''Alô, aqui é a Cye.'' Eu me detestava por dizer aquilo, mas me submeti inteiramente ao apelido, transformando-me, para fazer frente a ele, numa espécie de pessoa animada e bem-disposta — o tipo de garota que eu mais detestava. ''Cye'' era minha nova santa padroeira. Aquela falsa personalidade grudou em mim, como o apelido, quando entrei no colégio público no ano seguinte, depois de conseguir convencer meus avós a me tirarem do convento, embora eles jamais tenham conseguido entender inteiramente minhas razões: eu admitia que as freiras eram boas e que tinha feito muitas amiguinhas simpáticas. O que eu estava querendo era começar de novo, queria uma oportunidade para iniciar uma nova vida, mas a primeira coisa que ouvi nos corredores da escola pública foi o apelido, gritado como a mais entusiástica das boas-vindas: ''Ei, Cye! Tudo bem?''. Mas daquela vez eu estava decidida. Passadas as primeiras semanas, enjeitei as meninas animadas e bem-dispostas que me chamavam de ''Cye'' e nunca mais fui chamada assim. Recebi meu nome de volta e esqueci do Clementina, até do Therese — nomes que eu já não sentia como meus, que pareciam ter-me sido impostos por outros.

Além disso, achava preferível pensar em Mary como "amarga" do que como "estrela-do-mar".

Já foi muito enfatizada a imagem pouco atraente que minhas colegas e eu apresentávamos. De um modo geral, meus sentimentos em relação a minha turma no internato e até, em certa medida, na universidade, eram exatamente esses. Era por isso que meus olhos estavam sempre nas mais velhas e que eu tentava de todas as maneiras fazer sucesso entre elas — o que era impossível, por ser contrário à natureza das coisas (elas, evidentemente, me esnobavam). Não possuo nenhuma fotografia de minha classe em Forest Ridge, mas recentemente apareceram algumas de minha classe no internato que confirmam, e de sobra, minhas lembranças. Por que aquela turma, a turma que se formou no colegial em 1929 e na universidade em 1933, tinha que ser mais feia do que as turmas que a precederam? Mistério. Mas isso explica meus sentimentos quando menina, de algo inatingível, algo que estava ali a minha frente — beleza, virtude, graça — e que jamais pude alcançar.

Na escola pública minhas notas tornaram-se péssimas. Quase fui reprovada em inglês, normalmente minha melhor matéria. A atmosfera na escola pública, em vários aspectos, era a mesma da escola paroquial, só que o ensino era pior e não havia disciplina. A moda era ficar apaixonada pelos rapazes; eu era apaixonada pelo capitão do time de futebol e pelo capitão da equipe de corredores, de modo que passava o tempo acompanhando eventos atléticos na qualidade de líder da torcida, em vez de estudar. A escola chamava-se Garfield High e eu era uma de suas torcedoras mais fanáticas. Também acompanhava a equipe de basquete de um lado para outro pela cidade, nas diversas escolas onde jogávamos. Eu não tinha permissão para sair com rapazes, mas uma noite o capitão da equipe de corredores passou pela minha casa em sua baratinha e buzinou para me chamar. Meu avô acendeu todas as luzes da entrada e mandou-o embora aos brados. Foi o fim de minha conquista.

Outra admiradora do corredor era uma menina judia, tímida, intelectual, chamada Ethel Rosenberg (mais tarde ela mudou seu primeiro nome para Teya), que também era louca por Walter Pater. Mo-

rávamos no mesmo bairro e nos tornamos amigas. Através da família dela, de intelectuais judeus típicos, muito hospitaleira embora modesta (o pai era alfaiate), travei conhecimento com a colônia artística de Seattle e passei a ler livros sérios. Mas tudo isso se passava num plano diferente do de minhas outras atividades. O único ponto de contato fora o corredor.

Depois de um ano de escola pública, meus avós chegaram à conclusão de que a única saída era mandar-me para o internato, longe das distrações oferecidas pelo sexo oposto. Dessa vez, não se pensou em convento; meu avô declarou que eu já tinha idade suficiente para tomar minhas próprias decisões em matéria de religião. A escolha recaiu sobre um internato episcopal em Tacoma, a Escola Annie Wright, embora eu própria preferisse o Colégio Anna Head, na Califórnia, onde Helen Wills havia feito seus estudos. Mas a família achou melhor manter-me por perto.

Enquanto isso meus irmãos continuavam no colégio Saint Benedict; meu irmão mais moço, Sheridan, uniu-se aos outros dois. Passavam o Natal e a Páscoa com as freiras; no verão dividiam-se entre os parentes ou eram mandados para colônias de férias. Passaram-se seis anos sem que nos revíssemos; quando isso aconteceu, éramos quase estranhos uns para os outros, de tão diferente que havia sido nossa educação. Eu era uma filha de ricos, enquanto eles dependiam do capital que meu avô McCarthy deixara para eles ao morrer. Minha quota, que era igual à de cada um deles, dava apenas para pagar meus estudos; os Preston encarregavam-se do resto. Todos os gastos de meus irmãos, porém, eram relacionados e deduzidos da parte deles. A família Preston ''lembrava-se'' deles com cheques nos Natais e aniversários, mas era só isso. Exceto nessas ocasiões, sua existência passava aparentemente despercebida.

Quando analiso a personalidade de meu avô, esse fato me parece intrigante. Ele não era homem de negligenciar uma obrigação; suas contas eram pagas no mesmo dia em que as recebia — costume que meu dentista de Nova York evoca até hoje com admiração. Ordem, exatidão, justiça — foi devido a essas características que meu avô ficou famoso e são essas, também, as características que sempre identifiquei nele. Como é possível que tenha deixado de se preocupar com o destino de meus irmãos, sobretudo sabendo o tratamento que recebíamos em Minneapolis? É uma coisa que não consigo entender.

Não era uma pessoa mesquinha nem insensível. Tivera uma ligação muito forte com minha mãe. "A família Preston queria vocês todos", escreve-me uma velha amiga de minha mãe, à guisa de justificação. Como não conseguiu ficar com nós quatro, é possível que meu avô tivesse reagido com uma espécie de ressentimento masculino, mantendo-se rigidamente indiferente àquilo que lhe havia sido recusado, ou seja, meus irmãos. Ou talvez tenha ficado irritado com as afrontas que a família McCarthy lhe fez: alguns anos antes, meu tio Harry escrevera a um banco de Seattle para inquirir sobre sua situação financeira! Fosse qual fosse a razão para aquela surpreendente indiferença, é um fato que não posso negar. Tampouco posso negar que eu também me sentia indiferente. Só depois de adulta é que me ocorreu que os Preston também poderiam ter feito alguma coisa por meus irmãos. Evidentemente, essa foi uma idéia que só ocorreu aos McCarthy.

SEIS
OS PERSONAGENS DO RELÓGIO

Há não muito tempo, procurando com meu filho de treze anos a regra que determina a formação do vocativo, tirei do alto de uma prateleira minha velha gramática latina de Allen e Greenough. O livro — gasto, de capa verde — abriu na página de rosto, e vi meu nome, escola e classe escritos a tinta, na elaborada caligrafia que desenvolvi durante minhas horas de lazer na Escola Annie Wright, em Tacoma. Três anos antes eu havia sido mandada para lá por meus avós em desespero de causa, depois de um ano de escola pública. Na opinião deles, as freiras do Sacré-Coeur haviam feito de mim uma atéia e a escola pública me deixara de cabeça virada pelos rapazes — qual seria a próxima? Debruçado sobre meu ombro, meu galinho garnisé cacarejava deliciado ao descobrir que sua arrogante mãe fazia círculos sobre os is e não pontos; lá estavam eles, espalhados pela página como cocô de passarinho. Fora isso, a letra era igual, com seus *ee* gregos, suas maiúsculas floreadas e suas letrinhas estreitas e precisas; ambos ficamos siderados ao perceber que desde aquela época minha personalidade assumira suas características definitivas. Na mesma página, de cabeça para baixo, escrita a lápis e de qualquer jeito, havia uma lista. Virei o livro e arregalei os olhos. Ao lado de três cilindros grosseiramente desenhados (influência da física?), ao lado de uma chave traçada às pressas, havia o seguinte:

Pano indiano — escarlate
Panos de prato
Oleado
Tinta dourada

Musselina crua, 10 m
Pano indiano azul, 2,50 m

Deus do céu, era meu traje de Catilina para a peça do clube de latim, *Marcus Tullius*!

Ou melhor, a matriz de onde o rutilante Catilina iria emergir: aqueles panos de prato, embebidos em tinta dourada e costurados uns aos outros por nossa professora de latim, miss Gowrie, transformar-se-iam em minha couraça; o oleado, também dourado e com reforço de papelão, coroado por uma pluma vermelha, seria meu capacete; o pano indiano escarlate, meu abrigo militar, que eu vestia na cena terrível da batalha de Pistoria, onde eu me precipitava contra as fileiras do inimigo para morrer com grande bravura; do pano indiano azul não me lembrava (talvez uma túnica militar curta?), mas a musselina crua, aparentemente, pelo comprimento, deve ter sido para minha toga, que eu jogava ao redor do corpo na cena do Senado, quando me voltava contra meu verborrágico detrator para depois retirar-me exultante do palco, jurando "apagar as chamas de minha própria ruína no incêndio de Roma inteira".

Mas deixe ver, pensei comigo mesma franzindo as sobrancelhas. Por que *crua*? A toga senatorial era branca, certamente? E em minha própria lembrança daquela noite, as togas de meus companheiros senadores eram brancas, com uma faixa "púrpura" que na realidade era escarlate, exatamente como a *purpura* romana, que vinha, segundo miss Gowrie, do grego *porphyra*. Só que na realidade as togas deviam ser de musselina crua, que é mais barata, e miss Harriet Gowrie, escocesa das Terras Altas, tinha enorme confiança no poder da ilusão. Para o público, musselina natural num palco brilhantemente iluminado é vista como branca, exatamente como eu a via naquele momento, iluminada pelos refletores no proscênio do tempo. Sorri com certa melancolia ao pensar em miss Gowrie, tão alta e magra, toda desengonçada, com seus artifícios simples, domésticos, frugais, tão fora de lugar entre nossos cabelos frisados, nossos trajes de montaria — colete, chicote e chapeuzinho —, nossos casacos de pele e nossos perfumes, Toujours Moi e Christmas Night. Sua peça original, *Marcus Tullius*, conservou-se em minha memória como um exemplo fabuloso de produto doméstico.

O Clube de Latim apresenta uma peça em cinco atos, escrita e produzida por Harriet Gowrie, B.A., M.A.

Ato I, o Senado, em Roma, 63 a.C.

Personagens por ordem de entrada em cena: Cícero... Frances Berry.

O palco apinhado ainda se delineia em minha memória como um quadro de David. A cortina vai ser levantada. Miss Gowrie, com seus cabelos pretos, num vestido de veludo negro passado a vapor, com uma comprida gola de renda e um ramalhete de rosas oferecido pelo elenco, está de pé nos bastidores, com os olhos negros faiscantes, o rosto inflamado. Cícero, estudante emérita com o cabelo cortado *à la garçonne*, está na tribuna, apertando a toga sobre o peito amplo e firme; César, afetado, e Catão, lívido, bem como os outros *patres*, estão sentados em bancos de madeira, enquanto eu me apóio negligente numa bancada à parte, com um sorriso de desdém em minhas faces sombrias, devastadas. Na platéia, de programa na mão, estão sentados a diretora, o deão da igreja episcopal, o bispo e a mulher do bispo; o editor do jornal, a arraia miúda e a arraia graúda dos médicos, dentistas, advogados, agentes de seguro, armadores e comerciantes de madeira de Puget Sound — nossos parentes; as meninas em seus uniformes de *crêpe de Chine*; e alguns dos Lovelace da cidade, os que conseguiram desafiar o olhar da diretora. Com o puxão decidido de miss Gowrie a cortina sobe, pontualmente. Cícero fica atenta ao sinal da professora, espera que cessem os aplausos, recebe um vigoroso sinal de cabeça, abre a boca, aponta o dedo para mim, enche os pulmões de ar e dá início à primeira catilinária: "Até quando, afinal, ó Catilina, abusarás de nossa paciência? Com que desígnio tua audaciosa temeridade exibe-se orgulhosamente?".

Até quando, afinal, miss Gowrie, você podia abusar da paciência deles? A oração de Cícero levava trinta e um minutos, acompanhados pelo relógio de miss Gowrie. A coluna branca que era a garganta de Frances de vez em quando tremia levemente com o esforço, mas sua voz firme e clara de primeiro soprano havia sido treinada por anos e anos no coro. À medida que seu discurso se desenrolava ela empalidecia, como um paciente submetido a uma extração prolongada, enquanto o público assistia em respeitoso silêncio, como se estivesse diante da morte ou de um daqueles horrendos feitos atléticos, verdadeiras provas de resistência, que estavam na moda na época. Ninguém tossia, ninguém se acomodava; os únicos movimentos ocorriam nos bancos do palco, onde os outros senadores, a caráter, iam-se afastando de Catilina, balançando as cabeças e demonstrando consternação, incredulidade, horror, ou eu-não-lhe-disse, conforme o papel que supostamente haviam desempenhado na história. Catão assentia severamente para Catulo e César coçava a cabeça. Enquanto se desenvolvia a denúncia de Catilina, eu podia sentir a curiosidade das primeiras fileiras transferindo-se lentamente para mim — Lúcio Sérgio Catilina, adúltero, extorsionista, libertino, falido, assassino, suposto responsável pela morte da mulher, patrício decaído, democrata, demagogo, bandido. A interminável lista de acusações provocava um sorriso naquela personagem. Olhava para as unhas dando de ombros e descuidosamente afrouxava a toga, mostrando por um momento a túnica atravessada pela larga faixa escarlate do *clavus* do patriciado. Em sua qualidade de libertino e homem de ação, achava a retórica mulherenga das instituições republicanas uma coisa extremamente opressiva; a intervalos predeterminados suas sobrancelhas espessas subiam e seu punho cheio de anéis apertava-se num gesto ameaçador. Afinal, a coisa acabou. Cícero pronunciou o fecho de sua peroração e desceu da tribuna sob uma tempestade de aplausos. Miss Gowrie fez um sinal. Chegara a minha vez.

De meu banco solitário eu os via a todos de um soberbo isolamento, a alma ímpia, orgulhosa e inassimilável, o homem marcado, genial. Fiz uma pausa, como se hesitasse gastar minhas palavras com aquela gente, depois pus-me em pé de um salto e larguei o discurso de Catilina, *in toto*, tal como registrado por Salústio — uma tirada curta, infelizmente, altamente colorida mas pretensiosa, que se concluía pelo *défi* ''apagarei as chamas de minha própria ruína no incêndio de Roma inteira''. Só que, desde o início, aquele discurso me incomodou. Com suas ameaças e sua empolação, com sua frialdade ao estilo de Sêneca, parecia-me impregnado de culpa e um bocado burro. Mesmo descontando-se os preconceitos de Salústio e a tradução empertigada de miss Gowrie, o efeito de repetir aquelas palavras noite após noite, nos ensaios, despertou em mim uma pequena dúvida: será que o Catilina que eu tanto admirava não passava de um incendiário vulgar, como afirmavam Cícero e seus seguidores? Aquelas primeiras mostras de maturidade foram muito mal recebidas. A meu ver, Catilina não era apenas um herói — era eu. Não que eu fosse uma desajustada na escola; ao contrário. Aquele era meu último ano e eu era um figurão: as mesmas esquisitices que me transformavam em objeto de espanto nos primeiros anos, com o passar do tempo haviam-me valido fama e inveja. Nem por isso aquela vitória me satisfazia, pois ocorreu naturalmente demais, de acordo com processos regulares e ordenados — uma turma, com suas líderes, chegava à formatura e a seguinte se apresentava, como uma toalha de rolo sendo puxada. É assim que acontece na vida real, mas há algo de irritante nesse lento desdobrar-se de gerações, cada uma com seu estoque de poetas e políticos movendo-se gradualmente rumo à ascendência, pela mera virtude da força da inércia; a questão do valor fica escamoteada.

E para mim aos dezesseis anos, segura, já, de minha autoridade na escola, certa de que seria perdoada e admirada não importava o que fizesse — podia fugir da escola, fumar, encontrar-me com garotos nas caminhadas da tarde, ser cruel e impertinente com um professor jovem —, segura dessa liberdade vazia, eu não podia ficar satisfeita enquanto, além de me impor, não impusesse todo o meu panteão àquela escola. A vingança de Catilina aparecia-me como questão de suma importância; nessa noite momentosa, o veredicto da história seria invertido. E sem que miss Gowrie desconfiasse, pensei orgulhosa, eu preparara uma interpretação "interessante" de meu discurso sulfurino. Iria interpretar Catilina em linha reta, ou seja, teria que "me desfazer" da maior parte de meu texto, falar-lhes fria e molemente, como um homem desiludido demais para ceder a efeitos oratórios. Depois, com minhas últimas palavras, avançaria, abandonando Cícero e o Senado, e lançaria meu *défi* às excelências da platéia — ao deão com seus binóculos, ao bispo, aos velhos professores de passo miudinho, ao diretor, a meus avós e às meninas suaves e obedientes. Durante os ensaios me limitei a fazer um esboço muito perfunctório desse projeto, temerosa de que miss Gowrie me corrigisse; quase a sentia enrijecer na cadeira do ponto quando comecei a dizer meu texto numa voz contida, joguei a toga por cima do ombro e abandonei o palco, saindo de Roma rumo à Etrúria, rumo a meu destino, rumo à morte. Mas os aplausos entusiásticos começaram antes mesmo que as cortinas caíssem. A sétima e a oitava séries, sempre suscetíveis, batiam os pés. "Bravo!", gritaram várias vozes masculinas.

Seguiram-se outras cenas, durante as quais eu trocava de roupa às pressas: uma cena entre os conspiradores secundários; uma cena doméstica entre Cícero e sua linda filha da classe das pequenas, Túlia, em casa, à noite; uma cena entre Cícero e Fúlvia, amante do conspirador Cúrio e espiã de Cícero; outra cena no Senado (a terceira catilinária?); e uma cena na qual alguns gauleses bigodudos, os alóbrogos, visitam Cícero em sua casa. Depois de mais uma catilinária e uma intervenção de César pedindo clemência, respondida asperamente por Catão, vinha um episódio bárbaro num esconderijo, onde os conspiradores que restavam (alguns comparsas e mais o grosseiro Lêntulo e o sanguinário Cétego) eram estrangulados por ordem de Cícero. Em seguida vinha a grande cena da batalha de Pistoria, onde eu entrava à frente de meu exército de revoltosos, lutava ferozmente e entregava a alma. A cortina descia enquanto a República se salvava.

Na platéia, o tumulto era geral. A escola estava tomando partido num embate de opiniões que lembrava os Capuletos e os Montecchios ou os Azuis e os Verdes de Bizâncio. Por baixo de sua superfície episcopal, nossa escola era terrivelmente facciosa e turbulenta; os escândalos anuais durante as eleições da Rainha de Maio teriam feito Milo e Clodius empalidecerem. Chamaram-nos ao palco repetidas vezes; graças à oitava série, o aplauso de Catilina foi mais forte que o de Cícero, enquanto aquele saudava seus seguidores com o capacete emplumado. Havia meninas chorando e médicos e advogados idosos comprimiam-se, procurando chegar ao palco para felicitar os dois personagens principais e miss Gowrie, declarando, com olhos úmidos, que havia sido a melhor peça já apresentada pela escola. A natureza ardente das reações, aliás, tomou o elenco de surpresa. Nossos olhos pintados interrogavam-se mutuamente por sobre as cabeças dos cidadãos em delírio. Todo aquele espetáculo que se desenrolava na sala de ginástica tinha, para nós que estávamos no palco, um caráter desconhecido, uma coisa que lembrava a época dos pioneiros, como se aquilo estivesse se passando no Alasca ou em Virginia City, em algum antigo teatro, trinta ou quarenta anos antes. Não estávamos contando com o fascínio da cultura sobre o coração já maduro do Oeste. Para aqueles homens vestidos com ternos bem cortados, a peça fossilizada de miss Gowrie possuía a nota maravilhosa da autenticidade, como uma floresta petrificada ou o rastro do megalossauro, e mesmo miss Gowrie, inclinando-se rigidamente para as felicitações, com um sorriso forçado, como uma fita elástica, emoldurando a arcada dentária, era, ela própria, uma espécie de maravilha: um produto autêntico do império britânico, como as echarpes de lã quadriculada que se levava para casa depois de um passeio de barco em Victoria.

Nossa escola era especializada nesse tipo de importações e relíquias. Tínhamos uma velha austríaca gorda, conhecida como "Madam", além de francesas, naturalmente, suíças e viúvas do clero episcopal, uma atriz alta, duas senhoras muito distintas da Virgínia e uma bela deusa inglesa com um nariz que parecia a proa invertida de uma embarcação viking, mas nenhuma era tão temivelmente estrangeira para nós quanto a autora de *Marcus Tullius* que, naquela noite, asim que caiu a cortina, ficou em pé, de braços cruzados, com um olhar seco, distante, esquivando-se às brincadeiras e acompanhando o trabalho dos que desmontavam os cenários e dobravam e empilhavam as roupas utilizadas na apresentação. Na cabeça redonda de miss Gowrie uma espécie de Big Ben avisava quando algum momento chegava ao fim. Cícero e eu, quando nos aproximamos para receber os elogios, encontramos um gesto distraído de cumprimento e a instrução de irmos para a cama depressa, atitude que desmantelou nossos personagens históricos como se fossem simplesmente cenários de tela pintada. Minha "brilhante" interpretação ficaria sem comentários, como eu estava vendo. O curto triunfo de Catilina, se por acaso ela o tivesse observado, já se fundira ao longo triunfo dos clássicos, à disciplina dos ablativos e à regra da lei. Era um erro — um erro americano — pensar que o sucesso fosse capaz de derreter miss Gowrie. Isso era algo que só o trabalho podia fazer, como eu devia ter razões de sobra para saber. Porém... durante os últimos ensaios eu teria jurado que alguma coisa, alguma calidez levemente azeda, emanava para nós todas, como a calidez de seu hálito quando ela se inclina sobre nós para riscar cuidadosamente nosso rosto com o lápis de maquiagem.

Sempre fiz questão de dizer que miss Gowrie era descoberta minha. As meninas da escola consideravam afetado fazer o curso de latim, a não ser que "fosse preciso" nos cursos seguintes ou que os pais exigissem. Sofríamos ao entrar em sua gélida sala de aula, onde as janelas jamais eram fechadas para evitar a sonolência. A própria miss Gowrie usava um casaco de lã marrom, abotoado sobre o peito estreito, inverno, outono e primavera, e os que se sentavam perto da janela encolhiam-se dentro dos casacos durante a maior parte do ano; se nossas traduções deixassem a desejar, as janelas eram abertas mais amplamente. A longa vara com um gancho na ponta parecia parte de sua personalidade, como o bastão de São José, e sua natureza fria tinha uma sensibilidade estranha, crua, crispada. Como muitas solteironas que moram em países estrangeiros, sofria terrivelmente com idéias de perseguição: qualquer observação feita em voz mais baixa parecia-lhe dizer respeito a ela mesma, fazendo-a corar. Ofendia-se com uma tradução errada e os vasos capilares de sua circulação sangüínea pareciam avisá-la quando não estávamos bem preparados para recitar, mesmo que levantássemos a mão com segurança. E quando sabíamos o dever, nos interrompia sumariamente.

Naquela época devia ter uns trinta e oito ou quarenta anos. Formada em Girton e em Edinburgh, provavelmente chegou a nosso pequeno internato religioso da costa do Pacífico via Canadá. Sem dúvida lecionara em outros lugares, nos postos avançados do império, mas aquela era sua primeira temporada nos Estados Unidos e considerava o fato de ser escocesa uma questão *de honra*, exatamente como fazia em relação a nossos erros de tradução. Tanto quanto soubéssemos, não tinha vida privada nem história, e era totalmente formada por atributos nacionais (economia, rigor no trabalho sem a menor dose de humor, mania de comer *porridge* e de tomar chá), como uma daquelas bonecas de madeira vestidas com trajes nacionais mostradas em feiras e exposições. Sua aparência era uma espécie de ilustração para um ensaio de antropologia. Era extremamente morena, com pele marrom, olhos castanhos escuros, cabelo preto, liso e brilhante, e um crânio redondo, no qual o cabelo crescia circularmente. Seu rosto também era redondo, com malares de esquimó ou de pigmeu. Era alta e suas articulações rígidas, produzindo movimentos curiosamente espasmódicos. Em suma, como sei agora, pertencia à antiga linhagem ibero-céltica ou talvez picta que ainda sobrevive ao norte das Terras Altas, e o caráter insólito que notávamos nela talvez comprovasse a teoria dos sábios que acreditam terem sido as ilhas britânicas, na pré-história, habitadas por aborígenes não-arianos, cujos descendentes, conhecidos dos romanos, eram aqueles homenzinhos escuros que trabalhavam com estanho. Seu rosto, suas mãos e seu pescoço tinham uma limpeza quase antinatural, e seus lábios vermelhos deslizavam sobre um par de dentaduras muito brancas. Aquele sinal cintilante de pobreza precoce nos impressionava, como se fosse um sinal de consagração, como a tonsura de um monge.

Quando saía, usava um casaco de foca muito velho, mas verdadeiro, da mesma cor e textura de seu cabelo; o corte fora de moda parecia indicar que havia sido herdado da mãe, quem sabe até da avó, assim como seus compridos sapatos pretos sem salto. Sua dicção tinha uma clareza esquisita; falava com sotaque de Cambridge, mas cada sílaba formava-se concisa e separadamente, como se o inglês fosse uma língua estrangeira muito valiosa que tivesse aprendido cedo, pelo método fonético. Aquele efeito acentuava-se ainda mais quando falava latim; seus dentes batiam e às vezes a aragem da janela parecia soprar entre eles.

O orgulho da Escócia, contava-nos ela, era ter sido um centro de cultura clássica durante os períodos de obscurantismo, e até sua digestão evocava a história acre das cartas e da filosofia escocesas; como Carlyle e sua mulher, que estávamos estudando em literatura, ela era dispéptica. Sua pele morena às vezes ficava amarelada e depois do almoço da escola era freqüente vê-la com gases.

Miss Gowrie, porém, não era uma pessoa desagradável. A escola admitia que sem dúvida suas intenções eram boas. Só que não entendia as regras. Nossa diretora era uma executiva enérgica, equipada com os preconceitos de uma antiga castelã. Era proibido usar caneta-tinteiro porque as meninas haviam manchado as paredes e assoalhos ao sacudir as canetas para desentupi-las. Nos quartos, o único alimento permitido eram as frutas e não tínhamos permissão para comer entre as refeições, nem quando saíamos para caminhar ou fazer compras, assim faríamos honra à mesa da escola. Cada aluna chegava com uma lista de dez correspondentes aprovados, assinada pela família, e não era permitido receber cartas de nenhuma outra pessoa. Todos os pacotes que chegavam pelo correio estavam sujeitos a inspeção. Nenhuma dessas regras, porém, era obrigatória, a não ser quando se tratava de miss Gowrie. Havia um entendimento tácito partilhado até mesmo, parece-me, pela diretora, no sentido de que muitas daquelas regras existiam por razões artísticas, só *pro forma*. Dava tom à escola. O correio trazia uma grande variedade de balas, biscoitos, romances modernos e cartas de amor de indivíduos não autorizados; a inspeção era perfunctória; canetas-tinteiro por todo lado. Nossa primeira parada nas caminhadas era na lanchonete da esquina, que, como todo mundo sabia, devia à escola o grosso de sua renda. As saídas aos sábados, pela manhã para as compras e à noite para o cinema, acabavam, por costume imemorial, no Puss'n Boots ou no Green Lantern, com as garotas oferecendo às acompanhantes as últimas criações em matéria de sorvete. O grupo que tomava aulas de equitação nas tardes de sexta-feira e nas manhãs de sábado — do qual eu fazia parte —, escondia cigarros nos bolsos no momento de sair com a acompanhante, que normalmente aproveitava a ocasião para também fumar um cigarro, em particular, com a mulher do professor de equitação; além disso havia uma encomenda de fornecimento semanal de salsichas para o grupo inteiro numa churrascaria da estrada que as assava na frente do cliente. Em nossas saídas de domingo à tarde com "uma pessoa designada pela família", muitas dentre nós saíam com rapazes não-designados e voltavam cheirando a álcool. A vice-diretora, encarregada de controlar as chegadas, tomava cuidado para não chegar muito perto de nós, e enquanto estive lá jamais alguma garota foi punida por ter bebido, apesar de vez por outra chegarmos cheirando a gim. Quando um professor nos encontrava no centro da cidade num domingo, acompanhadas por nossos "irmãos" e "primos", desaparecia rapidamente na direção oposta. Todos, menos Mis Gowrie, que se sentia no dever de informar a escola.

As professoras jovens suspiravam, as meninas batiam nas cabeças ("essa é tantã"), e a diretora, preocupada, pegava a culpada no colo. Austera e sensata, tinha horror a impor castigos drásticos, o que interferiria no andamento ameno da escola. Quando se tratava de uma boa aluna, geralmente dava-se por satisfeira com um simples arrependimento; qualquer garota inteligente era capaz de salvar-se de uma encrenca com apenas algumas lágrimas. Enquanto isso, a pobre da miss Gowrie, rígida e perplexa, prosseguia seu caminho solitário, surda às tímidas sugestões oferecidas por colegas amistosas, que tentavam dirigi-la para o bom caminho. Era sempre a última acompanhante a ser escolhida nas excursões da escola inteira, e todos tinham pena do grupo que acabava ficando com ela: nada de fumar, de comer, não seriam permitidas brincadeiras... No piquenique anual da escola, sua canoa era a última a ser empurrada do cais, com um trio desconsolado a bordo, enquanto, sentada de frente para a remadora, muito ereta, lá ia ela, com um belo sorriso de excursão colado na face. Era regra da escola que as conversas durante as refeições versassem sobre assuntos gerais; mesmo sobre as águas, essa continuava sendo a conduta de miss Gowrie, que não permitia que a canoa derivasse para um daqueles deliciosos cantinhos sombreados, fora da vista da diretora, onde você podia pendurar-se nos ramos dos salgueiros e, às vezes, molhar as pernas. Era triste, porque quando a conhecíamos, descobríamos que era um ser muito simples, uma espécie de menina atrofiada, que gostava de passear e do que chamava "diversões sãs". Só que era incapaz de entender nossa concepção americana de passeio, que consistia numa espécie de delinqüência em massa; fosse qual fosse nossa atividade de lazer, a primeira preocupação de miss Gowrie era estabelecer o princípio da autoridade. Era preciso muito caráter para fazer o papel de estraga-festa num dia muito especial, mas ela se elevava à altura de seus deveres com uma espécie de determinação patética, esportiva, como uma truta pulando para o anzol cruel.

A tosse e uma mancha de tabaco no segundo dedo de sua mão direita demonstravam que fumava muito, mas ficamos sabendo através da mulher do professor de equitação que miss Gowrie se recusava firmemente a acender um cigarro nas proximidades da escola, e que piscava de desaprovação quando sabia que os outros professores faziam isso. Essa consciência atenta vigiava suas favoritas sem favorer a ninguém; isto é, suas melhores estudantes, pois essa era a única medida que ela conhecia. Você sabia que tinha caído nas boas graças de miss Gowrie pelas notas de comportamento que ela escrevia com firmeza ao lado de seu nome no registro de classe. Na realidade, em todas as suas manias havia algo do estoicismo romano, evocando aquela matrona citada por Plínio, a terrível Arria, que para animar o marido a cometer suicídio enfiou uma adaga no próprio peito, retirou-a, e disse: "Não dói, Paetus", depois entregou a adaga ao marido.

Sem dúvida, foi a atração pela extravagância que me levou a "gostar" de miss Gowrie. E as outras garotas da classe, que casualmente naquele ano também estavam fazendo o curso de latim, rapidamente entenderam meu ponto. O resto da escola, pensávamos, agira injustamente com miss Gowrie, e ficávamos encantadas com o espanto das outras meninas quando renunciávamos aos nossos cigarros, nossos hambúrgueres e nossos sorvetes e convidávamos miss Gowrie para ser nossa acompanhante no cinema e na escola de equitação, onde, *mirabile dictu*, aquecida pelo fogo e o chá ela se distendia um pouco com o tímido major inglês e sua mulher, responsáveis pela escola, pessoas educadas e, como ela, exiladas. Podíamos perceber, pela maneira como a conversa se interrompia quando entrávamos na pequena sala-de-estar após a aula de equitação, que miss Gowrie estivera fazendo confidências à mulher do major. Aquilo nos enchia de uma indulgente emoção; estávamos decididas a tirar miss Gowrie de sua concha, a ver seu rosto redondo brilhar de prazer desajeitado. Ao mesmo tempo, queríamos mostrar às outras meninas que estávamos certas, que existia uma ''outra'' miss Gowrie oculta, exatamente como afirmávamos. E foi para exibir essa outra miss Gowrie no cenário adequado que tratamos de reanimar o moribundo Clube de Latim, elegemo-nos para a diretoria, fizemos proselitismo entre as mais moças e estimulamos miss Gowrie a escrever *Marcus Tullius*.

É óbvio que não havia me ocorrido que havia também um ''outro'' eu por trás de minhas atitudes catilinárias — que minha descoberta de miss Gowrie estava revelando, sem que eu soubesse, algumas estranhas paisagens de mim mesma. Algo de imprevisível ocorreu, porém, no início do último ano. Como comecei a estudar latim apenas no ano precedente, estava desenvolvendo um estudo particular sobre César, orientada por miss Gowrie, para responder às exigências da universidade, ao mesmo tempo que traduzia Cícero em classe. No primeiro dia, assim que nos sentamos à mesa de miss Gowrie com os *Comentários* entre nós e recitamos as divisões da Gália, aconteceu algo fantástico: apaixonei-me por César! Foi uma sensação profundamente perturbadora. Todas as minhas paixonites anteriores haviam sido produtos de minha vontade, construções de minhas convenções pessoais, ou projeções de mim mesma, como Catilina. Mas daquela vez a coisa veio de fora e me paralisou; nada poderia ter me prevenido para o fato de que César seria *aquilo*.

Provavelmente, o mesmo teria acontecido com outra pessoa, com Tucídides, por exemplo, se houvesse curso de grego no Annie Wright. Até hoje sou capaz de sentir o mesmo tremor íntimo quando leio: ''Tucídides, de Atenas, escreveu a história da guerra entre os peloponesos e os atenienses''. Mas o que acabou se verificando foi que meu primeiro contato penetrante com uma realidade impessoal deu-se através de César, justo, lacônico, severo, magnânimo, distanciado — instrumento cego de um império que não escrevia ''eu'', mas ''César''. Até a gramática, para mim, viu-se beatificada pelo temperamento objetivo que a ordenava, a tal ponto que hoje não posso ver um ablativo absoluto ou um trecho de discurso indireto sem sentir meus olhos encherem-se de lágrimas de alegria. Humanistas amigos meus riem quando digo que César é um grande estilista, mas penso assim. Sei que *De Bello Gallico* é considerado pelos historiadores um simples documento de campanha, mas, no fundo de meu coração, não acredito que seja verdade. O fato de haver críticos que, dois mil anos após um acontecimento, tenham a pretensão de dizer a você o que ''de fato'' aconteceu na Gergóvia ou na Bretanha me enche de hilaridade. Para mim, a palavra de César basta; ele não coloca paliativos em suas crueldades nem enodoa o nome de seus adversários.

Foram necessários apenas uns poucos dias para que eu descobrisse que miss Gowrie partilhava essa paixão; duas pessoas que têm o mesmo objeto amoroso sempre se encontram. E exatamente como duas amantes, costumávamos recitar as virtudes do amado num deleite partilhado e incrédulo. *Gostávamos*, dizíamos uma à outra, daquela ponte sobre o Reno que os estudantes vinham maldizendo há séculos; gostávamos das fortificações e dos feitos de engenharia das legiões. Acima de tudo, gostávamos desse espírito imerso na vida prática como se essa vida fosse alguma complicada engrenagem de romance policial, que estava sempre querendo mostrar-lhe como tudo fora feito e sob que situações adversas. Gostávamos do senso de justiça e de investigação científica que impregnava os *Comentários*, da curiosidade do geógrafo e da capacidade de adaptação romana que enredava o inimigo através de um estudo das técnicas empregadas pelo próprio inimigo, como quando as adriças dos navios de guerra vênetos ficaram presas nas longas varas munidas de ganchos dos romanos.

E, como em todo amor verdadeiro, havia obstáculos a vencer, que criavam mais dificuldades para miss Gowrie — uma pessoa conscienciosa — do que para mim. Havia anos, era a impressão que se tinha, sua imaginação se detivera no trecho de história que se estende de 58 a.C. a 51 a.C., e seu senso moral explorou esse período com uma espécie de intensidade maciça, buscando uma justificativa para o incansável curso da história, para a marcha rumo ao norte das legiões, pilhando e abatendo. Afinal de contas ela era celta, como eu, e para sua mente literal aqueles velhos gauleses bigodudos eram parentes. A conquista da Gália a deixava irritada; sentada a meu lado em sua escrivaninha, com os pés enfiados nos sapatos sem salto plantados no chão, ela franzia o cenho nervosamente cada vez que a guerra se afastava de helvécios, germanos e belgas para associar-se a dissensões na Gália. Quando nos aproximamos do grande levante do Livro VII ela começou, gradualmente, a preparar-me para algo de doloroso que se aproximava, como uma tia encarregada de revelar à família que alguém se divorciou ou morreu.

Para ela, aquela revolta era uma tragédia, uma tragédia que César antecipou e tentou evitar até o último momento. Era uma tragédia não só por ter causado o fim de uma grande civilização, com grande número de mortes, num momento em que teria sido possível realizar uma assimilação pacífica, mas também porque nela deixou a vida uma nobre natureza. Ou seja, Vercingetórix, o Averno. Se César era o mestre de miss Gowrie, esse jovem nobre romanizado, "*summae potentiae adulescens*", era o ideal masculino. Ela nunca se cansava de ler e reler os elogios que César fazia a ele, chamando-o de "amigo". Era um ponto de extrema importância para ela o fato de a conduta do gaulês, ao liderar a última grande conspiração de seu povo, jamais ter sido criticada por seu conquistador. No lugar dele, declarava miss Gowrie, exaltando-se, César teria feito a mesma coisa. Afinal, o próprio César não dissera "*omnis autem homines natura liberati studere et condicionem servitutis odisse*" ("porém, todos os homens, por natureza, amam a liberdade e detestam a escravidão")? De acordo com nossa interpretação, César devia sentir um amor viril por Vercingetórix; ambas pensávamos que o coração de César havia se partido ao ver o jovem gaulês, o mais perfeito de seus adversários, aquele que subtraíra de seu domínio um pedaço da Gergóvia, cavalgar colina abaixo, vindo da cidade-fortaleza de Alésia, que morria à míngua, para depor as armas a seus pés, salvando os gauleses da morte. Víamos os olhos de mármore de César cheios de lágrimas enquanto esperava que o belo averno desmontasse, como descreve Plutarco, e se sentasse docemente a seus pés. Isso não impediu que seis anos depois Vercingetórix fosse retirado de uma prisão romana, arrastado no desfile triunfal de César, depois executado...

Era duro perdoar César por esse ato, sobretudo quando quem o contava era miss Gowrie, com um ranger de dentes e um gesto brusco de cabeça. Segundo ela, Vercingetórix, no desfile triunfal, montava o mesmo cavalo de batalha negro em que chegara, com toda sua juventude e generosidade, colina abaixo, em Alésia — o cavalo também fora poupado para a ocasião e apresentado, esquelético, para humilhar o infeliz prisioneiro. Esse era um dos bizarros toques de ficção que a mente confusa de miss Gowrie inventava de vez em quando. A história não menciona cavalo algum, e conseqüentemente fica faltando um fecho de ironia feroz para uma bela história.

Aos olhos de miss Gowrie, porém, a culpa não era de César, e sim dos maus gauleses. Ela havia desenvolvido uma versão muito ao estilo do Ministério das Relações Exteriores para a conquista da Gália, dividindo os nativos em duas categorias: bons gauleses e maus gauleses. Os maus gauleses haviam tornado difícil e penosa a tarefa de César, com suas trapaças constantes. E esses mesmos maus gauleses é que haviam abandonado Vercingetórix, sendo, assim, responsáveis pelo desfile triunfal. Vercingetórix não se enquadrava nessas categorias porque era um adversário honrado, tal como a Leal Oposição de Sua Majestade. Os bons gauleses eram ilustrados, geralmente, por um certo Diviciaco, o éduo, e os maus por seu irmão, Dumnórix.

Esses dois homens, que na realidade desempenham um papel secundário nos *Comentários*, para miss Gowrie ocupavam o centro dos acontecimentos. E em minha lembrança da campanha da Gália, sua presença é dominante. Diviciaco, o druida, amigo de César, principal estadista dos éduos, homem grave, prudente e honrado que uma vez fizera uma viagem a Roma e passara a noite na casa de Cícero, recebia uma aprovação toda especial de miss Gowrie. Encarnava o espírito do sul, da província romanizada; era capaz de honrar seus juramentos, e para César era o primeiro sinal de alarme da descida do invasor vindo do norte. Para miss Gowrie e para mim, era sempre um consolo pensar em Diviciaco, com seu confiável nome latinizado, e pensar que César não estava sozinho no meio da Gália turbulenta e desleal, onde os amigos transformavam-se misteriosamente em inimigos, onde uma derrota romana sofrida no norte ao nascer do sol era festejada no sul ao poente ou antes do fim da primeira vigília. César tinha Quinto Cícero, é verdade, bem como Labieno, os legados, mas Quinto, tal como o pobre Marco Túlio, era instável, e o sólido Labieno, durante a guerra civil, passaria para o lado de Pompeu; nossa opinião sobre ele, aliás, era que se tratava de um homem grosseiro, vulgar, desprovido da graça e da dignidade que César exigia de um amigo. Era Diviciaco, enfatizava miss Gowrie, com um assobio severo dos dentes, que tinha por César "*summam voluntatem, egregiam fidem, iustitiam, temperantiam*", e pelo povo romano "*summum studium*".

Justiça, boa vontade, moderação e *rara fidelidade* — por que esses substantivos de virtude comoveram o Catilina da escola? Na época, santamente ignorante, eu não percebia que minhas fortificações haviam cedido, que as forças da lei e da ordem estavam pacificando a cidade enquanto o estandarte da rebelião ainda tremulava sobre as muralhas. Quando me inscrevi no curso semestral de miss Gowrie, respondi à pergunta "Estabeleça uma comparação entre os dois irmãos éduos" com uma descrição da situação política da tribo que agradou enormemente a miss Gowrie mas que César, o historiador imparcial, teria olhado com desconfiança. "Bom!", escreveu miss Gowrie ao lado do trecho onde eu descrevia o pérfido Dumnórix como uma pessoa que personificava todas as piores qualidades do índio americano. Se a voz de Divicíaco era sempre grave e cautelosa nos conselhos romanos, a mão furtiva de Dumnórix estava por trás de todas as intrigas, todas as deserções, todas as dificuldades. Se os éduos deixavam de fornecer o grão prometido, quem estava por trás era Dumnórix; se os sequanos abriam passagem para os helvécios, era atendendo às sugestões de Dumnórix, que se casara com uma filha de Orgetórix, chefe dos helvécios. O leve toque de Dumnórix, como o de um selvagem, estava por toda parte. Por conveniência de clã, casava uma meia-irmã aqui, uma prima ali, chegando ao ponto de casar a mãe com um chefe biturígio. César sempre o perdoava, "devido ao amor que dedicava a seu irmão, Divicíaco", mas no fim Dumnórix acabou indo muito longe. Às vésperas da segunda invasão da Bretanha, fugiu com a cavalaria édua e César despachou seus próprios cavaleiros atrás dele, com instruções de matá-lo caso resistisse. "A morte de Dumnórix é irônica", escrevi (acabáramos de estudar a ironia na cadeira de literatura), "porque um homem volúvel morre incitando seus seguidores a continuarem fiéis a ele." "Muito bem", anotou miss Gowrie. Mesmo assim, Dumnórix morrera gritando que era um homem livre, filho de um estado livre — "*saepe clamitans liberum se liberaeque esse civitatis*".

Mais tarde, aqueles gritos de um homem acossado iriam ecoar dolorosamente em meu espírito, sobretudo durante a última guerra, quando se confundiram com os brados de outros gauleses, outros patriotas e líderes da Resistência, que traíram o pacto com o conquistador. Nesse momento passei a ver no "bom" Diviciaco o arquétipo do traidor e senti a maior irritação com minha antiga professora de latim por ter-me induzido, era o que me parecia, a entender mal as coisas. Hoje considero as coisas mais "equilibradamente" e encontro alguns méritos no ponto de vista de miss Gowrie. Nós também temos nossos práticos Diviciacos, e estamos convencidos de que são leais à causa democrática. A Pax Romana (em mãos democráticas, naturalmente) parece, uma vez mais, ter suas virtudes e compreendemos a importância da justiça, da moderação e da fidelidade rara. Embora César tenha inventado o cesarismo, tinha horror a sangue. Estremeceu e explodiu em lágrimas quando lhe entregaram a cabeça de Pompeu, que não havia pedido, e nas guerras gálicas apenas três atrocidades, insignificantes se comparadas aos padrões modernos, denegriam sua tradição de clemência: a flagelação até a morte de dois chefes e a amputação das mãos dos defensores do Uxellodunum. *Ave Caesar!*

Uma coisa, porém, parece-me evidente: Catilina era um bandido e um desordeiro, exatamente como afirmava aquele chato do Cícero. Acho que já sabia disso aquela noite na sala de ginástica. O que me intriga é uma sensação um tanto inquietante de que miss Gowrie, sem que eu desconfiasse, era minha co-inspiradora, que naquele ano nossas predileções estavam sempre se alternando, como as duas figurinhas que indicam o tempo num relógio alemão: quando uma sai a outra volta para dentro do mecanismo, reagindo a pressões atmosféricas. De súbito, evoco o estranho cuidado dedicado a cada detalhe de meu traje, como o pano indiano vermelho decorado com traços dourados, que tornava meu abrigo militar muito mais glorioso do que a história teria permitido, enquanto os trajes dos generais da República eram alugados em bloco num costureiro que fazia indumentárias para teatro. Tenho uma lembrança de minha própria surpresa diante do fato de miss Gowrie, a pedante, me deixar usar uma roupa que até eu reconhecia não ser adequada. Lembro também que me compraram as melhores sapatilhas brancas de bailarina, usadas apenas por profissionais, e que essas sapatilhas foram tingidas de púrpura para se transformarem em meus *calcei patricii mullei* (sapatos vermelhos de couro usados pelos mais altos magistrados), com fitas vermelhas que a própria miss Gowrie entrelaçou em minhas pernas. Eu era a única: até Cícero usava sandálias. Tudo o que Catilina usava era do bom e do melhor; estava vestido como uma estátua de alguma festividade religiosa primitiva — não é de se estranhar que as meninas da sétima e da oitava tenham aplaudido tanto.

Basta-me evocar a silhueta alta, de boneca, de miss Gowrie, com seus movimentos rígidos, sincopados, lembrar da rotação mecânica da cabeça redonda e das piscadelas dos olhos fixos, para reconhecer a possibilidade de sintomas clínicos atenuados da enfermidade que se adapta à rotina, ao desempenho de tarefas monótonas, enquanto o paciente "real", recolhido, vive num mundo de fantasias exuberantes e de símbolos. Desconfio, subitamente, que minha rebeldia infantil e minha vaidade demagógica talvez fossem instrumentos de algum sonho totalitário cósmico de miss Gowrie, exatamente como essas mesmas qualidades, amadurecidas no Catilina real, foram instrumentos de César. Na época isso não tinha a menor importância para mim, mas hoje não consigo tirar da cabeça a idéia de que Catilina, em sua brilhante indumentária, era um assassino que abateu o próprio cunhado e torturou um homem até a morte.

Seja como for, miss Gowrie arrependeu-se de seu *Marcus Tullius* com toda a energia de sua consciência presbiteriana. Poucos dias depois da apresentação denunciou-me à diretora por uma infração qualquer, sem importância. Depois César foi acusado; em seguida, Cícero. Quando chegou a época dos exames, virtualmente todos os líderes da república romana haviam sido proscritos. Em classe, ela se mantinha inalterada, paciente, chegava a estar amável com seu jeito abrupto e árido. Mas no dormitório aquela *doppelganger* esquisita, ou seja, seu dever, parecia tê-la dominado por completo, como um espírito mau. Sua gaveta estava cheia de canetas-tinteiro confiscadas; diminuiu o tempo dos banhos e quando demorávamos vinha bater na porta; dava a impressão de passar a metade da noite acordada, atenta para discernir vozes depois de apagadas as luzes.

Mas eu também tinha um dever, pelo menos era o que pensava — o dever de infringir as regras e de correr todos os riscos disponíveis, de modo a não me formar de maneira bem-comportada, banal, e à medida que a primavera se tornava verão e aproximava-se a última semana de aulas, minha sensação era de que os dois deveres opostos corriam irremediavelmente um em direção ao outro, como dois trens nos mesmos trilhos. Aconteceu numa noite de junho: ela me surpreendeu entrando pela janela da sala de ginástica depois de um encontro com um rapaz. Ficamos olhando uma para a outra, num reconhecimento pesaroso, miss Gowrie num roupão marrom e eu de uniforme molhado pelo orvalho. Ela dormia mal; ouviu um barulho e pensou que alguém tentara entrar na piscina. As duas sabíamos que o que eu fizera era o único crime considerado sério pela diretora. Miss Gowrie não me perguntou onde estive, mas me mandou subir para o quarto, onde não consegui dormir pensando se ela iria denunciar-me pela manhã. As aulas já haviam praticamente acabado, mas eu duvidava que isso detivesse miss Gowrie. E se ela contasse eu estava liquidada, imaginei, pois era contrário a meu código de honra mentir quando acusada diretamente.

No dia seguinte, depois do almoço, fui chamada à sala da diretora. Miss Gowrie havia contado. Depois dos primeiros minutos de conversa, *sem* que a diretora me perguntasse onde eu estivera, vi que afinal de contas conseguiria me formar se fizesse a concessão de mentir: eu era a primeira aluna da classe e a escola, como percebi, estava contando comigo para representá-la com destaque na universidade. As duas nos avaliamos firmemente; ambas entendíamos a situação e sabíamos que a mentira era um favor que me era pedido; não só em interesse próprio e no interesse da escola, como também no da coitada, desorientada miss Gowrie, que devia ter um pouco de bom-senso e não andar pelo meio da noite de roupão na última semana de aulas. Fui tomada por uma sensação de poder e magnanimidade cesárea. Eu ia mentir, não por razões egoístas, mas no interesse da comunidade, como uma pessoa adulta e responsável. Hesitei, procurando uma fórmula que não comprometesse demais o princípio. "Saí para fumar", foi o que acabei oferecendo; era verdade no sentido que de fato eu *fumara*. A diretora suspirou, aceitando aquela explicação pouco convincente. Pouco depois eu já estava em seu colo; nós duas chorávamos, principalmente de alívio, mas, em parte, pelo menos foi o que me pareceu, porque estávamos dizendo adeus a minha infância; de repente me senti velha e cansada, como a própria diretora. Poucos dias depois nossa classe festejava a formatura; miss Gowrie, vestindo um velho vestido de seda estampado, estava sentada na platéia olhando para nós com uma expressão magoada, perplexa, enquanto pronunciávamos nossos agradecimentos e despedidas com ar triunfante, vestidas de branco, usando nossos novos colares de pérolas, relógios e brincos, rodeadas por cestos de rosas e íris, enviados por nossos parentes e admiradores.

Miss Gowrie não voltou para a escola; revi-a uma só vez, naquele verão, depois das matrículas da universidade, e convidei-a para almoçar no salão de chá de uma loja de departamentos de Seattle. Foi um encontro estranho, vazio. Ela não estava ressentida por eu ter me formado, mas pude perceber que ela não achava nada para me dizer, agora que o contexto de trabalho e disciplina se acabara. Piscou assustada enquanto eu fumava e conversava animadamente sobre literatura e universidade, e tentava mexericar sobre a escola. Levei meu César e, juntas, a pedido de miss Gowrie, examinamos a tradução que caíra no exame de admissão à universidade. Meu desempenho não havia sido tão bom quanto esperávamos. Ela comeu uma sobremesa crocante chamada "frange", que estava em moda na cidade, e ficou um pouco indisposta. Cheia de culpa, tédio e de uma sensação de traição involuntária àquele misterioso indivíduo que parecia esperar de mim alguma coisa que eu não sabia como dar, fiquei confusa e esqueci meu César sobre a mesa. Mas se miss Gowrie percebeu meu esquecimento quando saímos, nada disse e prosseguiu seu caminho sóbrio, de volta para o Canadá e o Império. Quando voltei para buscar o livro na seção de achados e perdidos da loja, disseram-me que não lhes havia sido entregue. Afora a gramática latina, a única coisa que me ficou como lembrança de nossa relação foi um par de sapatilhas de balé da melhor qualidade, que permaneceu em meu armário durante quinze anos.

Neste capítulo há pinceladas semificcionais. Minha dissertação nos exames do meio do ano, por exemplo: na realidade não sei se me foi solicitado comparar os dois irmãos éduos nem se escrevi "A morte de Dumnórix é irônica porque um homem volúvel morre incitando seus seguidores a continuarem fiéis a ele". Mas esse era o tipo de pergunta que miss Gowrie teria formulado e o tipo de resposta que eu poderia ter dado. Em algum momento do trimestre, certamente, foi-me pedido que comparasse os dois éduos. A idéia de que Dumnórix era como um índio americano ocorreu-me muito mais tarde, ao ler, por acaso, a des-

crição da revolta de Pontiac. Pontiac era um chefe indígena, cujo irmão me fez pensar imediatamente em Diviciaco. É verdade que aqueles dois gauleses se incrustaram em minha mente como parasitas. Houve uma época, durante a guerra, que pensei em escrever um romance com interlúdios históricos sobre lealdades opostas; um dos interlúdios seria dedicado aos dois irmãos, outro a Parnell.

Miss Gowrie de fato *denunciava suas alunas favoritas por infringirem as regras. Denunciou-me por fumar, mas tenho a impressão de que isso não aconteceu no dia seguinte à apresentação de* Marcus Tullius. *Esse é um exemplo de como se "contam histórias": dispus fatos verdadeiros de modo a que se transformassem numa "boa história". É difícil vencer essa tentação quando se tem o hábito de escrever ficção; faz-se a coisa de maneira quase automática.*

Fui surpreendida voltando para a escola pela sala de ginástica depois de ter um encontro com um rapaz numa noite de primavera, pouco antes da formatura. Acho que foi miss Gowrie quem me surpreendeu, mas não tenho certeza. Às vezes acho que foi, outras que não foi. Lembro-me com mais clareza do que aconteceu depois. A diretora de fato incitou-me a mentir quanto ao que estivera fazendo. Ela chorava com facilidade; chorou novamente quando me formei, chamando-me de "prima Mary" (ela e meu avô tinham o mesmo sobrenome, Preston, e os dois tinham reconstituído juntos sua árvore genealógica), profetizando que eu seria um "ornamento" para a escola. Eu também chorei, e nossas lágrimas conjuntas convenceram-me de que fora uma aluna-modelo o tempo todo.

Se a verdade viesse à tona, porém, miss Preston teria sido obrigada a expulsar-me, pois o rapaz com quem me encontrei nos fundos da escola era uma pessoa estranha, um delinqüente juvenil. Perdera uma perna num acidente de caça e enveredara pelo mau caminho; tenho a impressão de que sua irmã havia sido aluna externa da escola, de modo que a diretora estava bem informada sobre seu caso. Na realidade, nossos encontros eram inocentes. Limitávamo-nos a fumar e conversar, mas ninguém jamais teria acreditado nisso. Eu mesma tentava apresentar aqueles encontros sob uma luz mais turva; escrevi um poema para ela na sala de estudos, influenciado por Swinburne, Edna Millay e provavelmente Dowson. Até hoje lembro das primeiras linhas:

Ah, garoto que amei e nunca mais vou ver,
Este é um adeus último e carinhoso.
Moço demais, você, você tão mau.
Ah, garoto, perdi-me em sua beleza,
Dê-me um sorriso e deixe-me partir.

A única coisa verdadeira nesse poema é que eu tinha um pouco de medo daquele rapaz bonito. A perna vazia de sua calça me comovia e as histórias que ouvia sobre sua criminalidade me fascinavam; dizia-se que estivera num reformatório. Tinha dezessete anos, um ano mais que eu.

Examinando esse episódio agora, vejo que reflete os dois temas de "Os Personagens do Relógio"; delinqüência juvenil versus *maturidade. O garoto aleijado era para mim uma espécie de Catilina, ou seja, uma imagem refletida do eu rebelde e provocador que me custava deixar para trás. Era por isso que eu me sentia velha em relação a ele, embora quando me representei como mais velha no poema pensasse que era apenas para criar um tom triste. Seu nome era Rex (rei), criando uma curiosa relação com meus estudos de latim. Percebi isso na época. O nome era parte do encanto que ele exercia sobre mim quando ficávamos sentados lado a lado no alto de uma pequena colina, com sua muleta jogada para um lado, enquanto membros mais jovens de sua quadrilha de foras-da-lei percorriam a floresta a nossas costas para avisar-nos se alguém se aproximasse. O poema era falso mas ao mesmo tempo verdadeiro. "Conta a mesma história" de "Os Personagens do Relógio".*

Meu avô ficou entusiasmado com Marcus Tullius. *Declarou, com toda solenidade, que era a melhor peça a que jamais assistira. Compreendi por que um advogado gostava daquela peça; sem dúvida, estava do lado de Cícero. Meu avô aplaudiu de pé, com força e durante muito tempo; quando localizo sua silhueta magra, agora, no auditório, mais uma peça do quebra-cabeça se encaixa. César, naturalmente, era meu avô: justo, lacônico, severo, magnânimo, distanciado. São exatamente esses os adjetivos que eu escolheria para descrever o Doutor Preston. Catilina eram meus ancestrais McCarthy — minha herança genética indômita, os piratas do litoral da Nova Escócia. Para minha surpresa, optei por César e pela regra da lei. Isso não significa que a alternância entre essas duas forças opostas tenha chegado ao fim; na realidade o que se poderia dizer é que ele só começou durante meus últimos anos na escola, quando reconheci a beleza de um ablativo absoluto e de um código de comportamento rigoroso. Eu não estava preparada para esse reconhecimento; foi como um encontro inesperado. Isso explica, suponho, a emoção jubilante que César e a língua latina provocaram em mim, como ainda provocam.*

As injustiças que meus irmãos e eu havíamos sofrido quando pequenos haviam-me transformado numa pessoa rebelde em relação à autoridade, mas também me haviam preparado para me apaixonar pela justiça assim que deparei com ela. Amei meu avô desde o início, mas os conflitos existentes entre nós (de que o leitor será informado a seguir) obscureceram um pouco esse sentimento, que foi derramar-se de uma só vez sobre César, que, na vida real, teria sido tão severo quanto meu avô (''A mulher de César deve estar acima de qualquer suspeita''), mas com o qual eu não tinha que lidar pessoalmente.

Na escola, nossas aulas de instrução religiosa eram ministradas pela viúva de um bispo. Enquanto católica, fiquei conhecendo muito bem o Novo Testamento — não é verdade que os católicos não lêem a Bíblia. Na escola episcopal, estudávamos sobretudo o Velho Testamento. A frase que até hoje ecoa em meus ouvidos é a de Miquéias: ''o que o Senhor requer de ti: É que pratiques a justiça, que ames a misericórdia e que andes solícito com o serviço do teu Deus''. Quando a ouvi pela primeira vez fiquei profundamente comovida: foi durante uma das aulas de Mrs. Keator (tenho a impressão de que ela também a escreveu na lousa). Parecia-me que uma nova voz havia falado, a voz despojada e protestante da verdadeira religião.

Ao mesmo tempo, aproveitei-me do fato de oficialmente ainda ser católica para não comparecer com as outras garotas à igreja episcopal aos domingos, onde o deão pregava regularmente um sermão de hora e meia. A mãe católica de algumas de nossas pequenas externas levava-me com ela à igreja católica, onde a missa do meio-dia durava apenas quinze minutos. Os cultos da capela da escola, pela manhã e à tarde, causavam-me grande satisfação, mesmo sendo atéia. Gostava dos hinos, das litanias e de ouvir a diretora recitar, ao cair da noite: ''Não fizemos as coisas que deveríamos ter feito; E as coisas que não deveríamos ter feito, fizemos; Não há saúde em nós''.

Nessa época meu avô costumava externar a esperança de que eu me tornasse advogada. Mas eu continuava sonhando tornar-me atriz;

participei de três peças na escola e no verão seguinte à minha formatura em Annie Wright a família permitiu que eu freqüentasse a Escola de Arte Dramática (a Cornish School, em Seattle), o que foi um desapontamento para minhas ambições, pois só aprendi eurritmia e recebi o papel de um pirata que não abria a boca, numa cena que, por alguma razão, se desenrolava debaixo d'água: nós piratas, só meninas, fazíamos movimentos estranhos, ritmados, para criar um efeito subaquático! Na universidade minhas esperanças renasceram; participei de diversas peças e recebi o papel de Leontes em Um Conto de Inverno *em meu último ano. Mas o ator com quem depois me casaria foi assistir à representação e me disse a verdade: eu não tinha talento. Eu mesma já começara a percebê-lo; assim, sem maiores discussões, abandonei o sonho que me acompanhou durante treze anos, desde que interpretara Iris numa peça da escola paroquial sobre o reino das flores. Em vez disso comecei a escrever, coisa que me interessava muito menos, principalmente porque era mais fácil. No mesmo momento em que renunciava ao teatro, sem que eu soubesse, Kevin estava começando sua carreira de ator na universidade de Minnesota.*

SETE

O PARQUE DE YELLOWSTONE

No verão em que completei quinze anos, fui convidada a ir até Montana por Ruth e Betty Bent, uma dupla de irmãs bastante excêntricas que haviam entrado aquele ano em nosso internato de Tacoma; eram de uma cidade chamada Medicine Springs, onde o pai era juiz federal. Eu previa uma resposta negativa de meus avós. Era muito jovem (diriam eles) para viajar sozinha de trem, assim como era jovem demais (diziam eles) para sair com rapazes e aceitar caronas em automóveis ou conversar ao telefone com vozes masculinas. Essa convicção de meus avós estava envenenando minha vida, pois mentalmente eu era velha para minha idade — era o que também comentavam os adultos do círculo familiar. Eu era tão mais velha do que *eles* em matéria de conhecimento do mundo que quando minha avó e minha tia-avó leram *O poço da solidão*, perguntaram-me o que as mulheres do livro "faziam". "Imagine só", ponderava minha tia-avó balançando a cabeça, ao tomar conhecimento da marcha do progresso: "hoje uma menina de quinze anos já sabe uma coisa dessas". Na escola, no horário de estudos, escrevia contos sobre prostitutas com "olhos como água suja de lavar louça", que meu professor de inglês, ao lê-los, recomendava mandar para H. L. Mencken opinar sobre eles. Apesar disso tudo — ou talvez exatamente por isso —, ainda me tratavam como uma criança a quem dificilmente se deixa tomar um ônibus sozinha, sem a companhia de um adulto. O argumento de que "todo mundo faz isso" não funcionava com meu avô, cuja mentalidade de advogado era excessivamente precisa para aceitar essa idéia. A seu ver, a responsabilidade que assumira com minha educação era uma coisa muito séria, já que eu era órfã e filha de sua única filha.

Como muitos tutores antiquados, porém, ele tinha um ponto fraco, que se poderia classificar como ocupacional. Tudo o que fosse educativo o interessava. Os vendedores de enciclopédia, conjuntos estereoscópicos e clássicos da literatura encontravam nele uma presa fácil, pois saltava sobre a isca como uma truta pula na mosca ou um lúcio na colher. Empunhava o talão de cheques exultante quando deparava com um gasto extra na conta da escola. Eu tinha aulas de música, professor particular de latim, aprendia tênis, equitação, mergulho; naquele verão, ele estava ansioso para que eu recebesse aulas de golfe. Ingressos para apresentações municipais, teatros e concertos, associações e bibliotecas — tudo isso ele via como necessidades que não deviam ser subtraídas de minha mesada — que eu devia dedicar a cremes para sardas e perfumes Christmas Night. Alguns dos livros que eu lia e algumas das peças a que assistia deixavam outros membros da família reticentes, mas meu avô não permitia interferência nessa área. Lançava-me um olhar de complacência por cima dos óculos quando me via deitada no sofá lendo um exemplar de *Conde Bruga* ou da *Virgem Curtida*. Eu me proclamava atéia e acabara de anunciar, naquela primavera, que ia para oLeste cursar a universidade. Um dos princípios fundamentais de meu avô era o direito da mente de desenvolver-se de acordo com suas próprias inclinações, e era tão rígido na aplicação desse princípio quanto era ''formal'' em questões sociais.

O verão anterior havia sido infernal para mim devido a sua conduta pouco realista. Na estação de veraneio que freqüentávamos, nas Olympic Mountains (minha avó, que não gostava dessas histórias de ar livre, sempre ficava em casa em Seattle), eu e ele havíamos nos transformado repentinamente num centro de atenções. Os velhos juízes e coronéis, as jovens esposas a quem os maridos vinham se reunir nos fins de semana, os jovens universitários conversadores, a anfitriã, que tocava piano para que dançássemos, até os meninos da escola preparatória, todos me olhavam com pena, eu sabia, pela maneira como meu avô se comportava — não permitia que eu me afastasse de sua vista, batia no assoalho do salão de danças para me avisar a hora de ir para a cama, plantava-se no cais munido de um par de binóculos sempre que algum rapaz dava um jeito de me convidar para um passeio de bote no lago, com duração cronometrada de quinze minutos. Certa vez, quando um homem de Nova York chamado Jones pediu-me para tirar sua fotografia com um salmão, meu avô viera correndo do salão de bridge para sair em nosso encalço pela vereda da floresta. Para descobrir o quê? Eu, dedicada a fazer o registro fotográfico de Mr. Jones sobre uma ponte rústica, nada mais. O que ele imaginava que podia estar acontecendo, afinal, às onze da manhã, a vinte metros da varanda onde ele jogava cartas com os amigos? O hotel inteiro sabia o que ele estava achando e ria da gente. Um garoto passou a imitar Mr. Jones segurando o salmão com uma das mãos e me abraçando com a outra, depois largando o salmão e fugindo consternado ao ver meu avô aparecer.

Meu avô não se importava; nunca se importava com o que as pessoas achavam dele, desde que estivesse fazendo seu dever. Para ele, eu tinha que me sentir perfeitamente feliz dando caminhadas até a cachoeira com ele e as esposas dos juízes e coronéis, medindo a circunferência dos pinheiros de Douglas; dando tacadas pelo campo de golfe; mergulhando de costas do alto do trampolim enquanto ele olhava com ar de aprovação, de braços cruzados; passando tardes inteiras manipulando sozinha a pianola: rolos danificados de *Tea for Two* e de uma música chamada "Linda Criança", que um rapaz dono de um carro conversível Marmon entoara em meu ouvido exultante enquanto dançávamos, até que meu avô viesse enxotá-lo.

Linda criança, vejam só! Minha sensação era que seria impossível suportar outro verão como aquele. Eu precisava ir para Montana e meu avô, eu sabia, só permitiria se eu o convencesse de que a viagem seria instrutiva e enriquecedora; ou seja, se a meus olhos fosse profundamente chata.

Não era preciso ser vidente para saber o que responderia a essas exigências: o parque de Yellowstone. Sentia vontade de bocejar só de pensar em gêiseres, formações rochosas coloridas, índios, ursos pardos, tendas, guardas-florestais, grupos de turistas munidos de máquinas fotográficas e automóveis cheios de crianças. Isso era uma indicação segura de que eu tinha a isca certa para agitar diante de seus olhos cinzentos, amáveis e severos. Era pena, observei casualmente na última carta que escrevi para casa, que fosse impossível realizar a viagem: as garotas tinham feito planos de me levar ao parque de Yellowstone. Foi o que bastou. Foi tão fácil quanto lhe vender a renovação da assinatura da *National Geographic*. A facilidade da coisa deixou-me um pouco deprimida, tirou um pouco a graça da aventura; uma das coisas mais desagradáveis da adolescência é saber manipular as pessoas.

Eu *tinha* que ir a Montana, afirmou meu avô com toda a decisão, depois de ter localizado o nome do juiz Bent na lista telefônica e de constatar que ele de fato existia: fato que me deixou levemente surpreendida, pois eu sempre tinha a sensação de estar mentindo para meus avós. Tudo o que eu lhes dizia era, geralmente, tão dissimulado e "enfeitado", em meus esforços de obter sua aprovação (pois, à parte qualquer outra coisa, eu gostava deles e tentava me adaptar a sua perspectiva), que a não ser quando respondia a uma pergunta direta eu ficava sem saber direito se o que estava dizendo era verdade ou mentira. Eu me esforçava de verdade, pelo menos assim imaginava, para não mentir, mas tinha a sensação de que era obrigada a fazê-lo devido a nossas diferentes visões das coisas, de modo que estava sempre transpondo a realidade para termos que pudessem entender. Para ficar em paz com minha consciência, evitava, sempre que possível, pregar uma mentira total, assim como, por medida de precaução, evitava dizer a verdade absoluta. Eu não mentira cabalmente ao escrever aquela frase. Digamos que tinha uma leve esperança de fazer uma visita ao parque de Yellowstone e que mencionara isso às irmãs Bent de maneira alusiva, pouco definida, ou seja: "Minha família gostaria que fôssemos até Yellowstone". Ao que as meninas haviam respondido com a mesma discrição: "Hmmm".

Em casa ficou decidido que eu iria de trem com minhas amigas pouco depois do encerramento das aulas, ficaria três semanas, o que nos daria tempo para "liquidar" com o parque, e voltaria sozinha de trem. Seriam apenas duas noites, dissera meu avô a minha avó; o juiz Bent poderia deixar-me aos cuidados do chefe do trem. As duas meninas assentiram gravemente e Ruth, a mais velha, piscou-me o olho enquanto meu avô repassava suas instruções.

Eu estava mortificada. Como de hábito, a atitude de meu avô parecia ter o objetivo expresso de me deixar numa posição ridícula diante de minhas amigas, para quem eu assumia o ar de mulher experiente. Muitas vezes tinha a impressão de que minha vida inteira não passava de um monte de mentiras, do começo ao fim, pois se por um lado eu era mais agitada do que pensava minha família, por outro era muito mais acomodada do que meus amigos imaginavam. Para esses últimos também, como fazia com minha família, eu passava o tempo inventando histórias, fingindo que um anel que me fora oferecido por uma tia-avó era o símbolo de um compromisso secreto, dizendo que ia sempre dançar no hotel Olympic, que um jovem literato que me escrevia estava apaixonado por mim — as histórias de sempre, só que eu não sabia. A única coisa que eu sabia era que havia um fato fundamental e comprometedor a meu respeito que meus amigos não podiam saber, algo que me queimava como a camisa do centauro: o fato de alguém descobrir que eu era considerada jovem demais para sair com rapazes, me era insuportável.

Mas cada palavra, cada gesto de meu avô parecia intencional para proclamar esse fato. Percebi uma alusão a esse respeito na maneira exagerada como nos despachou da estação de Seattle, instalando-nos em nossas poltronas com muitas recomendações para não falarmos com estranhos, para passarmos uma gorjeta para o encarregado do vagão-dormitório e dizermos uma "palavrinha" ao chefe do trem, enquanto minha avó secava os olhos com um lenço de renda e meu tio ria; o velho jardineiro e faz-tudo da família aconselhou-me a tomar cuidado para não aceitar dinheiro falso. Durante aquele suplício degradante, as irmãs Bent permaneceram educadas e deferentes, concordando com tudo (*eu*, porém, tinha uma tendência a não concordar com nada). Mas assim que o trem começou a se afastar da estação, Ruth Bent chamou o chefe do trem e disse que queria trocar nossa cabine por dois beliches superiores. As duas sempre faziam isso, explicou: duas pessoas podiam dormir muito confortavelmente num beliche superior e o dinheiro devolvido era lucro limpo.

Para sua idade, Ruth Bent era a pessoa mais ousada que eu já conhecera. Tinha dezessete anos, dois mais que a irmã, e a meus olhos parecia ter quarenta. Tinha um cabelo frisado castanho-avermelhado e usava brincos, óculos, boinas, vestidos estampados de musselina, um batom vermelho um pouco arroxeado e perfume Golliwog. Sua voz grave quase parecia a de um homem; sua pele era trigueira, sardenta; as sobrancelhas, modeladas a pinça, tinham uma tonalidade chocolate-escuro. Era miúda e sua silhueta graciosa ondulava em uma espécie de movimento trepidante. Na escola tinha fama de assanhada, fama que se baseava em parte nas roupas que usava e em parte na maneira direta como fixava seus olhos castanho-avermelhados em alguém, bem abertos e arredondados pelas lentes grossas dos óculos, de modo que o branco dos seus olhos parecia ovo duro. Para mim, parecia uma viúva alegre.

Na realidade, era uma garota séria, a seu modo enigmático; fazia parte do coro e era respeitada pela diretora da escola. Ninguém sabia muito bem o que pensar a seu respeito. Diziam que era vulgar (eu mesma não conseguia deixar de concordar) e que sua irmã, Betty, fazia mais o gênero da escola. Betty era uma garota com jeito um pouco masculino, de cabelo curto, rosto grande e fino, malares altos e olhos verde-acinzentados. Sua boca era grande e achatada; seu sorriso elástico ao estilo do Oeste descobria dentes brilhantes. Usava batom Tangee, alaranjado. Tinha uma voz mais suave que a irmã e tocava piano nos recitais da escola com um dedilhado rápido e saltitante.

As duas eram excelentes dançarinas. Ambas gostavam de andar a cavalo; daí vinha nosso conhecimento. No bolso de seus culotes de montaria pretos Ruth levava sempre um maço de cigarros, dos quais se servia calmamente assim que montávamos, sem se importar sequer com o major inglês que nos dava aula de equitação. O major gostava das duas meninas e lhes dava os melhores cavalos, deixando-as cavalgar por onde bem entendessem. As meninas Bent tinham alguma coisa — um certo equilíbrio, suponho — que tranqüilizava os mais velhos. Fizessem o que fizessem, jamais arranjavam complicação, enquanto eu estava sempre no ápice das boas graças ou a ponto de ser expulsa. Diferentemente de mim, não se esforçavam para afirmar princípios; simplesmente faziam o que tinham vontade, de modo despojado, impessoal, como duas forças da natureza — um vento de mormaço, toldado, e uma brisa leve e brincalhona. Para mim aquela atitude de serenidade das duas repousava sobre uma posição familiar socialmente sólida. Em Montana, diziam, tinham uma turma muito animada e a família lhes dava absoluta liberdade. Eram de uma cidade pequena, mas sempre havia alguma festa e tinham amigos pelo estado inteiro. Em Medicine Springs não iam me faltar namorados, foi o que me garantiram.

A geografia, naquela época, deixava-me insensível; lembrava-me do ginásio, das conferências com projeções e do estereoscópio. Conseqüentemente, eu não me preocupava em procurar Medicine Springs no mapa. As meninas haviam dito que o lugar fora um local de veraneio durante certa época, e aquilo bastara para que eu situasse a cidade ao norte, perto do Canadá, onde imaginava que se situassem as montanhas; para mim, associava-se vagamente a Saratoga Springs, corridas de cavalo, grandes hotéis de estilo vitoriano, jogadores, mineiros vindos da movimentada cidade de Butte. Fiquei assombrada ao ficar sabendo, na metade do caminho, que Medicine Springs estava situada no centro do estado e que teríamos que trocar de trem para chegar lá. Também descobri, com um tremor de culpa, que ficava muito longe do parque de Yellowstone; na realidade, não ficava perto de lugar nenhum que eu conhecesse por ouvir falar. Nem sequer estava assinalada no mapa das estradas de ferro de nosso guia ferroviário.

Trocamos de trem — esqueci onde — e tomamos um trenzinho secundário empoeirado com assentos de madeira. Eu jamais vira, antes, um trem como aquele, e fui tomada por uma premonição sombria enquanto atravessávamos uma pradaria, jogadas para todos os lados, com as meninas exultantes com a perspectiva de chegar em casa. Eu olhava e olhava pela janelinha para ver se descobria alguma paisagem, mas não via nada, nem rio, nem colina, nem árvore — só uma extensão plana de relva seca pontilhada pelos montículos de terra das tocas dos roedores, com algumas casas na proximidade das raras estações. Medicine Springs, quando chegamos, revelou-se uma cidadezinha plana e amarelada no centro de lugar nenhum. Havia uma rua principal, larga e poeirenta, com uma farmácia e um hotel sem pintura; várias ruas menores atravessavam essa rua principal, estendiam-se por um ou dois quarteirões, depois se interrompiam. Bastava um olhar para ver tudo. Atrás do hotel estavam situadas as fontes a que aludia o nome da cidade; ou seja, uma piscina sulfurosa de cimento, suja, sobre a qual se debruçava uma metade de árvore morta. Fazia um calor insuportável; a única sombra disponível, aparentemente, era a fornecida pelos postes telefônicos. Eu não podia acreditar que minhas amigas morassem naquele lugar; fiquei imaginando que devia haver um rancho em algum lugar, no meio da pradaria.

O juiz Bent nos esperava na estação; era um homem descorado, maduro, de cabelo escuro, e usava um chapéu de vaqueiro um pouco modificado. Colocou nossa bagagem no carro e preparei-me para um longo trajeto. Mas num instante chegamos ao lar dos Bent. A casa era um pouco maior que as outras por que passáramos, tinha uma varandinha na entrada e uma árvore. Outra casa munida de árvore foi identificada pelas meninas como sendo ''O Presbitério''; procurei em vão por algum tipo de vegetação. Aquelas duas casas de madeira, juntamente com outra, supostamente mal-assombrada, constituíam o bairro ''residencial'' da cidade.

Mrs. Bent apareceu à porta e tratei de exibir uma expressão de agrado e entusiasmo. Mas tudo o que estava vendo me chocava, quase me assustava; as dimensões modestas da casa, as paredes finas, a ausência de livros e quadros, a ausência de qualquer ornamento ou detalhe arquitetônico, a mesa que já estava posta no meio da tarde, sem flores nem centro de mesa, o fato de que evidentemente a própria Mrs. Bent se encarregava de tudo na casa, de que não havia quarto de hóspedes e de que eu ia dividir quarto e armário com Betty — e o banheiro com a família inteira. Aquilo não era exatamente uma reação esnobe de minha parte; se os Bent fossem pobres eu não teria me sentido tão contrafeita, tão paralisada. O que eu sentia era uma espécie de desorientação. Sabendo que os Bent não eram pobres, eu não conseguia "situá-los". Percebi que as meninas não tinham se dado conta de minhas dificuldades. Não haviam tido um vislumbre sequer de seu lar tal como o refletiam meus olhos vidrados. Isso era um alívio, mas, ao mesmo tempo, outra razão para espanto. No lugar delas eu teria morrido de vergonha.

Essa indiferença era típica da família. As duas meninas, embora muito afetuosas, não prestavam a mínima atenção aos pais, que pareciam um par de mudos na mesa familiar. Eu fora educada a não falar na mesa a não ser quando solicitada pelos donos da casa, mas nem o juiz nem Mrs. Bent pareciam estar conscientes de seu dever social de descobrir quem eu era, onde morava, o que faziam meus pais. Eu simplesmente estava ali, e eles aceitavam minha presença. O único fato que consegui extrair deles foi que o juiz Bent havia cursado Direito em Madison (Wisconsin). Quanto a minha proveniência, era-lhes tão indiferente quanto a da batata que o chefe de família depositiva em meu prato silenciosamente.

As funções de Mrs. Bent pareciam limitar-se a responder ao telefone e passar os vestidos de verão das meninas. Nunca se interessava por saber quem telefonava ou em que ocasião os vestidos seriam usados. Tive vontade que ela *perguntasse*, naquela primeira noite, durante o jantar, pois era uma questão que me interessava. Apesar do que observara a respeito de Medicine Springs, minhas esperanças começaram a se reavivar quando vi que estava prevista uma saída nossa para aquela noite. Minhas amigas falavam de um baile fora da cidade, na pradaria; alguém chamado Frank passaria para nos buscar em seu carro. Eu era muito presunçosa para ficar sonhando com vaqueiros, ainda que as meninas não tivessem me avisado que todos eles eram velhos sujos, que passavam o tempo cuspindo para os lados. Mas através de uma ou outra observação das garotas fui montando um quadro do que o Oeste autêntico estava me reservando: rapazes agradáveis, insinuantes, cujos pais possuíam ovelhas ou fazendas de gado, vestindo ternos de linho branco e locomovendo-se a bordo de conversíveis — e, provavelmente, cursando uma universidade no Leste. Imaginei um terraço comprido, uma churrasqueira e frascos de prata brilhando à luz do luar.

Mas em Medicine Springs não havia rapazes; todos os homens de Medicine Springs eram casados.

Essa informação desanimadora me foi comunicada aos poucos, precedida de outra informação que quase anulou seu efeito, como uma dose preliminar de novocaína. Nem *todos* eram casados; havia uma tênue exceção, aquele ''Frank'' que ia nos buscar num velho Ford. Era um rapaz de vinte anos, usava óculos e seu cabelo era completamente arrepiado; trabalhava como contador do hotel no verão e no inverno cursava a universidade estadual em Bozeman. Seu pai, Mr. Hoey, era gerente do hotel. Ele, os Bent e os proprietários da farmácia constituíam a aristocracia local. E era só. Tempos atrás havia um pastor na cidade, mas ele morrera, além de uma família de circo, mas ela tinha partido. Penso agora que devia haver um médico, pelo menos, bem como um agente funerário, mas a memória diz que não. Não. Provavelmente o farmacêutico assumia todas essas funções.

Fosse como fosse, eu estava tão arrasada com aquela iniciação em sociologia de cidade do interior, que as meninas me haviam ministrado a caminho do hotel, e pela visão do vestíbulo do hotel, contendo três cadeiras de espaldar reto, três escarradeiras, uma escrivaninha com uma caixa registradora, alguns papéis mata-mosca e Mr. Hoey, em mangas de camisa, que mal pude assimilar a novidade seguinte: naquela minha primeira saída oficial com um rapaz da cidade, ia sair com um homem casado. Betty também. Lá estavam eles, os maridos, esperando por nós junto a seus carros: um homenzinho de cabelo preto chamado ''Acey'', que consertava automóveis (era o de Betty), e um louro alto de cabelo ondulado chamado Bob Berdan, empregado da farmácia (o meu).

Mais tarde Ruth explicou que lá os homens casavam cedo ou iam para longe em busca de trabalho. Naquele inverno aconteceram diversos casamentos, de modo que só Frank sobrara, e Frank pertencia a ela, em sua qualidade de irmã mais velha, além de Acey, que pertencia a Betty e que era praticamente solteiro, pois estava se divorciando, depois que a mulher o abandonou. Em geral, havia rapazes passando o verão na cidade, mas naquele ano tinham tido a sorte de conseguir Bob Berdan, cuja mulher estava sempre visitando os parentes. Todas as garotas solteiras davam em cima dele; era o homem mais bonito de Medicine Springs, muito difícil de satisfazer.

Dos três homens, era certamente o de melhor aparência; fui forçada a admiti-lo, enquanto ele me estendia a mão grandona onde brilhava um anel e ficava ali parado me olhando nos olhos. Era vulgar, o cabelo ondulado demais, a pele escura demais para o cabelo, e o sorriso branco de anúncio de dentifrício me fez pensar em seu trabalho na farmácia. Mas, visto de longe, servia. Tinha um carro velho, no qual esperava que eu entrasse; Betty já se reunira a Acey em seu cupê de representante comercial.

Que fazer? Meu avô teria me dito para dizer boa-noite com toda educação e pedir para ser deixada em casa. O fato de que as outras me tivessem incluído em seus planos não era razão para eu me dobrar a eles. Hoje, pondo-me no lugar de meu avô, eu daria o mesmo conselho, o que prova como os mais velhos são pouco práticos e insensíveis. Na verdade eu não tinha nada a fazer senão entrar no carro, e foi o que fiz, instalando-me nervosamente num cantinho. Os três carros, com Frank e Ruth à frente, partiram em procissão pela pradaria. Eu podia ver que no carro a nossa frente a cabeça de Betty reclinava-se no ombro de Acey. Será que esperavam que eu fizesse a mesma coisa? Fiquei satisfeita ao constatar que meu cavalheiro estava ocupado manipulando o volante e cantando as canções de amor do ano anterior numa voz aconchegante. Olhando de esguelha para seu perfil bem-acabado, comecei a me sentir um pouco menos aterrorizada.

Pouco depois o primeiro carro parou e nós o imitamos. Achei que havia algum problema; a estrada era muito ruim, quase uma picada. Aparentemente, estávamos fazendo uma pausa para beber alguma coisa. Frank desceu e se aproximou com uma garrafa que entregou a Acey e Betty, depois a Bob e a mim. Bebi um gole e me engasguei. Era a primeira vez que tomava uma bebida forte, mas não queria que eles soubessem; as raras vezes em que eu tomara um gole de champanhe ou meio copo de cerveja canadense, em casa, em ocasiões especiais, haviam-se transformado, nas conversas com as amigas, em grandes feitos alcoólicos. Com Frank e Bob olhando, tentei novamente engolir aquela coisa ardente que estava dentro de minha boca; em vez disso engasguei novamente e a bebida escorreu por meu rosto e meu pescoço. Bob tirou o lenço e me aconselhou a tentar de novo. Eu não conseguia engolir. A essas alturas, os outros também tinham se aproximado de nós. "Isso é uísque?", perguntei cautelosamente; o cheiro era diferente do cheiro do uísque de meu avô. Era álcool de milho da melhor qualidade, disseram; Bob havia testado na farmácia. Um a um, foram empinando a garrafa e bebendo, para me mostrar como fazer. Não adiantava. Minha garganta simplesmente não queria aceitar a bebida; os engasgos sucessivos encheram meus olhos de lágrimas. Ruth sugeriu que eu tampasse o nariz, e dessa forma consegui engolir um gole grande que fez meu estômago balançar.

Não gostei nada daquilo; não senti a elação de que todos falavam; preferia que o médico pincelasse Argyrol em minha garganta a beber aquilo. Mas eles continuavam a me oferecer a garrafa; paramos diversas vezes a caminho do baile para beber mais; no fim, para meu horror (pois eu estava achando que finalmente a coisa tinha chegado ao fim), Bob retirou outra garrafa debaixo do banco de seu carro. Ninguém me obrigava a beber; podia muito bem recusar, como meu avô teria observado. Eles apenas me olhavam beber e notavam quando eu me limitava a encostar os lábios no gargalo, sem engolir. Eu estava com vergonha de ficar tampando o nariz, mas aparentemente não havia outro jeito de engolir, até que acabei descobrindo que podia ficar com o gole dentro da boca e fazê-lo descer devagarinho, quando ninguém estava olhando, poucas gotas de cada vez. Aquilo me impedia de falar por longos períodos. Bob Berdan cantava e eu viajava ao lado dele de boca bem fechada, cheia de bebida, que escorria ao redor de meus dentes enquanto o carro ia pulando pela estrada esburacada. Passado algum tempo ele apoiou o braço descuidadamente no encosto do assento.

Devo ter engolido mais bebida do que imaginei que fosse possível, pois mal me lembro do baile. Era numa espécie de barracão — nem estábulo chegava a ser; havia uma grande quantidade de homens de aspecto rude, mal barbeados, sem paletó, empurrando, agarrando e gritando, enquanto uma mulher de idade tocava piano. Fiquei com medo e nosso grupo não ficou muito tempo por lá. Não havia ninguém de nosso meio nem de nossa idade, só trabalhadores rurais e algumas mulheres mais velhas. Os homens de nosso grupo pareciam muito brancos e educados: não se enquadravam naquele cenário. Não saí de perto de Bob Berdan, que me parecia muito mais atraente do que há uma ou duas horas. Já estava quase imaginando que freqüentara a universidade.

Pode ser que nesse ponto tenhamos comprado outra garrafa.

Algumas horas depois, acordei num quarto estranho e descobri que havia um homem comigo na cama. Levei algum tempo para conseguir lembrar quem era: Bob Berdan, claro. Meu cavalheiro. Estávamos numa cama de casal; no alto brilhava uma lâmpada elétrica na ponta de um fio. Eu não fazia idéia da hora; provavelmente era manhã, a manhã seguinte. E eu não tinha a menor lembrança do quarto nem de como havíamos chegado lá. Enquanto tudo girava a minha volta, senti um tênue alívio ao conseguir, pelo menos, reconhecê-*lo*. Havia apenas algumas horas que eu o conhecia, mas, afinal de contas, eu o conhecia. Eu estava nua, dava para perceber pelo contato do lençol em meus ombros despidos, e estava com medo de levantar as cobertas para explorar aquilo um pouco melhor. Fiquei absolutamente imóvel, olhando para as vigas sem acabamento do teto. No quarto ao lado ouviam-se vozes e uma vitrola. Senti que minha vida tinha acabado. Bob estava dormindo com um dos braços a meu redor. Enquanto eu ficava ali, avaliando penosamente a situação, ele acordou, me aproximou com o braço e começou a murmurar ternamente. Eu ouvira dizer que os homens ficavam assim, depois... Estava horrorizada demais para concluir o pensamento. Na *primeira noite*, com o *primeiro* homem, pensei comigo mesma, sem prestar atenção nele, absorta em minha própria desolação estóica. Eu não o culpava, mas, se pudesse, tê-lo-ia feito desaparecer.

Pouco a pouco fui me dando conta de que ele tentava tranqüilizar-me. Nada tinha acontecido, murmurava ele; não me fizera mal. Eu nem tinha coragem de acreditar. Mas ele afastou os lençóis para me mostrar e, de fato, eu nem estava realmente despida. Só estava sem sapatos e sem vestido, mas de calcinhas e combinação. Ele também estava vestido: só tirara o casaco e os sapatos.

Explicou que eu havia vomitado e que as meninas tiraram meu vestido para tentar lavá-lo. Estávamos em casa dele; haviam-me posto na cama e eu apagara. Não era só isso, eu tinha certeza; aquilo não explicava o que *ele* estava fazendo ali, com os braços ao meu redor. Resolvi não perguntar. Se aconteceram carícias (do que eu estava começando a ter uma memória confusa), eu não queria saber. O principal, o miraculoso, era que minha idade me salvava. Sua voz estava cheia de emoção enquanto me contava que jamais se aproveitaria de uma meninazinha linda como eu. As meninas, brincando, declararam que ele tinha ficado caído por mim; o som de nossas vozes fez com que os outros viessem da peça ao lado para corroborar o que ele dizia. Elas me contaram que nada tinha acontecido, que tinham ficado ali perto o tempo todo.

As duas me perguntaram com solicitude se eu tinha tido um ''branco''. Fui forçada a perguntar-lhes qual era o significado da expressão. Era diferente, quis eu saber, de ''apagar''? Ah, muito diferente, respondeu Ruth: você anda de um lado para o outro, faz coisas, diz coisas, depois não lembra de nada. Um sorriso estranho, reminiscente, perpassou as fisionomias ali presentes; escondi o rosto nas cobertas. Não tinha problema, disse Ruth gentilmente: Betty também costumava ter brancos quando era menor. (''Menor?'', gritei para mim mesma. Quanto? Com doze anos?)

Com toda a tranqüilidade, como se aquilo fosse uma coisa que acontecesse todos os dias, as meninas ajudaram-me a pôr o vestido, que haviam limpado com a esponja e passado a ferro. Não era uma sorte, comentaram, Bob ser casado? Bob deu-me um beijo terno de boa-noite e Frank Hoey, que parecia um pouco embaraçado, levou-nos para casa de madrugada. Eu estava reunindo toda minha coragem para enfrentar o juiz e Mrs. Bent, encolerizados, de pijama, no meio da escada, mas todos dormiam na casa da família Bent. Quando, finalmente, descemos para o café da manhã, Mrs. Bent estava passando a ferro. A única coisa que perguntou foi um distraído: ''Divertiram-se?''. ''Bob Berdan ficou caidinho pela Mary'', anunciou Ruth rindo. ''Ah'', disse Mrs. Bent sem a menor curiosidade. ''Bob é um sujeito simpático; a mulher dele ainda não voltou?''

Durante as semanas seguintes, preocupei-me com o que Mrs. Bent poderia estar pensando. Ela devia saber muito bem que Betty saía com Acey e eu com Bob Berdan praticamente todas as noites. Mas na cabeça dela, aparentemente, saíamos com o que denominava "o bando", o que incluía a irmã de Frank Hoey e as filhas do farmacêutico. Sem dúvida imaginava que quanto mais gente houvesse, maior a segurança, ou que um homem casado podia ser considerado como responsável pelos outros; aparentemente era assim que ela via Bob Berdan, que tinha quase vinte e cinco anos. Mas na sua imaginação, o que o bando fazia das oito às três da manhã? Certamente ouviu-me vomitar diversas vezes no banheiro dos Bent e viu meu aspecto esverdeado no café da manhã.

Esse era o drama. Cada noite era, virtualmente, uma repetição da primeira. Eu não conseguia aprender a beber aquela bebida deles, mas não queria parar de tentar, de modo que passava o tempo apagada ou enjoada em todos os encontros que tivemos. Estávamos sempre bebendo em algum lugar (ou melhor, em lugar nenhum), e o corso de automóveis estava sempre parando para que eu vomitasse ao lado da estrada. Assim que eu acabava, a garrafa recomeçava a circular. Quando consciente, ficava boa parte do tempo muda, devido ao fato de estar com a boca cheia de aguardente que ainda não conseguira engolir; às vezes eram necessários dez minutos para fazer descer um gole. Eu dizia para mim mesma que era apenas uma questão de prática: veja só Ruth e Betty! Elas nunca enjoavam nem apagavam. E sempre tinham condições de me dizer o que eu fizera durante as horas de que não me lembrava, ou melhor, o que eu *não* fizera, que era tudo o que me interessava saber. Acho que a metade da cidade já estava sabendo de meu romance com Bob Berdan nos menores detalhes, inclusive que ele não estava "se aproveitando" de mim, devido a minha inexperiência e pouca idade. Todos diziam que ele estava caído por mim e eu aceitava a situação, embora fosse incapaz de imaginar o porquê, levando-se em conta os acontecimentos. Muitas vezes tinha a sensação de que eu é que estava me aproveitando *dele*. Estava um pouco cansada de seus beijos, que não me excitavam, talvez porque fossem sempre iguais e não conduziam a nada, somente a novos beijos. Eu desconfiava que ele era sentimental, o que me irritava. Quando o via na farmácia, de jaqueta branca e cabelo encaracolado, ficava com vergonha por ele, só porque podia vê-lo tão claramente *de fora*, um vendedor que seria vendedor para sempre, limitado, como seus beijos; plano, como a cidade.

Assim mesmo eu gostava dele. Acho que porque sentia pena dele, em alguma parte recôndita de mim mesma, a parte que já voltara para Seattle enquanto o que restava de mim estava entre seus braços. Na realidade eu o avaliava, sem dar-me conta, como avaliava os outros adultos, vendo-o tão limitado, finito e ao mesmo tempo atravancado, como todos eles, por uma misteriosa carga de sentimento. No fundo de mim mesma eu tinha uma certeza infantil de que estava me movendo, indo para algum lugar, enquanto os adultos a minha volta ficavam parados. Eu só era precoce intelectualmente; vivia aterrorizada com a idéia de perder a pureza, não por razões morais, mas por medo de ser considerada ''fácil''. Os cuidados de Bob a esse respeito eram sua única fonte de fascínio para mim, paradoxalmente. Nesse ponto, o fato de ele ser mais velho e casado tornava-o, de certa maneira, inatingível.

Sei que fiquei feliz com a trégua, porém, quando, depois de dez dias de Medicine Springs, as meninas ficaram inquietas, partimos com Frank e a irmã para viagenzinhas de dois dias a Helena e às Great Falls. Sugeri, esperançosa, o parque de Yellowstone, mas as meninas se esquivaram. Disseram que se fôssemos a Yellowstone os pais também quereriam ir. Podíamos fazer isso depois, quando voltássemos. A idéia das excursões tinha começado a me agradar. Das coisas que fizéramos em Medicine Springs, as únicas que eu poderia contar eram uma visita vespertina a uma fazenda de criação de ovelhas e uma visita matinal a uma fazenda de gado bovino, onde cavalguei por cinco minutos um cavalo velho e rebelde, tentando, em vão, trotar numa sela de vaqueiro. Uma noite, à luz dos faróis, havíamos visto os olhos vermelhos de um cavalo louco. Nada mais, exceto as tempestades que ocorriam todas as noites à hora do jantar e que faziam o céu ficar verde-claro no horizonte. Numa palavra, não havia nada para contar numa carta para casa.

Em Helena e Great Falls ficamos em hotéis; costumávamos pedir que nos servissem gim no quarto. De gim eu gostava, misturado com soda-limonada e gelo. Mais uma vez, nada para contar à família, embora na viagem para Helena eu tivesse tido uma estranha experiência. Como de hábito, ao partir levávamos uma garrafa de aguardente de milho, que passava de mão em mão enquanto o carro ia avançando. A estrada estava em más condições e, chegada minha vez, derramei algumas gotas nas meias de seda. Naquela noite, quando estávamos trocando de roupa para o jantar, encontrei vários furinhos em minhas meias, em todos os lugares salpicados pela bebida. Mostrei aquilo às meninas, que não entenderam absolutamente nada, pois, como me disseram, a bebida fora analisada por Bob na farmácia.

Fizemos diversas brincadeiras com o assunto e guardamos as meias como troféu; mas o incidente, por assim dizer, abriu um buraco em nossas mentes. Em Great Falls, Ruth chegou repentinamente à conclusão de que não gostava da cara do rapaz que nos levara o gim. O gosto era correto; o cheiro era correto; mas Ruth estava desconfiada, com as sobrancelhas escuras franzidas, enquanto acabávamos uma dose e começávamos a segunda. Quando bebemos a metade da segunda dose, largamos os copos de comum acordo. Ruth fez um pacote da garrafa para mandarmos analisar em Medicine Springs. Alguns dias mais tarde Bob Berdan garantia-nos que se tratava de álcool metílico. Se fosse verdade, devíamos estar mortos, pois cada um de nós tomou de 60 a 90 gramas. Na realidade, não sentimos o menor efeito negativo; talvez a aguardente local nos tivesse imunizado — embora não tivesse imunizado minhas meias. Mas os dois incidentes deixaram-nos mais cuidadosos, menos ousados. Naquela noite, em Great Falls, fomos respeitavelmente ao cinema, depois para a cama. Na manhã seguinte encontrei uma livraria, e enquanto os outros esperavam no carro entrei correndo para comprar uma coisa: o último volume, em edição de luxo, apresentada numa caixa, de James Branch Cabell.

Fiquei tremendamente excitada com aquele ato. Era o primeiro livro caro que eu comprava com meu dinheiro. Por um momento, tive a impressão de que toda a viagem a Montana valera a pena, ali parada na rua principal, sem graça, com o pacote do livro nas mãos. Eu estava apaixonada por Cabell; escrevera-lhe diversas cartas que não tinha tido coragem de mandar. Eu dizia a minha avó que sua vida toda se transformaria se lesse mesmo umas poucas páginas de Cabell, ou se me deixasse recitá-las para ela. E agora, como proprietária de um dos exemplares de uma edição limitada, sentia-me orgulhosamente mais próxima dele, muito mais próxima do que de Bob Berdan ou de uma das garotas, que já estavam tocando a buzina para que eu entrasse no carro e me unisse a elas. Eles jamais seriam capazes de entender — só Cabell o seria, imaginava eu — o significado, para mim, de encontrar aquele livro num lugar desolado como aquele. É assim que as coisas acontecem, nos livros de Cabell; buzinas soam, despertadores tocam, galos cacarejam para levar de volta o ardente sonhador para a realidade morna e sórdida das rotinas da classe média.

Passou-se uma coisa estranha, porém, quando afinal tirei o livro, cuidadosamente, de seu envelope de papel encerado. Fiquei desapontada. Disse-me a mim mesma que não era um Cabell muito *bom*; que talvez sua inspiração tivesse chegado ao fim (eu estava informada sobre a questão, é claro). Mas o tempo todo desconfiei que não era o livro que estava diferente dos outros livros de Cabell; era eu. Para mim, Cabell tinha "passado", exatamente como os adultos haviam predito. Pela segunda vez naquela viagem a Montana, senti que minha vida tinha acabado. Larguei o livro em silêncio; nem consigo me lembrar se algum dia cheguei a acabar de lê-lo.

Depois disso, só me lembro do retorno no trem. Evidentemente jamais fomos a Yellowstone e eu estava tendo problemas com minha consciência. Tinha a impressão de não ter nada a mostrar da visita, nem sequer um conjunto adequado de mentiras, pois a família Bent não possuía enciclopédia onde eu pudesse ter-me documentado sobre o parque, enquanto as meninas, por sua vez, só se lembravam vagamente dos ursos e de uma coisa ou outra. Meu avô, na juventude, costumava fazer levantamentos geodésicos nas férias da universidade, e certamente iria fazer diversas perguntas que eu não teria condições de responder. Por exemplo: havia montanhas no parque? Que tribos indígenas? Que tipo de rocha? Havíamos ficado num hotel ou havíamos acampado? Neste caso, onde? Yellowstone era muito grande. As informações miseráveis de que eu dispunha mostravam-me a enormidade da encenação que eu ia ter que fazer. Não era o medo de ser descoberta que me incomodava, enquanto o trem ia-se aproximando de casa, mas o fato de que devia a meus avós a cortesia de uma menina bem apresentada e decentemente documentada, já que eu não era o tipo de pessoa que se refugia em monossílabos.

Por sorte um grupo de turistas, dois homens e duas mulheres, recém-saídos de Yellowstone, embarcaram no trem. Levavam uma garrafa de bebida no vagão panorâmico e mostraram-se muito animados e amistosos, tratando-me como uma igual, embora tivessem uns trinta anos. Quando lhes expliquei a situação em que me encontrava, tiveram condições de me ajudar um pouco, mas não tinham a preocupação do detalhe que meu avô esperava de uma narrativa. Meu espírito crítico dizia-me que eles não estavam com o menor jeito de terem ido a

Yellowstone. Atribuí o fato à bebida; estavam se divertindo muito no trem para conseguirem se reportar a paisagens, índios ou tipos de urso.

Um chefe de trem idoso, de ar paternal, não parava de observá-los enquanto eles me compravam limonada depois de limonada. No segundo dia de viagem, eu estava sentada com eles no vagão panorâmico quando o condutor enfiou a cabeça pela porta e fez um sinal para mim, chamando-me. Levou-me até um vagão vazio, convidou-me a sentar e, olhando-me gravemente através dos óculos de aros de aço, disse que eu não devia mais conversar com aquelas pessoas. "Fique longe deles", disse. "Dê o fora neles." Por quê? perguntei; mas em vez de responder a minha pergunta ele saiu pela tangente e declarou que estivera me observando e que eu era uma das garotas mais limpas, mais encantadoras, mais leais que ele já tivera o prazer de encontrar. Que era por isso que estava falando comigo naquele momento, como faria com uma filha ou uma neta. Vi que estava com lágrimas nos olhos, comovido com o assunto. "Fique assim", disse. "Limpa, encantadora e sadia." Baixei os olhos, envergonhada e ao mesmo tempo emocionada com o que ele dizia. Eu não estava entendendo muito bem onde ele queria chegar, mas imaginei que meus amigos do vagão panorâmico deviam ser trapaceiros ou algo assim. Mesmo que fosse isso, eu não entendia que mal eles podiam me fazer e minha curiosidade não estava satisfeita. "Qual é o problema deles?", perguntei, diretamente. "Não me pergunte isso", disse o velho chefe de trem. "Mas acredite no que estou lhe dizendo, fique longe deles." Insisti e no fim ele me contou, baixando a voz e evitando meu olhar. "Eles trocaram de beliche", disse. "Ontem à noite." No início não entendi o sentido de suas palavras, pois imaginei que eram casados. Pensando que era por inocência que eu não entendia, ele esclareceu. Quando embarcaram, no parque, disse solenemente, as duas mulheres estavam juntas e os dois homens estavam juntos. "Durante a noite..." Interrompeu-se.

"Ah", disse eu, sem a menor ênfase, querendo dizer "Só isso?". "Você está entendendo?", perguntou. Assenti. "Então está vendo por que não deve conversar com eles?" Eu achava que entendia, de seu ponto de vista, e balancei a cabeça de novo, com relutância. Um mês antes eu teria discutido a questão, pois em que lugar poderia estar mais segura do que com dois homens e duas mulheres que só tinham olhos uns para os outros? Ou então teria discutido seus princípios. Mas agora eu não tinha mais coragem para contrariar suas instruções.

Ele ficaria arrasado se me encontrasse conversando de novo com eles depois do que me contara; iria dar-se conta de que cometera um engano a meu respeito. E eu estava me sentindo muito velha e cansada para explicar por que não estava chocada.

Por outro lado, parecia muito deselegante abandonar meus novos amigos só para poupar os sentimentos do velho chefe de trem. Senti-me presa num dilema que naquele momento era novidade para mim, mas que desde então tornou-se terrivelmente familiar: a armadilha da vida adulta, em que ficamos paralisados, debatendo-nos, incapazes de agir porque somos capazes de ver os dois lados. Naquela ocasião, como quase sempre daí por diante, conciliei as coisas. Ou seja, andei daqui para lá entre o chefe de trem e os dois casais, falando com eles quando o outro não estava olhando e deixando-os bruscamente sob um pretexto qualquer quando via seus velhos olhos fixando-me. Esse comportamento incoerente e os sorrisos copiosos, cativantes, com os quais eu tentava mitigá-lo, devem ter feito todos concluírem que eu não era muito equilibrada.

Novamente em Seattle, vi-me condenada à infância por mais três anos: foi preciso esperar os dezoito anos, quando voltei a minha casa depois do primeiro ano de universidade, para poder descer as escadas, vestida na última moda, e encontrar um rapaz a minha espera, conversando desajeitadamente com meus avós. Mesmo então, ao levantar o rosto macio para um beijo, meu avô me mortificava com a indefectível pergunta: ''Às onze em casa?''.

A viagem a Montana não deixou cicatrizes externas. Na verdade foi uma viagem educativa, no sentido de que não suportei o gosto de uísque durante anos; mesmo hoje, não consigo beber uísque puro — engasgo. E minha ansiedade por sair com rapazes ficou um tanto arrefecida; passou-se mais de um ano antes que eu começasse a encontrar rapazes, às escondidas, à tarde. Não sei se meus avós desconfiaram que eu jamais pusera os pés em Yellowstone. Acho que devem ter desconfiado, pois não fizeram muitas perguntas. Senti um prazer sombrio com a volta ao lar. Em casa pelo menos eu podia ser romântica, ficar deitada à noite no sofá, lendo e sonhando; eu gostava de olhar a Lua traçando um caminho no lago, além de nossos jardins, um caminho que convidava ao suicídio, como escrevi numa composição escolar. Do outro lado da sala, meus avós jogavam crapô, e quando minha avó perdia mandava-me ir até seu quarto buscar a bolsa de tapeçaria na gaveta dos lenços, dos binóculos de teatro e do revólver de cabo de madrepérola. O telefone raramente tocava e eu ficava quase feliz com isso, porque se fosse um rapaz seria necessário inventar alguma desculpa para explicar por que eu não poderia sair aquela noite nem nenhuma outra que ele eventualmente sugerisse. Em casa nunca acontecia nada, mas era uma atmosfera em que se podia pensar que o desconhecido, o improvável, talvez ocorresse nas profundezas do que nos era familiar, como os tesouros que eu era capaz de encontrar na gaveta da escrivaninha de minha avó.

E, de fato, foi o que aconteceu. Dois verões depois, na época em que eu freqüentava a escola de arte dramática, encontrei pela primeira vez o que costumávamos designar como "o homem de meus sonhos" (um ator com quem depois me casei); encontrei-o, imaginem só, numa apresentação teatral oferecida pela Associação Jurídica de Seattle, cujo tema era a Magna Carta, apresentação a que eu comparecia obrigada por meu avô, emburrada e sob protesto. Quanto às irmãs Bent, não sei o que foi feito da vida delas. A última vez que vi Ruth Bent, eu estava cursando o terceiro ano em Vassar; ela me telefonou de um vilarejo no vale do Hudson, convidando-me a ir visitá-la. Viúva aos vinte e um anos, rica, era diretora de uma fábrica de chocolates que o marido, que morrera num acidente aéreo, lhe deixara. Tive a sensação de que ela realizou seu destino: continuava parecendo ter quarenta anos, era uma executiva muito bem-posta, equilibrada e competente, com uma ruga entre as sobrancelhas. E já não era extravagante.

Exceto no que diz respeito à cidade e aos nomes das pessoas, esta história é absolutamente verdadeira. A única questão meio nebulosa é a história de Ruth trocar as passagens. Sei que foi o que fez, mas acho estranho o chefe do trem ter concordado. É possível que ele lhe tenha dado um vale e que mais tarde ela tenha sido reembolsada pela empresa em Seattle.

Tecnicamente, este capítulo deveria vir antes de "Os Personagens do Relógio", já que ocorreu um ano e meio antes da peça de miss Gowrie, mas achei melhor esta ordem porque em "O Parque de Yellowstone" eu pareço mais velha. Talvez porque não estivesse na escola. Além disso, em Medicine Springs fui obrigada a assumir um papel que "me fez crescer" de um dia para o outro. Uma vez fora daquele país das maravilhas onde todos os homens eram casados, recuei para minha idade verdadeira. Além disso, há uma outra explicação. Durante meus primeiros anos no internato, finalmente realizei meu desejo de fazer amizade com garotas mais velhas; com exceção de Betty Bent, todas as minhas amigas estavam no último ou no penúltimo ano. Seu único assunto eram homens, bailes e compromissos amorosos; uma delas, uma garota de dezoito anos, era noiva. Quando se formaram, tudo mudou; minhas amigas passaram a ser as meninas de minha turma, que, em geral, eram mais moças do que sua idade. Talvez uma das razões para isso fosse o fato de não haver nenhuma beldade entre elas. Interessavam-se por esportes, estudos e comida. A maior parte nunca saíra com um rapaz e muitas delas nem sequer fumava. Acabei constatando que a companhia de minhas contemporâneas era mais divertida do que eu imaginara; pelo menos não era tão cansativo. Eu não precisava fingir ter mais experiência do que tinha. Além disso, estávamos muito ocupadas em dirigir a escola, já que cursávamos o último ano; duas de nós estávamos nos preparando para entrar na universidade. Isso absorvia a maior parte de nossa energia e nos aproximava dos professores.

O leitor já ouviu falar muito de meu avô e quase nada de minha avó. Isso se deve, em parte, ao fato de ela ainda viver durante a maior parte do tempo em que escrevi estas memórias. Mais cedo ou mais tarde, porém, eu sabia que teria que me ocupar dela, do contrário a história ficaria incompleta. Mesmo depois de sua morte, senti uma certa relutância em fazê-lo, como se fosse tocar num nervo sensível. Além disso, eu seria levada a explorar o passado, minhas lembranças mais antigas, menos nítidas, e a ir ainda além disso, entrando no passado da família. A impressão de que há um mistério por trás da história que eu já escrevera cristalizava-se cada vez mais na figura de minha avó, que só aparecera como um nome, um soluço, um lenço de renda, um par de binóculos e um revólver de cabo de madrepérola. A família McCarthy, de grandes prosadores e fantasistas, revelava seus segredos com grande facilidade, mesmo que algumas de suas revelações tivessem uma realidade muito duvidosa. Como homem, meu avô Preston era um livro aberto. Quase toda a sua história era uma questão de registro público, e se continha capítulos secretos, esses capítulos ocorreram, precisamente, como descobri, no ponto em que sua história se encontrou, ou se fundiu, com a história de minha avó.

De acordo com uma das versões, os dois se conheceram durante um baile militar; ele usava seu uniforme de gala e os dois se apaixonaram à primeira vista. Mas isso não pode ser verdade, porque, que eu saiba, meu avô jamais esteve no exército; o relato que minha avó fazia do namoro tampouco coincidia com essa versão de "amor à primeira vista". "As famílias eram contra o casamento." Talvez, mas nenhum outro membro da família confirmou esse fato; nesse ponto os dois principais protagonistas eram impenetráveis. Enquanto cidadão, meu avô era um livro aberto; como marido, era um enigma. Minha avó é a chave; é possível que sua personalidade também explique o estranho favoritismo que me foi demonstrado e a fria reserva com que meus irmãos foram tratados.

Tudo o que sei dela encontra-se no próximo capítulo, o último. Ela e meu avô tiveram três crianças. Os dois filhos estão vivos, mas não têm descendência. O nome Preston se extinguirá com eles.

OITO

NADA DE PERGUNTAS

A maneira como fui educada tinha algo de estranho, de anormal; só agora, após a morte de minha avó, tenho condições de enfrentar esse fato. Ao morrer, ela não havia revelado sua idade, nenhum de seus filhos sabia e, seja qual for a cifra que encontraram em seus papéis, para mim isso continuou sendo um segredo. Certamente, tinha bem mais de oitenta e estava senil quando finalmente ''descansou'', há três anos, em seu casarão de Seattle — com seu pufe de tafetá dourado, sem dúvida, os anéis nos dedos e o relógio com mostrador azul e diamantes no pulso enrugado. É provável que nem ela soubesse mais a própria idade; estava confusa na última vez em que a vi, há seis anos, quando fui passar algum tempo com ela, depois que quebrou o fêmur. Enquanto olhávamos fotografias de família, que espalhamos pelo seu leito, ela balançava a cabeça e sorria com entusiasmo, sentada em meio aos travesseiros como uma arara no poleiro; envolta em sua plumagem de cabelo negro, ruge, lápis de sobrancelha e base. Reconhecia os rostos — seu marido de bigode, seu marido recém-barbeado, seu filho em uniforme da Primeira Guerra, seus sobrinhos, seu filho mais moço vestido de marinheiro, minha mãe trajada de bailarina espanhola, minha mãe de vestido de baile —, mas confundia os nomes. ''Meu pai'', declarou ela ao examinar a fotografia de meu avô, recortada do necrológio de um jornal. ''Filho'', ''marido'' e ''pai'', era tudo a mesma coisa, para ela. Sabia quem eu era e não me confundia com minha falecida mãe, o que não era muito lisonjeiro, pois geralmente eram as pessoas que ela havia amado, aquelas que não conseguia distinguir, fundindo-as numa única categoria — pai-filho-marido —, como no mistério da Trindade. Reconheceu imediatamente uma pessoa da família com quem havia brigado, antes mesmo que eu me lembrasse de seu nome. "É Gertrude!", proclamou, vitoriosa. Em seguida fez uma careta — a mesma que fazia quando a cozinheira trazia-lhe na bandeja uma coisa de que não gostava. Lembrei-lhe que havia feito as pazes com Gertrude alguns anos antes, mas ela balançou a cabeça. "Má como uma criança. Gertrude disse coisas horríveis a meu respeito."

"Você", disse-me ela um dia, bruscamente, apontando-me o dedo. "Você escreveu coisas más a meu respeito. Más." Não era verdade. Eu jamais escrevera sobre ela. Mas quando quis dizer-lhe isso, ela se negou a escutar e tampouco quis dizer de onde havia tirado essa idéia. Era bem o jeito dela. Colecionava rancores dispersos como sobras de fitas coloridas, e nunca dizia de onde os tinha tirado. Ninguém jamais soube, por exemplo, a causa exata de sua desavença com Gertrude. Naquele dia, sentada ao lado de sua cama, tentei conduzi-la a um estado de espírito mais positivo. Ela virou a cabeça para o outro lado no travesseiro e fechou os olhos; rugas longas e fundas corriam, como riachos de descontentamento, de seu nariz até os cantos de sua boca. Seguiu-se um silêncio sem esperança. Senti-me perturbada ao vê-la naquele estado; aquelas rugas profundas e amargas eram desconhecidas de mim, embora, sem dúvida, se tivessem cavado ao longo de vários anos. Não sabia se devia ficar ou partir, mas torcia para que a enfermeira entrasse. "Você escreveu sobre meu marido", atacou ela bruscamente, abrindo os olhos e franzindo o cenho no alto do nariz aquilino. Aquilo era um sinal de que estava divagando; em seus momentos de lucidez, falava-me dele chamando-o de "Vovô". "É verdade", concordei. "Escrevi sobre vovô."

Ela havia ficado muito zangada, embora jamais tivesse feito a menor alusão ao fato em suas cartas. Mas a razão exata de seu rancor, não consegui que ela me dissesse. Uma coisa era certa: eu jamais escrevera algo sobre meu avô que ela pudesse qualificar de "mau". Ocorreu-me que estivesse enciumada por não ter sido incluída nesses escritos; além disso, meu avô figurava em companhia de outras mulheres — uma Madre Superiora, uma tia fictícia, eu própria. Ao acusar-me de tê-la incluído, queria ela deixar entender que, na realidade, havia sido deixada de fora? Ela era capaz de uma tal contradição, mesmo antes de sua mente se toldar. Ou será que achava que a tia era *ela* — um personagem desagradável? Não tem jeito, não tem jeito, eu repetia para mim mesma. Sempre fora assim. Era impossível explicar-lhe fosse o que fosse, ou fazê-la entender que era amada. Rechaçava explicações, como rechaçava demonstrações de afeto, pois violavam sua intimidade, essa reserva tão ciosamente guardada — sacrossanta como as gavetas de sua escrivaninha ou a combinação do cofre que havia em seu armário —, onde ela se aferrava às próprias opiniões. "Olhe, vovó", comecei... mas desisti.

Eu queria dizer-lhe que: a) eu nada havia escrito sobre ela, sob nenhuma forma ou disfarce, e b) se assim agi, não era porque lhe atribuísse pouca importância, mas porque sabia que ela ia achar péssimo ser retratada. Durante aproximadamente quarenta anos ela se recusara a deixar-se fotografar. O último retrato dela, uma fotografia realçada com cores, estava sobre sua cômoda; mostrava uma mulher bela e imperiosa — num vestido de noite decotado, com pedrarias e com uma echarpe de gaze, a testa oculta por uma franja —, com o filhinho sentado no colo. Aquela era sua imagem oficial: nada a convenceria de que era tempo de substituí-la. Na fotografia reunindo as quatro gerações, tirada quando eu e meus irmãos éramos pequenos — meu bisavô, meu avô, minha mãe e as crianças —, minha avó está ausente. Na última vez em que vim visitá-la com meu filho, ainda bebê, eu lhe roguei que permitisse uma fotografia desse novo grupo familiar. Mas ela não o quis. Nos instantâneos que tenho daquele verão, em 1939, pouco antes da guerra, minha avó, mais uma vez, não aparece; uma sombra na grama, perto do parquinho das crianças, talvez indique o lugar onde ela se encontrava. No entanto, eu não me atrevia a chamar sua atenção para esses fatos, pois havia toda uma história por trás, a história de sua vida — cuidadosamente mantida, como sua idade, um segredo, do qual só partilhavam aqueles que lhe eram mais próximos, mas que todos havíamos reconstituído em linhas gerais, assim como nós todos sabíamos, calculando a partir de nossas próprias idades e pelas leis da natureza, que ela devia ter mais de oitenta anos.

No momento de começar a contar essa história, de clamá-la, por assim dizer, aos quatro ventos, experimento um mal-estar característico, como se sua sombra viesse interpor-se para me proibir de fazê-lo. Se eu acreditasse numa vida depois da morte, eu guardaria silêncio. Não gostaria de ter que me justificar perante ela, onde quer que nos encontrássemos — o limbo é o lugar onde melhor consigo imaginá-la, esperando por mim no alto de uma escadaria, os braços cruzados e o rosto coberto de creme, como costumava fazer, vestindo seu roupão japonês cor-de-rosa matelassê ou o verde com os dragões, quando eu deslizava cuidadosamente a chave na fechadura, entre duas ou três da manhã, com uma mentira, que eu esperava não precisar utilizar, tremendo na ponta dos lábios. Ela jamais me perdoaria pelo que vou fazer agora, e caso exista outro mundo, minhas explicações deverão ser ouvidas por Deus.

A mais remota lembrança que tenho é dela em seu carro elétrico cor-de-cinza, com as mãos elegantemente enluvadas sobre o volante. Não sei muito bem quantos anos eu tinha, mas foi antes de minha família viajar para Seattle, quando eu estava com seis anos. A caixa cinza deslizava ao longo da calçada diante de nossa casa de tijolos, na avenida 27, e podíamos vê-la descer, usando um vestido de noite, de sutache ou lantejoula, e um chapéu com um véu tão colado ao nariz aquilino que as pastilhas penugentas que o enfeitavam pareciam marcas de seu rosto. Seus sapatos eram recobertos por pedaços de tecido presos por botões de pérola; meu pai dizia que eram ''polainas'' e que alguns homens também as usavam. Viera visitar minha mãe e cheirava a perfume. O carro elétrico ficava parado durante muito tempo diante de nossa casa; um dia, meus irmãos e eu subimos no carro e conseguimos colocá-lo em movimento. Minha mãe nos deu uma surra com sua escova de tartaruga, mas meu pai ficou orgulhoso com nosso feito. ''Como é que esses pirralhos conseguiram?'', dizia ele, rindo; devíamos ter bem menos de seis anos.

A seguir, tenho a impressão de vê-la novamente em nosso banheiro, dizendo a minha mãe que cada um devia ter sua própria toalha marcada com o nome, para não passarmos resfriado uns para os outros. Naquela tarde, depois que ela saiu, havia uma toalha nova em folha para cada um de nós, dobradas no toalheiro, com nossos nomes escritos numa pequena etiqueta colada na parede atrás de cada toalha: ''Roy'' e ''Tess'' para nossos pais; ''Mary'', ''Kevin'' e ''James Preston'' para nós; meu irmão Sheridan era muito pequeno para ter a dele. Fiquei impressionada com a providência, que me pareceu muito elegante. Mas no dia seguinte meu pai já havia estragado tudo, usando uma de nossas toalhas, e em pouco tempo estavam todas misturadas novamente e as etiquetas caíram. Aquela foi a primeira vez (e a única, acho) que tive um sentimento crítico em relação ao despreocupado do meu pai, pois sabia que a senhora esquisita ficaria zangada com ele se pudesse ver nosso banheiro naquele momento.

Aos domingos, éramos levados, às vezes, à casa dela para almoçar, perto do lago Washington. Havia, lá, duas coisas que adorávamos fazer. Uma era ir para baixo da mesa enquanto os adultos ainda estavam comendo e encontrar a saliência no tapete onde havia a campainha que ela comprimia com o pé quando queria chamar a empregada. Aquela pequena protuberância, aquele montinho no tapete, era difícil de ser localizado, com tantos pés e saias de mulheres pela frente, mas acabávamos encontrando e tocávamos a campainha. Era bom ficar debaixo da mesa, com a toalha branca caindo a nossa volta como uma tenda. O tapete era espesso, macio e peludo, e se espiássemos para fora podíamos ver os pássaros exóticos no papel de parede. Não lembro de ninguém nos proibir esse exercício, mas num domingo, talvez no último em que estivemos lá, não conseguimos localizar a saliência e lembro até hoje a sensação estranha, a angústia que esse fato provocou em mim, como se eu tivesse sonhado ou inventado uma história, como se jamais tivesse havido uma campainha. Não nos ocorreu que a campainha devia ter sido removida para que não incomodássemos a empregada; o mistério daquele desaparecimento me perseguiu durante muito tempo após nossa partida de Seattle. Eu ficava acordada em minha cama nova pensando na campainha e desejando que me fosse dada outra oportunidade para encontrá-la. Cinco anos depois, quando fui levada, aos onze anos, de volta àquela casa, para aí morar, tive a alegria de encontrar a campainha exatamente onde eu a situava, entre os pés de minha avó e os meus.

A outra coisa de que gostávamos era rolar depois do almoço, pelos gramados que desciam do casarão até a borda do lago Washington. Rolávamos sem descanso, até perto da água, parece-me, e ninguém nos mandava parar enquanto não chegasse a hora de voltar para casa, com nossas roupas brancas domingueiras manchadas de verde. A grama parecia veludo; havia canteiros por toda parte e o cheiro de rosas; um irrigador jorrava em algum lugar; comíamos framboesas no pé. Infelizmente, quando voltei, descobri que tudo era sonho. O gramado não chegava até o lago, mas só até o quarteirão seguinte, e havia apenas um terraço gramado; o outro estava abandonado, coberto de mato, e sempre fora assim, garantiram-me. Eu rolava pelo único terraço gramado que havia, mas não era a mesma coisa; ao fim de cinco ou seis voltas, eu chegava embaixo, sem conseguir reencontrar a deliciosa vertigem de que me lembrava tão bem. As framboesas, que eu estava impaciente para comer, não nos pertenciam, mas ao vizinho.

Supostamente, a senhora esquisita era minha avó, mas não era assim que eu a via quando pequena. Ela não tinha cabelo branco, por exemplo, como minha outra avó — a verdadeira, a meu ver. Tampouco bordava, fazia tapeçaria ou ficava nos olhando por cima dos óculos. Não usava óculos, só um objeto bizarro pendurado numa corrente, que aproximava dos olhos quando queria olhar para alguma coisa. Com seu carro estranho, que não fazia barulho e era estofado por dentro num cinza muito claro, como uma caixa de jóias, seu véu enfeitado com pastilhas aveludadas, suas luvas encaroçadas (as protuberâncias eram resultado de seus anéis, como descobri mais tarde), sua campainha, seus terraços em declive, ela era uma personagem de conto de fadas que vivia numa casa encantada, também cheia de saliências: havia duas sacadas dando para o lago, quatro janelas oitavadas salientes e uma torrezinha. (Ela tinha uma irmã-fada, diferente dela, alta, de cabelo branco empilhado no alto da cabeça, em formato de cone, pico montanhoso ou sorvete de baunilha; um dia fomos visitá-la e sua casa também era mágica. Tinha um urso polar inteiro como tapete e o assoalho, brilhante como vidro, sobre o qual a gente andava e escorregava; sua casa era como um palácio de inverno ou como o pólo Norte, de onde vinha Papai Noel.) Eu não gostava da senhora esquisita do carro elétrico, mas gostava dos objetos que ela possuía.

A última vez que a vi nesse período primevo, de conto de fadas, foi no elevador do hotel Washington, onde estávamos hospedados porque nossa casa fora vendida e estávamos nos mudando de Seattle. Estava usando uma estranha máscara branca, como a do médico que me tirara as amígdalas; ouvi a palavra "epidemia", e acho que ela disse a minha mãe que nós também deveríamos usar máscaras, isso enquanto subíamos e descíamos de elevador — coisa que adorávamos fazer. Mas eu não gostava daquelas máscaras.

No trem, estávamos muito doentes. Então, um dia, voltei a vê-la num lugar onde ela ficava deslocada, um lugar chamado Minneapolis, onde minha outra avó morava. Eu estava convalescente, começando a melhorar, deitada numa cama de ferro no quarto de costura de minha outra avó, quando a senhora esquisita entrou, usando outro tipo de véu, um véu negro, que lhe encobria todo o rosto. Jogou o véu para trás e vi que estava descomposta, como se tivesse chorado. Ela se sentou em minha cama e o marido dela, vovô Preston, numa cadeira ao lado. Ela soluçava e ele lhe dava palmadinhas, dizendo alguma coisa como "Vamos, Gussie", que, aparentemente, era como ela se chamava. Ela enxugou os olhos com um lenço e os dois saíram nas pontas dos pés, dizendo para eu me comportar bem. Não entendi nada daquilo; eu me sentia confusa pelo fato de ela surgir em Minneapolis, quando eu sabia que ela morava em Seattle. Ninguém deu qualquer explicação. Ouvi a palavra "gripe"; mas só vários meses depois compreendi que eles estiveram lá para o enterro de meus pais. Quando finalmente deduzi que papai e mamãe não voltariam mais, senti uma espécie de alívio. Um dos mistérios, pelo menos, estava esclarecido; a senhora esquisita tinha ido a Minneapolis e chorara na minha cama porque a filha havia morrido. Só fui vê-la novamente cinco anos mais tarde, na estação de Seattle, usando um chapéu cujo véu, decorado com as pastilhas, lhe caía bem esticado sobre o rosto, bastante pintado e empoado. Nessa época, eu já sabia que ela era minha avó, que ela era judia e que tingia os cabelos.

A última informação acima era calúnia. Seu cabelo era naturalmente negro, negro como a asa do corvo e brilhante como uma meada de seda. Só quando estava com mais de oitenta anos, presa ao leito, é que apareceram os primeiros fios de cabelo branco em sua permanente espessa e luzidia. Ao escová-lo, as enfermeiras sempre ficavam maravilhadas ("Fantástico, não é mesmo? À primeira vista a gente é capaz de jurar que são tingidos"), mas esse triunfo sobre os que a caluniavam foi tardio. As enfermeiras podiam prestar testemunho, meus tios e as mulheres deles podiam prestar testemunho, eu podia prestar testemunho, mas a quem contaríamos? Dentro do círculo familiar mais próximo, sempre lhe tínhamos concedido o benefício da dúvida, embora me lembre muito bem da fisionomia contrafeita de meu avô quando ela foi fazer sua primeira permanente, pois naquele tempo esse tratamento não era recomendado a cabelos tingidos, que, dizia-se, ficavam verdes ou alaranjados. Eram as pessoas de fora — os parentes afastados, as senhoras que cumprimentavam minha avó nas lojas para depois virarem para o outro lado e sussurrarem algo — que eu teria gostado, naquele momento, de obrigar a engolir as insinuações anteriores; sobretudo minha outra avó, com sua questão sempre repetida, definitiva: "Quem é que já viu um cabelo natural *daquela* cor?". Mas ela estava em seu mausoléu, inatingível, e os outros também haviam partido. Minha avó — pobrezinha — sobrevivera a todos. Além disso, ela própria já não estava em condições de saborear ou sequer entender seu triunfo; nos bons tempos, ela me pedia que fosse buscar seu espelho na escrivaninha e, olhando-se de cenho franzido, dedicava-se a arrancar os escassos fios brancos, sem se dar conta de que eram a prova necessária para demonstrar que seus cabelos eram realmente negros.

Ela fora bela, "a mulher mais bonita de Seattle", costumavam dizer as mães de minhas amigas, acrescentando que minha mãe, em sua época, também fora a mais bonita da cidade. No que concerne a minha mãe, posso constatá-lo, mas minha avó não me parece bonita nas raras fotografias que há dela, na juventude. Distinta, eu diria, com um rosto comprido, estreito, orgulhoso e delicado, de nariz aquilino, olhos negros e a fronte coroada por cachos severos, um tanto masculinos, do tipo cultivado pelos poetas românticos. Um rosto bíblico, que poderia ter pertencido à jovem Raquel quando Jacó a viu pela primeira vez. Tinha as orelhas furadas e numa de suas fotografias ela aparece com um par de brincos redondos, como botões, que lhe emprestavam, de alguma maneira, uma aparência russa; em outro retrato, aparece com minha mãe menina, mas seu cabelo está preso por uma grande fita escura que a deixa com ar de estudante. Está com uma expressão suave, franca, séria — qualidades que eu jamais associaria à mulher acerba e desenvolta que conheci, nem à mulher madura da fotografia que imperava sobre a cômoda. Talvez as modas, fotografadas, sejam responsáveis por essas diferenças; talvez seu caráter se tenha alterado radicalmente durante os primeiros anos de casamento. O rosto comprido e sonhador tornou-se curto, largo e cordial; os grandes olhos se estreitaram e se aproximaram. A mudança é tão radical que inevitavelmente provoca a pergunta: "O que aconteceu?". A jovem das fotografias parece bem vulnerável; devia ser fácil magoá-la.

Ela chegou a Seattle vinda de São Francisco, onde seu pai era o que ela denominava "avaliador". Nunca consegui descobrir se com isso ela queria dizer avaliador de bens penhorados. Como seu pai saíra da Europa durante os conflitos de 1848, gosto de representá-lo como um refugiado político, mas, na verdade, nada sei. Assim como não sei, embora tenha perguntado a ela, de que parte da Europa ele era originário. Desconfio que era polonês, embora o sobrenome fosse alemão: Morganstern. Ela se chamava Augusta. Estas informações sumárias representam tudo o que ela parecia saber a respeito de sua infância e da vida de sua família, e achava muito intrigante que alguém quisesse saber mais alguma coisa. "Todas essas velhas histórias, Mary", dizia-me ela, um tanto irritada. "Por que você fica me perguntando sobre essas velharias?" Como quase todas as beldades, ela não era curiosa; durante quase dez anos, ignorou o nome da família que se mudara para a casa vizinha à nossa.

Ela ainda era garota qundo seus pais morreram. Foi quando ela e a irmã mais moça, tia Rosie, foram viver em Seattle com a irmã mais velha, Eva, casada com um importador de peles, chamado Aronson; tratava-se da dama do urso polar. As três haviam recebido aulas particulares; houve uma época em que minha avó costumava tocar piano — muito bem, imagino. Sua voz tinha um timbre agradável, e seus conhecimentos sobre música clássica eram surpreendentes. "Você era rica ou pobre?", perguntei-lhe uma vez, tentando descobrir a fonte daqueles talentos. "Meu pai ia bem nos negócios", respondeu. Havia lido os romancistas russos, e quando tentei apresentar-lhe Tolstói e Dostoiévski, deu sua risadinha seca e me disse que eles haviam sido a delícia de sua juventude. A vida inteira, conservou o gosto pelas longas crônicas que seguem o fio em gerações, de acordo com o modelo de *Guerra e Paz*. Detestava contos porque, segundo ela, quando se começa a conhecer os personagens, a história acaba; não valia a pena. Quando as duas chegaram a Seattle, sua irmã Rosie, que tinha catorze anos, foi dar uma olhada na universidade de Washington, recém-criada, e chegou à conclusão de que sabia mais que os professores, fato que achou deplorável, pois desejava muito seguir estudos superiores.

Tia Rosie era muito diferente de minha avó, o que não as impedia de conversar quase uma hora pelo telefone, todos os dias, ou ir "ao centro" juntas, à tarde, freqüentemente; minha avó ia buscá-la em casa, primeiro no carro elétrico, depois no Chrysler ou no La Salle. Tia Rosie era miúda, inteligente, muito falante e obstinada; tinha algo de ativista social e algo de boêmia. Casara-se com um simpático judeu de Nova York, Moses Gottstein, robusto e grande fumante de charutos, proprietário de uma loja de móveis, assinante do *New York Times*, com forte inclinação para discorrer sobre a atualidade, sempre com o charuto comicamente colocado num canto da boca vermelha, cor de cereja. Ele e tia Rosie muitas vezes passavam a noite acordados, sentados na cama de casal de nogueira, no quarto do andar térreo da casa. Tio Moses de roupão, lendo os jornais, e tia Rosie jogando paciência, que não conseguia abandonar enquanto não completasse. Tio Moses guardava uma lembrança comovida de Luchow e Jimmy Durante, que havia conhecido quando trabalhara como garçom, cantando enquanto servia. O enorme quarto de tia Rosie e tio Moses, atulhado de jornais e cartas e cheirando a fumaça de charuto, parecia um clube ou um café. Os dois costumavam ficar lá com os dois filhos, mesmo durante o dia, em vez de irem para a sala ou para a saleta, cujas paredes eram cobertas de fotografias autografadas por grandes cantores de ópera, violinistas e pianistas. Tia Rosie os "conhecera a todos"; quando moça, fora cantora solista, muito solicitada para casamentos e cerimônias especiais nas igrejas protestantes de Seattle. Mais tarde, fora encarregada de eventos musicais do teatro da cidade; o ponto alto de sua vida fora uma viagem a Vancouver com Chaliapine, a respeito de quem tio Moses gostava de implicar com ela, os pequenos olhos úmidos (mais tarde ele teve catarata) lançando raios por trás dos óculos e o rosto muito vermelho. Além de Chaliapine, tia Rosie conhecera outros artistas e diversas prima-donas, inclusive Mary Garden e Galli-Curci, que lhe haviam dedicado suas fotografias; graças a sua conexão teatral, conhecera Houdini e o Grande Alexander, de quem explicava os feitos mágicos pelo fato de haver um alçapão no assoalho do palco. Na época em que a conheci, ela dirigia o Clube Musical Feminino.

Comparada às irmãs, tia Rosie era pobre. Seu marido era o tipo de homem cronicamente fracassado nos negócios — o tio jovial que quase toda a família judia possui, a quem os outros precisam ajudar. Tia Rosie tinha uma só empregada para ajudá-la, não se vestia de acordo com a moda e vivia num bairro um tanto decadente, numa casinha de madeira que precisava de uma nova pintura. Além de suas atividades no mundo da música, também participava dos trabalhos da sinagoga. O livro de cozinha editado, para fins de caridade, pelo Amigo das Donas de Casa da sinagoga de Hirsch, muito utilizado na família — ainda possuo um exemplar —, contém diversas receitas fornecidas por Mrs. M. A. Gottstein. Seu frango cozido com macarrão, as almôndegas com molho de tomate e a torta de ruibarbo são muito diferentes das receitas fornecidas por Mrs. S. A. Aronson, minha outra tia-avó, que começam com instruções do gênero: "Tome um belo par de timos de vitela, acrescente uma xícara de manteiga, um vidro de creme de boa qualidade, *cherry* e um pouco de *foie gras*". Ou sua receita para ostras assadas: "Cubra cada uma delas com caviar e creme, e salpique pedacinhos de manteiga. Sirva bem quente".

Tia Rosie, com sua energia, seu bom coração, sua tagarelice e sua independência, era uma mulher muito querida em Seattle, por todos os tipos de pessoas, de qualquer classe social. As senhoras elegantes que gostavam de música desdobravam-se em amabilidades a respeito "daquela fantástica Mrs. Gottstein"; as judias pobres da sinagoga elogiavam-na; os pastores protestantes respeitavam-na (ela me contou que haviam tentando convertê-la quando moça, tal era o fervor com que cantava seus hinos); juízes, políticos, açougueiros, pobres alfaiates, balconistas de livrarias, todos a conheciam. Não permitira que os pastores protestantes a afastassem de sua religião, mas era uma pessoa autenticamente aberta, capaz de ultrapassar barreiras com a maior naturalidade, pois não chegava a notar que existiam. Os judeus de Seattle, em sua maioria, viviam um pouco apartados, preocupados com *bar mitzvahs* e casamentos, com negócios públicos e familiares. Uns poucos dentre eles, com sobrenomes acentuadamente germânicos, conseguiam cruzar a fronteira para o mundo dos gentios e fazer com que seus filhos fossem integrados às atividades juvenis tradicionais, abandonando sinagoga e preceitos religiosos. Tia Rosie era um caso único. Seu judaísmo — ou seja, sua energia e volubilidade — constituía um fator positivo em suas relações com a maioria gentílica. Se o casamento de minha avó (com um gentio) contribuiu um pouco para facilitar as coisas para tia Rosie, tenho a impressão de que ela nunca desconfiou; era muito segura de si mesma e não nutria invejas ou ambições. Em seu espírito benevolente, ser judeu era meramente uma questão de religião.

Cada uma das três irmãs tinha uma atitude diferente em relação a sua herança judaica, possivelmente influenciada, em cada caso, pelo homem com quem se haviam casado. Tia Eva — Mrs. Aronson, cujo marido, tio Sig, morrera havia muito tempo — era a típica viúva rica da aristocracia judaica. Viajava muito, com um grupo de amigos elegantes e compenetrados, com conexões em Portland, São Francisco,

Nova York e até mesmo Paris; jogava e freqüentava os balneários e os hotéis em voga; quando estava em Seattle, ia sempre ao Country Clube Judaico, onde se jogava golfe durante o dia e bridge à noite, com apostas altíssimas. O trem de vida daquelas pessoas — viúvas e viúvos, solteiros e divorciados, em sua maioria — passava muito além do que a *haute bourgeoisie* cristã local poderia ser capaz de conceber — a qual, aliás, não tomava conhecimento de sua existência. O que era recíproco, pelo menos no caso de tia Eva que, girando com perfeita elegância sua roleta de hotéis, iates, pistas de corrida e balneários, os cabelos brancos sempre bem penteados, parecia totalmente ignorante do fato de que havia uma sociedade não-judia bem embaixo do seu nariz, cujos feitos eram registrados diariamente — inclusive aos domingos — nos jornais, cujos membros eram ''vistos almoçando'' no hotel Olympic às segundas-feiras, ou jogando no Golfe Clube de Seattle, ou tomando banho de sol no Tênis Clube, junto ao lago.

Acho que tia Eva mal se dava conta de que o mundo continha pessoas que não eram judias. Também ignorava o que fosse inveja; tinha uma natureza serena e imperturbável. O casamento misto de minha avó, aparentemente, não lhe causou a mínima angústia; sua alta indiferença era sublime, um atributo real. Que meu avô não pertencesse ''à tribo'', como meus parentes irlandeses costumavam dizer, ela não dava mostras de perceber. Tudo o que fosse ''desagradável'', para tia Eva, estava excluído; raramente lia e se exprimia através de suntuosos lugares-comuns. Gostava de teatro e quando não estava viajando costumava, semanalmente, assistir às apresentações da companhia Henry Duffy, em Seattle. Minha avó, tia Rosie e eu tínhamos opiniões definidas sobre aqueles atores. Minha avó quase sempre se queixava de que o jovem protagonista era ''duro como um cabo de vassoura'', mas tia Eva não fazia distinção entre as peças a que assistia. Eram todas ''muito agradáveis''. Quanto aos atores: ''tiveram um ótimo desempenho''. Achávamos graça e tentávamos fazê-la reconhecer que algumas das peças eram melhores do que outras, mas ela se negava a atravessar aquele Rubicão: ela pressentia uma armadilha. Para ela, todas as peças e todos os atores eram iguais e, da mesma forma, suave e insipidamente bons.

Perto do fim da vida, sofria cruelmente do estômago (o *foie gras* e a xícara de manteiga, sem dúvida); era impressionante vê-la, após um almoço domingueiro na casa dos meus avós, majestosa e ereta, caminhando de um lado para outro na saleta dos fundos, reprimindo a ânsia de vômito; o rosto pálido, levemente contraído pelos espasmos de dor. "Gases", dizia com dignidade. Para mim era um suplício ver aquela dama tão aristocrática reduzida, pelo seu estômago, ao que me parecia ser uma terrível humilhação, mas sua decisão de ignorar tudo o que fosse "desagradável" aparentemente englobava aquele aspecto de seus sofrimentos; de certa maneira, ela os recebia com a graça de uma anfitriã. Meu avô se mostrava extremamente amável com ela durante aqueles momentos difíceis; acho que dos parentes de minha avó, era ela a sua favorita. Após tê-la ajudado com os negócios, deve ter-se dado conta de que, diferentemente das irmãs, tia Eva era extremamente estúpida. Talvez aquela burrice real, majestosa como a de um boi branco, tivesse despertado seu cavalheirismo, pois era um homem galante, ou talvez o andamento vagaroso e medido daquele espírito lhe fizesse esquecer que ela era uma das eleitas (outro epíteto clássico, caro a meus parentes irlandeses).

Quais eram os sentimentos de meu avô em relação aos judeus? Novamente, não sei; este era um dos muitos mistérios que cercavam nossa vida familiar. Ele quase nunca ia ao templo, a não ser para segurar uma das alças do caixão num enterro, mas era presbiteriano ianque por nascimento, filho de um oficial de West Point que dirigira uma escola militar em Norwich, Vermont, comandara um regimento negro durante a guerra de Secessão e se aposentara como general de brigada. Simon Manly Preston, meu bisavô (esposa: Martha Sargent, nascida em New Hampshire), viveu até os noventa e nove anos, os últimos dos quais em Seattle, onde era uma das curiosidades locais. Toda a sua prole, inclusive tio Ed, que também estudou em West Point, acabou se reunindo a ele em Seattle; meu avô Harold, meu tio-avô Clarence e minha tia-avó Alice, casada com Eugene H. Carr, um advogado sócio de meu avô, e que viveu algum tempo no Alasca. Meu avô viera pela primeira vez ao Oeste fazer levantamentos geodésicos durante as férias universitárias (começara seus estudos em Cornell, para concluí-los no que hoje é o Grinnell College, Iowa). Quando recebeu o diploma de letras, meu avô resolveu estudar direito em Seattle. Foi quando ele deve ter encontrado minha avó pela primeira vez, então com dezessete anos, mais ou menos, vivendo na casa do importador de peles, Sigismund Aronson. Será que esse sobrenome repercutiu desagradavelmente nos ouvidos ianques de meu avô? Provavelmente não. Seattle era uma cidade fronteiriça, onde se encontrava gente de todo tipo — franceses, holandeses, alemães, aristocratas e plebeus. Muitas das primeiras famílias imigradas tinham uma linguagem nobre (os de Turenne, os von Phul), mas isso não impedia que se dissesse, a respeito delas, que o bisavô "chegou aqui com uma trouxa nas costas". Minha avó tinha muitos admiradores, inclusive um certo George Preston, com o mesmo sobrenome de meu avô. Descobri que também tinha pretendentes judeus e que, pelo que pude observar, não fazia a menor distinção entre os dois tipos. Não via senão um sortimento de rapazes que a levavam passear; nada mais.

"Pelo que pude observar" — essa era uma questão impossível de esclarecer com minha avó. Creio que jamais utilizei a palavra "judeu" em minhas conversas com ela. Eu sentia que isso a desagradaria. Quanto a mim, costumava meditar muito sobre essa palavra, quando, de volta a Seattle, fui internada no convento do Sacré-Coeur. Pensei no assunto em parte devido às alusões injuriosas que ouvira da família de meu pai, mas sobretudo porque estava apaixonada por meu primo Burton, filho de tia Rosie, um rapaz alto e deslumbrante, dez anos mais velhos do que eu. Sendo católica, me inquietavam os possíveis obstáculos a nosso casamento: o laço de parentesco e a diferença de religião — será que ele se faria batizar? Aquela minha paixão se manteve secreta (pelo menos era o que eu esperava), mas mesmo que não o fosse, eu não poderia ter abordado o problema com minha avó, devido àquela palavra tornada tabu.

Eu mesma tinha uma atitude estranha, percebo agora, feita de uma mistura de anti-semitismo grosseiro (Isaac, Moisés, Abraão, eu gostava de cantarolar baixinho no convento) com paixão, tolerância genuína e distanciamento. Eu *gostava* muito mais de tio Moisés e da tia Rosie do que de qualquer outro adulto que conhecesse, e "Isaac-Moisés-Abraão" representava a opinião que eu emprestava aos "outros" a respeito deles. Era uma espécie de desafio. Ora, se eu me identificava um pouco a essas outras pessoas, minha mãe fora muito mais longe; um dia, encontrei uma carta que ela escrevera a minha avó McCarthy, na qual falava de uma noite com "os hebreus". A descoberta dessa carta foi um dos grandes traumas da minha adolescência. Rompeu a auréola na qual eu envolvia a imagem de mãe, e a idéia de que a mãe dela também tivesse lido essa carta (pois estava em minha escrivaninha, separada para mim juntamente com outras lembranças de família) quase me deixou doente.

Talvez eu estivesse exagerando a sensibilidade que eu atribuía a minha avó. Os laços da família com tia Rosie e tia Eva nunca foram mistério, e sempre que minha avó dava uma recepção, saía no jornal que Mrs. M. A. Gottstein e Mrs. S. A. Aronson haviam servido o chá. Era comum eu ouvir falar do *bar mitzvah* de algum primo distante, e uma vez fui levada a um casamento judeu, que me fascinou porque era celebrado à noite, no salão de baile de um hotel. Mesmo assim, havia *alguma coisa* — uma maneira de desviar do assunto, uma aversão por nomeá-lo —, tanto que levei um susto, certa manhã, quando tinha uns dezesseis anos, ao ouvir minha avó aludir a sua "fé". Eu andara conversando com ela sobre o fato de não acreditar mais em Deus, e, para minha surpresa, ela ficou muito agitada. Declarou que já não praticava sua fé, mas tinha certeza de que havia um Deus bondoso que tudo entendia e que velava por tudo. Exprimiu-se com muita ênfase e emoção — fato raro em nosso relacionamento.

Descobri por acaso que ela tivera admiradores judeus ao perguntar-lhes distraidamente os sobrenomes dos rapazes com quem saía; esse detalhe caracteriza bem sua natureza estranha, oblíqua. Ela me disse sem a menor dificuldade, sem parecer desconfiar que sobrenomes como Schwabacher e Rosenblatt pudessem ser reveladores. Parecia não mais se lembrar se esse casamento com um homem que não pertencia a seu povo havia sido um passo difícil de dar, e, evidentemente, eu não podia lhe perguntar.

Em relação a determinadas outras coisas, porém, ela era de uma franqueza notável. "Por que você se casou com vovô"?, perguntei-lhe certa noite, quando, já casada, fora passar uns dias com ela. "Rosie e eu não nos dávamos bem com tio Sig", respondeu sem vacilar.

Então fora isso! Eu mal podia acreditar no que estava ouvindo e me perguntava se ela se dava conta da enormidade do que acabara de me dizer. "Mas por que você escolheu ele e não qualquer outro?", insisti, pela honra de vovô, decidida a ouvi-la dizer que fora por causa dos olhos dele, ou de seu bigode, ou de seu intelecto. Ela pareceu procurar, em vão, na memória. "Ah, não sei, Mary", respondeu, bocejando. ''Você *tem* que saber'', insisti. Ela acabou concedendo que tinha achado que ele ia ser bom para ela.

Essa concepção arcaica do papel do marido deixou-me estupefacta. Mas para ela, como fiquei sabendo logo depois, essa era a consideração fundamental, a única. ''Ele é bom para você?'', perguntou-me ela outra noite, durante essa mesma visita, falando de meu novo marido. Tive que pensar um pouco, porque eu nunca considerara o casamento sob esse ângulo. ''Bem, é, acho que sim'', respondi indecisa. ''É, sim.'' Minha avó balançou a cabeça e abriu novamente o jornal. ''Bem, então está tudo bem.'' O assunto estava encerrado. ''Seu avô sempre foi bom para mim'', continuou tranqüilamente, dedicando-se às notícias turísticas e assinalando os nomes nos quais pretendia apostar no dia seguinte.

Qual era o significado daquelas palavras, para ela? Paciência, amabilidade, indulgência — ou casacos de pele e jóias? Ou era tudo a mesma coisa? Amor, evidentemente, era um conceito tão estranho para ele quanto aquela ''bondade'', para mim. Ela não queria ouvir falar de amor; era uma coisa que a agastava. A frase: ''Eu o amo'', eram sons sem sentido a seus ouvidos: quando eu as pronunciava diante dela, o que acabei tendo o bom-senso de não fazer, era como se estivesse falando chinês. Ela não tinha o menor interesse por histórias de amor — bobagens, afirmava — e costumava fazer troça dos atores de cinema, ídolos da minha adolescência. ''Ele tem uns lábios tão grossos'', dizia a respeito de Ronald Colman, e imitava sua expressão ressaltando o lábio inferior. ''E aquele bigode! Imagine só, beijar aquele bigode espetado!'' Quanto a Ricardo Cortez, ela afirmava, ''tem cara de quem está com dor de barriga''. Mas o seu favorito era Adolphe Menjou. Meu avô gostava de Lewis Stone.

Era mais prosaica do que cínica. Ridicularizava os rapazes que vinham me buscar para sair, durante as férias, isolando algum detalhe de sua aparência e o exagerando sem piedade: cabelos crespos, bochechas rosadas, lábios carnudos, orelhas grandes. Fazia isso sem maldade, como uma espécie de gracejo exultante, como se fosse *ela* a mocinha que faz troça dos namorados com as irmãs, assim que eles dão as costas. Aquilo nunca me incomodou (exceto com relação a Ronald Colman), mas o princípio me parecia injusto; para ela a parte era sempre maior do que o todo e certas características que ela notava teriam passado despercebidas a qualquer pessoa que não fosse frenologista.

Seu casamento fora um sucesso que ela atribuía a uma única e simples receita, como um dos conselhos oferecidos às donas-de-casa no final do livro de cozinha da sinagoga — como limpar arminho (friccionar com farinha de milho) ou tirar manchas de gordura de papéis de parede (flanela e álcool). Ela nunca deixou uma briga prolongar-se até o dia seguinte. Por mais enfurecida que estivesse com vovô, contou-me, sempre lhe dava um beijo de boa-noite. E, como corolário, por mais enfurecida que estivesse pela manhã, sempre o beijava antes de ele ir para o escritório. Ela me transmitiu essa receita, gravemente, depois que me divorciei; se a seguisse direitinho, garantiu-me, nunca mais teria problemas. O conselho me fez sorrir, tão remota era sua aplicação em meu caso. Mas ela balançou a cabeça com ar de reprovação enquanto tirava suas pérolas diante do espelho, preparando-se para ir dormir. ''Não se esqueça, Mary'', insistiu. ''Está bem'', respondi, descuidadamente. ''Não vou esquecer. 'Sempre lhe dê um beijo de boa-noite'.'' Para ela, aquele era um momento solene, como quando me falara de sua ''fé''; isso não me impediu que pouco depois ela também estivesse achando graça. Acabara de se lembrar de um incidente, e se pôs a me contar, representando as duas partes, que certa manhã vovô saíra para o escritório sem o cumprimento matinal de sempre... De certo ponto de vista, toda a sua vida conjugal fora uma sucessão de histórias cômicas, nas quais ela figurava ao mesmo tempo como vítima e heroína.

Essas histórias haviam começado antes de seu casamento, quando um cavalo disparara com ela e George Preston na charrete e vovô ficara terrivelmente enciumado. Depois, a lua-de-mel: ele a levara a Iowa para visitar sua família, que se estabelecera por lá finda a guerra de Secessão. Era inverno, e antes que partissem ele não parava de lhe perguntar se ela estava levando roupas suficientes. Ela sempre respondia que sim, mas a pergunta a intrigava e ofendia, pois a considerava uma crítica a seu guarda-roupa. ''Eu tinha roupas muito bonitas'', explicou. Acontece que ele estava querendo se referir a ceroulas, mas não ousava chamá-las pelo nome. Assim, ela partiu para Newton, Iowa, sem desconfiar de nada, com suas elegantes roupas de baixo de cambraia e renda — jamais suportara outra coisa em contato com a pele; seda lhe era muito áspera. No clima bárbaro do Meio-Oeste, ela quase congelou de frio, afirmou, e voltou coberta de frieiras. Além disso, quase morreu de tédio.

O provincianismo da família do marido a deixara horrorizada. Jamais encontrara pessoas assim, cuja noção de uma noite em sociedade consistia em ficar de pé ao redor da estufa, vestindo roupas de baixo compridas e pesadas vestimentas escuras, enquanto os homens contavam piadas ininterruptamente. Notava que a família do marido, com exceção de meu bisavô Preston, não gostava dela. "Me acharam extravagante e presunçosa." Não conseguia comer a comida deles nem usar a roupa que lhe ofereciam. Eles viam com desagrado suas roupas elegantes, seus sorrisos e risadas. Só riam — rapidamente — das piadas sem graça que contavam. Sozinha no quarto com o marido, ela chorava sem parar; finalmente, conseguiu que ele mandasse um telegrama para si mesmo, chamando-o de volta a Seattle. Após receber o telegrama, seu sogro, o general, os levou até Chicago, o que, supostamente, era uma festa. Mas, tendo-se hospedado numa pensão pavorosa, ela tampouco conseguiu comer o que era servido. Os dois homens passavam o dia na rua, visitando pontos turísticos, e os outros hóspedes deixavam-na amedrontada, tão turbulentos e grosseiros eles eram. Aquele foi o fim da lua-de-mel; no trem, durante a viagem de volta, ela fez meu avô prometer que nunca mais a levaria a Newton.

Em seguida, foram visitar a Feira Mundial de Chicago, com tia Eva, o que deu lugar a outro incidente. Ela e tia Eva haviam sido deixadas para trás, numa parada em Montana, quando o trem partira inesperadamente enquanto elas estavam comprando cartões-postais na estação. Um passageiro, ao ver o apuro das duas, saltou do trem e perguntou a minha avó: "Posso ser-lhes de alguma utilidade, Madame?". De alguma maneira (não lembro os detalhes), conseguira fazer o trem voltar para buscá-los ou esperar na estação seguinte até que chegassem de carruagem. Mas meu avô, terrivelmente ciumento, assim que as reencontrou, acusou minha avó de ter descido do trem para encontrar-se com aquele estranho. E ela jamais conseguiu convencê-lo do contrário.

Houve ainda uma vez em que a casa pegou fogo enquanto minha avó estava no centro, fazendo compras. Ao entrar no bonde, em Cherry Street, para voltar à casa (na época, morava fora da cidade, quase no campo), o condutor disse-lhe: "Mrs. Preston, sua casa está pegando fogo". Quando ela chegou em casa, deu com os bombeiros em plena atividade; Tilda, a empregada caolha (era verdade, jurava ela), carregando o piano, equilibrado sobre uma mão, como uma bandeja; e todos os meninos da redondeza sentados no gramado, lendo as cartas de amor que ela recebera de meu avô, que haviam encontrado na gaveta de uma escrivaninha. Houve a vez em que sua montaria disparou, em Gearhart, Oregon, e o incidente, parece-me, com um barco a remo. Houve a vez em que ela chegou a nossa casa (minha mãe tinha sido levada ao hospital, para ter nosso irmãozinho) e nos encontrou, os três, sentados no assoalho da sala fazendo uma fogueira com os livros de direito de meu pai e ameaçando-nos, uns aos outros, com seu revólver carregado.

Minha avó era uma excelente contadora de histórias, desde que se conseguisse convencê-la a contar alguma de suas aventuras. Representava todos os personagens com muito sabor, especialmente o próprio, soltando risadinhas involuntárias enquanto falava; quando acabava, tinha que enxugar os olhos com um lenço. A capacidade de achar graça de si mesma, aquele desvario perpétuo, fazia com que a víssemos naquelas situações desconcertantes, cujo enredo era clássico — o de um pesadelo, na realidade.

Alguém, geralmente um homem, lhe dá uma informação catastrófica, ou não consegue fazer-se entender, como no caso das ceroulas. Ou então é um cavalo em disparada, um barco à deriva, um revólver carregado; minha avó assiste a tudo impotente, enquanto algum acontecimento incontrolável se desenrola diante de seus olhos. (Havia o caso do afinador de pianos louco que entrara em sua sala, sem bater à porta, e desmontara o piano inteiro, enquanto minha avó olhava atônita, incapaz de interrompê-lo, fascinada com sua eloqüência torrencial: ''Um lindo instrumento, Madame... De modo que a senhora não cuidou direitinho de seu maravilhoso talento musical (imitação do homem balançando a cabeça). Creia, Madame, é uma coisa que a senhora deve ao mundo, a seu marido, a sua família, voltar para o instrumento...''. No final da história, evidentemente, o piano desmantelado jazia pelo chão; ele esquecera como se fazia para montá-lo novamente.) Nas histórias de minha avó, era sempre ela a perdedora; jamais conseguiu dominar a situação com uma réplica mordaz, como freqüentemente fazia na vida real. Mas como heroína que é, em geral, é salva no último minuto.

Nas suas narrativas, é sempre o outro que aparece cheio de um autocontrole quase sobrenatural — o estranho saltando do trem em movimento com um único pulo no ar, como um acrobata deslizando por uma corda, para inclinar-se a seus pés. Na realidade, a pessoa desconcertante, de poucas palavras, era *ela* — quando não estava contando uma história (e conseguir que ela contasse uma história, geralmente, exigia muita insistência), era ela que se mantinha impassível, rebarbativa. Quase todo mundo, inclusive meus amigos, tinha muito medo dela.

A primeira coisa que impressionava o estranho que a via nos seus últimos anos de vida — ou seja, a partir de seus sessenta anos —, era seu aspecto bizarro. Se você a encontrasse no centro, fazendo compras na Frederick ou na Magnin — e ela nunca fez outra coisa, todas as tardes de sua vida, exceto aos domingos, feriados e dias de corrida —, muito provavelmente perguntaria à balconista quem era aquela senhora: de altura mediana, um pouco rechonchuda mas não gorda, usando um chapeuzinho de copa alta enfeitado com fitas ou penas, escarpinas de salto alto, luvas de tecido, um lornhão de ônix decorado com diamantes, um elegante vestido preto ou azul-marinho (liso ou estampado) munido de uma pele — raposa prateada ou marta. Isso no verão. No outono, poderia estar usando um conjunto de lã verde-escuro com leopardo, ou preto ornado com pele de macaco, ou bege com carneiro. No inverno, estaria com um de seus casacos de pele: arminho, vison, astracã, esquilo ou carneiro. Percorria as lojas com um passo majestoso, parando para examinar alguma coisa em algum balcão, sorrindo para as vendedoras, fazendo pequenos movimentos com a cabeça. Suas roupas não deveriam chamar a atenção. Ela não gostava de cores vivas e nunca usou nada que não fosse preto, azul-marinho, verde-escuro, bege ou cor-de-vinho. O estilo de sua indumentária tampouco chamava a atenção por ser excessivamente juvenil ou ousado. Tinha muito cuidado com o comprimento de suas saias; seus vestidos eram bastante pregueados e cheios de pences, mas o corte era sempre simples e discreto. Usava brincos e um colar curto de pérolas; seus anéis ficavam escondidos sob as luvas. Sob as luvas, suas unhas, simplesmente polidas, mantinham a cor natural. Em sua penteadeira não havia batons. Mesmo assim, no conjunto, sua presença era de uma indescritível ousadia.

Em parte isso se devia ao cabelo incrivelmente preto e lustroso.

Em parte ao rímel e à sombra ao redor de seus estreitos olhos negros e atentos, embora esses artifícios da beleza não fossem aplicados de maneira descuidada, mas com apurada discrição. Talvez ao ruge, e principalmente ao ruge, ao pó-de-arroz e à base que havia por baixo. Quando ela transpirava, nos dias de calor, as gotinhas de suor sobre seu nariz aquilino coberto pelo véu e sobre o seu lábio superior desenhavam rachaduras, que lhe davam um ar tristonho, como se sua pele estivesse chorando. Mesmo assim, nem todo aquele cosmético nem o mundo de rematado artifício que sugeria podiam ser responsabilizados pela impressão curiosamente chamativa que ela provocava, ao mover-se pela loja, olhando as novidades através do lornhão, até desaparecer pelo elevador, rumo ao balcão de livros, à seção de roupas sob medida ou à de chapéus — seus domínios prediletos —, onde vendedoras idosas, *suas* vendedoras, se precipitavam para cumprimentá-la, acolhendo-a como se não a tivessem visto na véspera.

"A senhora tem alguma coisa para mim?", perguntava minha avó a Mrs. Slaughter, a encarregada ruiva da seção de chapéus da Frederick, inspecionando o local com uma espécie de graciosa coqueteria, apoiando uma das mãos no quadril. Era o tom que utilizava com os empregados da biblioteca, com o açougueiro ao telefone — um tom de gracejo e provocação, como se estivesse desafiando aquelas pessoas, seus pretendentes, a satisfazê-la.

Nos bons dias, Mrs. Slaughter mostrava-lhe dois ou três chapéus que haviam "separado" numa prateleira especial: "Acabaram de chegar", cochichava. "Reservei-os para a senhora." Minha avó experimentava os chapéus diante do espelho, inclinando a cabeça para o lado e para trás, num jeito muito peculiar a ela, ao mesmo tempo vaidoso e terrivelmente severo. Quando gostava de algum deles, ia até o espelho de corpo inteiro e submetia-se a um exame detalhado, colocando um dos pezinhos à frente e oscilando o corpo para a frente e para trás, aparentemente para avaliar a si própria e ao chapéu na balança do juízo final. Para meu desapontamento — quando eu assistia à cena —, jamais comprava imediatamente. Colocava o chapéu ou os chapéus novamente sobre a mesa, como se estivesse farta deles, e Mrs. Slaughter, que parecia ler seus pensamentos, fazia-os desaparecer na prateleira especial, onde esperariam, fora da vista dos clientes comuns, durante dias, às vezes uma semana, até que minha avó chegasse a uma decisão. O mesmo ela fazia com sapatos e vestidos; até com uma peça de carne ela era capaz de fazer charme. Era como se não quisesse dar às coisas a satisfação de perceberem que lhe agradavam. Para ela, qualquer artigo que se candidatasse a seus favores parecia integrar-se ao gênero masculino e, por isso, ficar sujeito a ser desdenhado. Isso não impedia os comerciantes de envidarem todos os seus esforços para satisfazê-la, pois era boa freguesa e, mais que isso, sob seus gracejos imperava o bom humor.

Gostava de fazer de conta que estava zangada com eles; na realidade, em todas as suas relações com os outros, assumia um ar de estar condescendentemente sendo pacífica. Suas vendedoras mais antigas elogiavam-na ("A cada dia que passa a senhora está mais moça, Mrs. Preston. Ninguém acreditaria que essa moça é sua neta. Faça-a passar por sua filha"), e ela ocultava o prazer que sentia com uma risadinha acerba e sarcástica. Na realidade, sentiam-se orgulhosos dela, pois parecia tão incrivelmente moça apesar de seu escudo de maquiagem; ela *poderia* passar por minha mãe. O afeto das vendedoras por ela era genuíno. "Cuide-se bem", exclamavam quando ela saía; algumas costumavam beijá-la. Minha avó fingia ficar desconfiada com aquelas manifestações; um músculo se movia em seu rosto, numa espécie de protesto, enquanto o beijo era dado.

Era solitária. Por isso chamava tanto a atenção e as pessoas viravam a cabeça para olhá-la, quando passava. A solidão é uma coisa chamativa; o guarda-roupa de minha avó e a maneira como se arrumava tornavam-se vistosos porque enfatizavam seu isolamento. Uma mulher idosa querendo se passar por mais jovem é espetáculo corriqueiro, mas o seu caso era mais estranho e mais triste — uma eremita vestida para uma ocasião de gala, uma reclusa que teimava em se exibir. Seguindo-a em seus passeios, mesmo muito pequena, eu percebia confusamente que ela era uma figura bizarra; se não a conhecesse, minha imaginação teria forjado alguma história em torno dela, como tema de composição para a escola — onde ela apareceria, no mínimo, como vítima de todos os que lhe eram próximos e queridos, o marido na prisão, os filhos rotulados como traidores...

Na realidade, durante os anos em que a conheci melhor — os anos posteriores a minha saída do convento, quando eu estava no internato de Tacoma —, ela tinha um marido; dois filhos, a quem via diariamente (um deles morava com ela e freqüentava a universidade, o outro morava do lado oposto da rua, com sua esposa exemplar); duas irmãs, a quem via quase diariamente; uma cunhada, tia Alice Carr, que morava no centro da cidade, no hotel Sorrento; uma neta (eu) que passava as férias escolares em casa; uma cozinheira; e um velho jardineiro que estava com ela havia vinte e cinco anos — o antigo cocheiro. Todas essas pessoas lhe eram devotadas. Era independente; tinha seus próprios investimentos e dirigia seu próprio carro. Todos os invernos meu avô a levava para a Califórnia, onde comiam nos melhores restaurantes, hospedavam-se nos melhores hotéis e freqüentavam as corridas de cavalos em Santa Anita e Tia Juana, do outro lado da fronteira. Ele era um cidadão distinto, com uma próspera clientela jurídica, uma reputação de perfeita integridade e inúmeros amigos e conhecidos. Durante meu segundo ano no internato, ele a levou a Nova York, onde haviam assistido a praticamente todas as peças em cartaz e onde ela mandara fazer uma roupa num modista muito elegante, numa cor nova chamada "kasha", cópia perfeita de um traje usado por Katharine Cornell em *The Green Hat*; em seguida, partiram para Washington, onde foram recebidos por Calvin Coolidge.

Minha avó não tinha de que se queixar. Sua saúde era boa, excetuando uma diabetes pouco acentuada, que o melhor especialista local mantinha sob controle, e um pouco de pressão alta, que não era perigosa, mas lhe provocava dores de cabeça à tarde. Mas não se queixava; ficava um tanto irritadiça, às vezes, quando estava com enxaqueca, mas tinha um humor estável, resultado, sem dúvida, de autodisciplina. Nós duas discutíamos um pouco; ela tinha muito a censurar em minha conduta. Ficava muito preocupada com as horas tardias em que o filho mais moço voltava para casa, mas nunca zangava ou ralhava. Só muito depois, quando ficou senil, é que se transformou numa pessoa de trato difícil, caprichosa e ranzinza, fazendo a cozinheira voltar à cidade para trocar um pincel de rímel que não lhe agradara, empurrando a comida para o lado, resmungando e fazendo caretas.

Mas enquanto não chegou à segunda infância, parecia, na superfície, uma mulher satisfeita, bem situada na vida, controlada, pouco emotiva. Os únicos golpes que sofrera, que eu soubesse, haviam sido a morte prematura de minha mãe e uma operação de mastoidite que deixara algumas cicatrizes logo abaixo das orelhas, no pescoço e na parte de baixo das bochechas. Se me ignorava durante alguns dias ou repentinamente parava de falar com Gertrude, ou ficava de mal com o irmão de meu avô, tio Clarence, tudo não passava de mero capricho —

o privilégio da beleza — que não fazia mal a ninguém. Não era uma pessoa exuberante, mas seus filhos, seu marido e sua nora tampouco o eram; todos pareciam farinha do mesmo saco. Eu era a única pessoa efusiva da família — sem contar tia Rosie.

Quando fui levada a Minneapolis para viver com meus avós (cuja casa ficou sendo meu lar oficial até eu casar, aos vinte e um anos), fiquei impressionada, como uma meninazinha, com a casa e suas instalações: o divã sob a janela oitavada da sala, a vitrine com as opalinas de Tiffany e as xícaras de cafezinho, todas diferentes, o papel de parede de ráfia, as cortinas de ponjê, as varandas para dormir durante o verão, no andar superior, o pilriteiro na frente da casa, o velho estribo de carruagem com o nome ''PRESTON'' gravado em um dos lados, a data ''1893'' no alto da porta da frente, o *kelvinator* na cozinha, o sistema de campainhas, o gerador na garagem, que carregava o carro elétrico, o samovar de prata, os cálices para vinho do Reno (jamais utilizados), com bojos verdes e hastes de cristal. Para mim, a casa era uma espécie de grande brinquedo, cheia de possibilidades para experiências e descobertas; eu estava sempre mudando de quarto de dormir: dormia na varanda, atrás de meu banheiro, no quartinho do último andar, sob os beirais, perto do quarto da cozinheira, de novo em meu quarto verde e lilás; uma vez recebi permissão para dormir ao ar livre, à luz do luar, no gramado dos fundos, que dava para o lago.

O quarto a mim reservado fora inteiramente reformado e pintado; ganhei uma porção de roupas novas, bonitas, feitas pela própria costureira de minha avó; o jardineiro me levava a passear no carro elétrico e me deixava tentar dirigir; eu não era mais obrigada a usar óculos, como em Minneapolis, e podia ler o que bem entendesse da biblioteca da família: Dickens, Frank Stockton, Bulwer-Lytton, Sienkiewicz, Elsie Dinsmore (cujos livros haviam pertencido a minha mãe). Eu podia olhar pelo estereoscópio ou tocar um disco velho de ''Casey at the Bat'', na vitrola nova. Tudo o que possuíamos parecia melhor do que o que os outros possuíam — as flores de nosso jardim e os legumes à mesa, cultivados na horta atrás da casa, em vez de comprados, como o faziam todas as outras pessoas. Também tínhamos canteiros de morangos e renques de groselheiras, uma macieira silvestre, dois tipos de cerejeiras, negras e Royal Anne e, raridade em Seattle, a árvore favorita de minha avó, um pé de damasco. No Natal tínhamos nosso próprio azevinho, cortado de uma árvore que ficava na frente da casa; a idéia de que aquele azevinho era superior a todos os outros permaneceu na mente de minha avó até o final, pois todos os anos, até ela morrer, eu recebia uma caixa logo antes do Natal, na Nova Inglaterra, vinda de Seattle, cheia de galhos de azevinho da árvore da família Preston. A concepção de jardinagem de minha avó era uma coisa elegante, pessoal; jamais fez parte de clubes de jardinagem ou examinou catálogos de sementes, jamais trocou mudas ou comparou observações com outros jardineiros. Todas as manhãs depois do café, dava suas instruções ao velho jardineiro, depois descia da porta dos fundos com um chapéu de palha e uma cesta enfiada no braço, para colher flores para os ramalhetes daquele dia e supervisionar o novo canteiro de aspargos que o jardineiro estava preparando ou o plantio de uma nova variedade de milho que estavam experimentando.

Era delicadamente gulosa, pois sem parecer sequer tocá-los, dava cabo de uma tigela cheia de damascos frescos ou a uma dúzia de mínimas espigas do milho mais tenro, passadas na manteiga. Tinha uma avidez incontida pelos primeiros frutos da estação: as menores ervilhas, o milho mais novo, beterrabas mínimas cozidas com as folhas. A importância que atribuía à juventude dos produtos da horta tornava seu apetite caprichoso algo indecente — canibalesca, como se pertencesse a uma espécie que devora os próprios filhotes.

"Tome um franguinho de leite", começavam muitas de suas receitas, e a frase freqüentemente temperava sua conversa. "Ela não é nenhum franguinho de leite", comentava sobre outra mulher. Beterrabas miúdas, batatas novas, aspargos novos, brotos de feijão, ostras minúsculas, camarões miúdos, espigas leitosas de milho — tal como as roupas de minha avó, nossa comida era quase refinada demais, inadequada para o uso diário. As especialidades de nossa mesa eram como as de um hotel ou clube de primeira: coquetel de ostras Olympia; siris gratinados; uma salada, servida como entrada, que começava com uma fatia grossa de tomate sobre a qual se equilibrava um fundo de alcachofra contendo carne de caranguejo, que por sua vez era recoberto com molho rosado e salpicado com clara de ovo ralada; um salmão jovem servido num molho de *cherry* com ostras e camarões miúdos; ovos recheados de fígado de galinha. Comíamos esses pratos de festa todos os dias; cada refeição era uma surpresa, destinada a agradar algum dos membros da família, como se todos fôssemos inválidos que é preciso "tentar". Aos domingos, o sorvete, batido pelo jardineiro na sorveteira colocada no degrau da porta dos fundos, tinha o desígnio de me agradar; tínhamos sorvetes de morango (feito com nossos morangos), pêssego, menta (feito com balas esmagadas), e o que eu vivia pedindo — *bisque*.* Nossa geladeira estava sempre munida de uma tigela de maionese recém-feita, uma tigela de molho rosado e, geralmente, um frango ou um peru e uma *bavaroise* ou uma bomba com cerejas ao marasquino, creme *chantilly* com biscoitos macrone ou biscoitos champanhe. O paladar de minha avó era ainda mais delicado do que o do resto da família. Para mim, ela está associada a timo com *vols-au-vents* e molho *poulette*.

Ou então, se fecho os olhos, posso vê-la à cabeceira da mesa, numa manhã de verão, usando os óculos de leitura de aros de osso, com o jornal sobre uma bandeja de prata; no meio da mesa há uma tigela de damascos frescos e, enquanto lê, seu braço nu, gorducho, como se não se desse conta de nada, se estende em direção às frutas; seus dedos finos e pontudos beliscam a fruta e ela seleciona a melhor e mais madura. O processo se repete até a tigela estar vazia, sem que ela levante os olhos do jornal. Eu mesma tinha um apetite fenomenal ("Se ela assimilasse tudo o que come, seria uma montanha", costumava dizer a mulher de meu tio depois da ceia de domingo), mas a voracidade de minha avó, tão meticulosa, tão seletiva, me deixava gelada com sua sensualidade madura, que era exatamente o oposto da fome. Eu desenvolvera uma aversão a damascos — um fruto sem o menor sabor, aliás, era o que eu pensava — de tanto vê-la com eles, exatamente como se tivesse testemunhado o que Freud denomina cena primeva. Agora também gosto de damascos e, sempre que escolho um numa bandeja, lembro o corpo de minha avó, bem fornido, suave, macio e gorducho, acalentando dentro de si, bem-guardado — um segredo, como a semente chata e marrom do damasco.

Aquele seu corpo era o objeto do culto em torno do qual girava a casa inteira. Desde menina eu sabia o número de sapato que ela usava,

(*) Nos Estados Unidos, sorvete com nozes ou crocante. (N. T.)

o número de seus chapéus, o tamanho de suas luvas, seu peso e sua altura, as coisas que ela gostava de comer e as coisas de que não gostava, suas preferências em matéria de *lingerie*, camisolas e meias, o conteúdo de sua penteadeira no banheiro, até a pedra-pomes que ela usava para remover um pêlo ocasional das axilas; um dos atributos de sua beleza era que seus braços e pernas, bem torneados, eram quase inteiramente desprovidos de pêlos, de modo que nunca teve que depender de produtos depilatórios ou lâminas. Jamais conheci outra mulher como conheci minha avó, em toda a riqueza de seus detalhes físicos e materiais; tudo o que ela tocava ficava imbuído, para mim, de sua presença, como uma relíquia. Até hoje vejo suas roupas, preenchidas por suas formas, penduradas nos cabides forrados de veludo do seu armário, impregnado por um odor suave de pó-de-arroz e de perfume, bem como pelo cheiro salgado de sua transpiração; ela volta, para mim, sob a forma de protetores usados sob as axilas, de meias de uso diário (para a manhã), de bainhas abertas, de voal e cambraia, *bouclé* e pele de macaco, de renda tingida no chá.

Jamais a vi despida. Uma vez, quando já estava com mais de setenta anos, vi de relance suas coxas, deslumbrantes, não apenas em sua brancura e firmeza, mas na delicadeza da textura da pele — mais próxima de um suave *chiffon* do que da seda ou do cetim. Visão perturbadora, pois eu sabia que ela não gostaria de ser vista, mesmo com admiração. Dividia com meu avô os segredos do banheiro grande, mas enquanto não ficou presa ao leito, acho, nenhuma outra pessoa jamais a viu sem estar vestindo pelo menos espartilho, corpete e anágua.

Esse banheiro grande, onde havia um sofá forrado com um tapete oriental gasto e uma banheira funda, antiquada, com pés em forma de patas, era o templo de sua beleza; jamais entrei nele, mesmo depois de adulta, sem ter a sensação de estar cometendo uma invasão. Para mim, quando menina, ele tinha todas as atrações do fruto proibido; assim que minha avó saía de casa, à tarde, eu ia correndo examinar suas pomadas e cremes, lustradores de unhas, lápis e mechas de algodão, escovas e pinças, potes e frascos de Elizabeth Arden, Dorothy Gray, Marie Earle, Helena Rubinstein e Harriet Hubbard Ayer, o alimento de sua pele, loção para o pescoço, adstringente especial e hidratante anti-rugas, sabonete de óleo de amêndoa e mel, creme de pepino, creme especial para os olhos, rímel, sombras para os olhos, ruge em pó, ruge em pasta, bases, pós, máscaras faciais. Um dia encontrei uma caixa de uma coisa chamada *Turkish Delight*,* que, pelo nome, imaginei fosse um produto de beleza utilizado nos haréns.

A peça tinha um cheiro curioso, de *pot-pourri*; era raro minha avó jogar alguma coisa fora e alguns de seus cosméticos eram tão velhos que já tinham ficado rançosos. Havia outro cheiro, esse medicinal, que por vezes pairava na peça pela manhã; eu o sentia nos dias em que recebia permissão para ter os cabelos lavados na pia desse banheiro pela cabeleireira de minha avó. Na verdade, como fiquei sabendo depois, o cheiro que eu sentia era de *bourbon*; meu avô, embora fosse um homem sóbrio, estava habituado a tomar dois dedos de uísque antes do café da manhã. Fora isso, sua presença só era perceptível através de um frasco de *Eau Lilas Végétal* — uma água-de-colônia roxa — sobre a penteadeira de minha avó, e alguns protetores para calos em uma das gavetas. Lembro-me de que ele guardava seus objetos de barbear num quartinho de vestir que dava para o banheiro. Era um lugar onde se encontrava praticamente tudo: remédios, sais de banho, uma garrafa fechada de Virgina Dare, fotografias de família, presentes de Natal escondidos, recortes de jornal que datavam da época em que meu avô concorrera ao Senado (fora derrotado por Levi P. Ankeny, de Walla Walla).

Cedi à tentação de experimentar os produtos de beleza de minha avó quando tinha doze anos. Infelizmente (tal como a receita caseira para um casamento feliz que minha avó me fornecera), quase nenhum deles se adaptava a meus problemas específicos. ''Não deve ser utilizado em peles jovens'', advertia um dos adstringentes; em suas gavetas atulhadas não havia nada para sardas. Eu não tinha necessidade de lápis de sobrancelha: minhas sobrancelhas já eram grossas demais e pouco antes eu realizara a experiência de raspar a metade delas no convento, enquanto meus avós estavam na Califórnia. Minha principal preocupação era com o meu nariz; eu o achava arrebitado demais, por isso dormia com um prendedor de roupas sobre ele para que adquirisse uma forma mais aristocrática. Além disso, tinha as pernas tortas; considerava mesmo a possibilidade de fazer uma operação de que ouvira falar, que consistia em quebrar os ossos para depois endireitá-los. A

(*) Deleite Turco. *Turkish Delight*, marca comercial de uma espécie de bala de goma. (N. T.)

penteadeira não tinha nada a oferecer para esses casos. Como não consegui encontrar batom algum e temerosa do ferro de frisar, tive que me satisfazer com passar um pouco de ruge nos lábios e na face (com o objetivo de tirar a atenção do nariz), e pó-de-arroz rosado pelo rosto inteiro. Pessoalmente não vi grande diferença, mas minha avó notou e, assim que chegou em casa aquela tarde, houve uma cena terrível, pois eu me sentia tão culpada com o que fizera que não queria admitir que andara remexendo em sua penteadeira, nem sequer quando confrontada com as gavetas em desordem e quando o ruge saiu no lenço que ela esfregou em meu rosto.

Descobri, mais tarde, que na realidade ela não achava tão grave o que eu fizera; o que a ofendia era a mentira. Mas eu estava convencida de ser a autora de um crime real, tão terrível que talvez provocasse minha expulsão de casa. A idéia de que eu não devia mexer nas coisas de minha avó ficara gravada, em minha mente impressionável, como um mandamento mosaico. Eu deixara para trás o universo católico bem codificado que norteara minha infância e agora, nesse mundo novo, eu já não era capaz de distinguir os pecados mortais dos pecados veniais. Para mim, o banheiro representava o centro de todas as coisas de que eu era excluída na vida doméstica da família Preston. Eu começara a me interrogar um pouco sobre essa vida doméstica: não era tão divertida quanto eu tinha imaginado no começo. Apesar da elegância que a envolvia numa espécie de halo mágico, minha vida estava longe de ser interessante como a de minhas colegas. Quando tentei localizar a diferença, porém, a única coisa que consegui identificar foi que, diferentemente das outras pessoas, não costumávamos ter um almoço de verdade; na hora em que quase todo mundo almoçava, minha avó estava no banheiro com a porta trancada.

Era uma queixa insignificante, mas nela se localizava a chave do mistério. Quando volto a pensar em nossa casa, agora, a lembrança que me vem com mais força é a de portas fechadas e silêncio. Meu tio, um jovem cinco anos mais velho que eu, tinha seus próprios aposentos, aos quais se acedia por uma escada escura que saía do patamar da escada principal; minha avó e meu avô tinham, cada um, seus quartos pessoais, interconectados por uma série de portas internas; a cozinheira tinha seu quarto no terceiro andar, embora descesse nas pontas dos pés para partilhar meu banheiro; o jardineiro vivia em cima da garagem, em aposentos que nunca visitei. Não havia quarto de hóspedes.

Durante a maior parte do dia, o vestíbulo do andar superior ficava na penumbra, já que todas as portas que davam para ele, exceto a minha, ficavam fechadas. As salas comuns do andar de baixo — a biblioteca, a saleta e a sala — eram raramente utilizadas durante o dia por qualquer outra pessoa, exceto eu. O resto da família permanecia em seus próprios apartamentos; a impressão que se tinha era que a casa estava vazia, embora todo mundo estivesse ali. Lembro-me das manhãs de verão durante as férias escolares. Aquelas manhãs dos longos anos de minha adolescência eram tão parecidas umas com as outras que poderiam ser uma única manhã. O silêncio era profundo. Todos os membros da família, exceto eu, eram taciturnos — a cozinheira e o jardineiro também. Depois de um café da manhã absolutamente mudo (meu avô já fora para o escritório), eu era abandonada a minhas próprias ocupações enquanto minha avó saía para o jardim, colhia flores, para em seguida preparar os arranjos na copa. Todos os vasos da casa eram renovados diariamente, mas eu não tinha permissão para ajudar a fazer os buquês. Então ela subia as escadas e ia para seu quarto; a porta era fechada e permanecia fechada durante uma hora ou mais, enquanto ela falava pelo telefone com as irmãs e o açougueiro. Durante esse período, a quietude só era interrompida pelo zumbido do aspirador e pelo barulho da correspondência caindo pela fresta da porta da frente.

Jamais chegava nada de interessante pelo correio, só o *National Geographic*, *Vogue* e *American Boy* (que meu avô, por alguma razão, assinara para mim), um ou outro anúncio e apelos de instituições de caridade dirigidos ao "Ilustre Harold Preston" e, às vezes, uma carta de tia Eva ou de tia Alice Carr. Depois de um tempo aparentemente interminável, que eu passava estendida no sofá lendo e esperando que alguma coisa acontecesse, abria-se a porta do antigo quarto das crianças, onde meu avô dormia e minha avó fazia suas costuras — sinal, para mim, de que se quisesse podia subir. Depois, durante mais uma hora, ficávamos sentadas uma diante da outra sob a janela oitavada; minha avó costurando ou dando uma olhada no último número da *Vogue*, e eu olhando pela janela e tentando começar uma conversa.

"Que foi que tia Rosie disse?", começava. "Ah, nada", era a resposta. "Conversa fiada. Você conhece Rosie." Ou então: "Tio

Mose não anda se sentindo muito bem''. Ou: ''Recebeu uma carta de Mortie, em Nova York''. Silêncio. Quando acabava de olhar a revista, passava-a para mim e eu examinava as notícias sociais de casamentos e noivados, mas jamais encontrava uma palavra sobre Seattle. Nova York, Chicago, Boston, São Francisco. Nada mais. Lendo *Vogue*, tinha-se a impressão de que jamais acontecia alguma coisa em Seattle, suposição absolutamente verdadeira pelo que eu podia observar. Só que eu nunca perdia as esperanças; acho que de alguma maneira esperava encontrar meu próprio nome naquelas colunas, assim como, por alguma razão qualquer, esperava que um dia viraria a esquina um carro dirigido por um rapaz que descobrira minha existência. Meu interesse por rapazes era um dos muitos assuntos que eu não podia discutir com minha avó; enquanto não entrasse na universidade, não era suposta tomar conhecimento da existência deles. Na verdade, os únicos tópicos que tínhamos em comum eram roupas e atores e atrizes de cinema. Ela não gostava do tipo de livros que eu lia e não teria gostado de minhas amigas, se fizesse a mais mínima idéia de como elas eram. Jamais emitia qualquer opinião sobre membros da família, por mais enfurecida que estivesse com a pessoa. Por mais que eu bisbilhotasse, jamais descobri sequer coisas muito simples, como por exemplo o que ela pensava a meu respeito.

Os momentos mais animados que tivemos, considerando-se todas as manhãs em que ficamos sentadas frente a frente no quarto das crianças, foi quando escrevi a *Vogue* pedindo que me mandassem um molde para um vestido de tênis. Se eu tivesse conseguido aprender a costurar, ou se ela tivesse tido paciência para me ensinar, talvez tivéssemos encontrado um terreno onde pudéssemos nos comunicar. O vestido de tênis, graças à ajuda dela, até que não ficou mal e, estimulada, escrevi pedindo outro molde, para um modelo inadequado para minha idade, todo em babados de *crêpe de Chine* que, supostamente, formariam uma escala de cores, indo do amarelo pálido e do damasco, para chegar ao escarlate. Esse vestido jamais ficou pronto; encontrei seus restos flamejantes num armário do vestíbulo quando de minha última visita.

A fase das costuras, a respeito da qual meu avô alimentava grandes esperanças, foi um fracasso total. Jamais conseguimos ser ''como mãe e filha'' uma para a outra, malgrado o que as pessoas diziam. Ela não agüentava ficar me olhando costurar sem dedal, com um fio comprido que tinha na ponta um nó levemente sujo. Sempre que eu começava algum conserto, minha incapacidade a constrangia a acabá-lo para mim.

Boa parte do tédio e da insatisfação que me torturaram na adolescência resultava do fato de eu não ter absolutamente nada para fazer, senão ler e ouvir discos na vitrola. Não podia ir para a cozinha, exceto para preparar um sanduíche para meu almoço, devido a uma desordem histórica que aprontara com uma panelada de *marshmallows*. Como no caso do vestido cor de aurora, eu fora ambiciosa demais para uma principiante. Tudo o que sei hoje a respeito de costura aprendi no internato e, antes, com as freiras do convento, e a única pessoa disposta a me ensinar alguma coisa em matéria de cozinha era o velho jardineiro-motorista, que costumava preparar batatas fritas à alemã para seu almoço. No dia de folga da cozinheira, ele me deixava ficar olhando, depois tentar fazer sozinha. Em minha família temos, atualmente, um prato chamado "batatas fritas a motorista"; são excelentes.

Quanto a minha avó, não costumava almoçar; todos os dias ao meio-dia, às vezes um pouco antes, minha audiência chegava ao fim. Ela se levantava da cadeira e retirava-se para o banheiro, fechando a porta atrás de si. Um minuto depois, fechavam-se a porta de seu quarto e a do quarto das crianças. A partir desse momento, até duas ou três horas da tarde, ela ficava invisível; ninguém podia perturbá-la. Ela se aprontava para ir à cidade. Essa saída era o ponto culminante do dia. A porta de seu quarto se abria para mostrá-la em trajes de festa — todas as roupas que ela usava, assim como todas as refeições que fazia, eram uma surpresa. O carro estava a sua espera diante do antigo estribo de carruagem e lá íamos nós, às vezes passando para buscar tia Rosie. As duas ou três horas que se seguiam eram passadas nas lojas, experimentando coisas e desencavando artigos. Minha avó não estava muito interessada em questões de preço, embora jamais perdêssemos uma liquidação de Helen Igoe ou da Magnin; estava interessada no "último grito" em matéria de vestidos, peles e bugigangas — queria saber as notícias do *front* da moda. Durante aquelas horas, ela atingia seu grau máximo de animação lacônica e de vivacidade; comprava como a mais sedutora das vedetes, e a extravagância de suas aquisições ia bem com seu cabelo brilhante, as plumas oscilantes, o balanço de seu andar e suas faces rosadas.

Mas às quinze para as cinco, onde quer que estivéssemos, minha avó olhava para o relógio. Estava na hora de buscar vovô na frente de seu clube, onde sempre jogava uma partida de bridge ao sair do escritório. Às cinco horas pontualmente ele ia para a calçada e examinava o tráfego ansiosamente a nossa procura. O carro chegava; ele subia e beijava o rosto de minha avó. "Você teve um bom dia?", perguntava. "Tudo bem", respondia ela com um pequeno suspiro. Chegávamos em casa às cinco e meia; o jantar era servido pontualmente às seis. Durante a refeição, meu jovem tio era interrogado sobre como passara o dia e respondia com alguns monossílabos. Minha avó mencionava os nomes de todas as pessoas que tivesse avistado durante as compras. Meu avô às vezes elogiava a comida. "Exatamente como no Victor Hugo", dizia, referindo-se a um restaurante de Los Angeles. Depois do jantar, meu tio casado dava uma passadinha com a mulher, às vezes a caminho de alguma festa. Meu outro tio, bocejando, se retirava aos seus aposentos. Eventualmente, a campainha da porta tocava. Eu ia correndo atender e dois ou três amigos dele passavam direto por mim e subiam aos aposentos de meu tio. A porta do vestíbulo se fechava. Pouco depois, ele se precipitava escada abaixo para avisar que ia sair. Beijava a mãe e o pai, e meu avô lhe dizia: "Às onze em casa, filho." Depois de ler os jornais vespertinos, meu avô e minha avó começavam a jogar crapô, e minha avó quase sempre ganhava. "Daqui a pouco vou ter que prender as calças com um alfinete de segurança", comentava meu avô para mim, brincando, enquanto pagava o que devia; para ele, aquela expressão significava o cúmulo da miséria.

Logo depois, às vezes ele voltava para seu clube para uma partida de pôquer, do contrário instalava-se em sua poltrona, fumando um charuto e lendo um livro que sempre parecia ser o mesmo: *A Vida e as Cartas de Walter Hines Page.* Minha avó pegava o livro que retirara na biblioteca, eu o meu, e o silêncio voltava a imperar na família. Nada se ouvia, além do ruído de uma página virada ou da porta sendo aberta no vestíbulo da cozinha no momento em que a cozinheira subia para ir se deitar. De quando em quando, o telefone tocava e eu corria atender, mas nunca era algo interessante — alguém querendo falar com meu tio ou uma menina querendo falar comigo, perguntando o que eu estava fazendo. Às vezes minha avó dava uma olhadinha para o meu lado, enquanto eu lia meu exemplar de *Mademoiselle de Maupin* (decepcionante), estendida no sofá: "Mary, puxe o vestido". Às dez horas ela fechava o livro, suspirando, e se dirigia para o vestíbulo da frente, a caminho da cama. ''Vai subir, mamãe?'', dizia meu avô quando estava em casa, levantando os olhos cinzentos com um invariável ar de surpresa. ''Acho que sim, Harry'', respondia ela da escada, suspirando de novo. A escada rangia; sua porta se fechava; a porta do banheiro se fechava. Pouco depois meu avô largava o livro e o cortador de papel, estendia o rosto para que eu o beijasse e a seguia escada acima. A porta do quarto das crianças se fechava.

Ocasionalmente, íamos todos ao cinema ou ao teatro, quando havia alguma companhia de Nova York na cidade; meu avô não se interessava pelo título apresentado. Assistimos a *O Príncipe Estudante* e *Não, Não, Nanette*, lembro-me, bem como *Estranho Interlúdio*, que minha avó classificou como ''muita conversa''. Nas quintas à noite saíamos às vezes para jantar no clube de meu avô. Aos domingos, a cozinheira deixava o jantar preparado; meu tio casado sempre vinha com a mulher para essa refeição, mesmo que fossem obrigados a não aceitar vários convites, e às vezes tia Eva e tia Alice também apareciam. Em geral esses jantares acabavam com nós todos indo ao cinema; às onze, invariavelmente, estávamos de volta.

Mais ou menos uma vez por ano, ou mesmo, talvez, a cada dois anos, minha avó oferecia um chá e contratava um *traiteur*. Era a única ocasião em que recebíamos. Excetuando-se tia Alice e tia Eva (ambas viúvas), jamais convidávamos alguém para jantar que não fosse do círculo mais imediato da família. Nunca recebíamos tio Mose e tia Rosie, ou tio Clarence e tia Abbie (um casal vegetariano), nem nenhum de meus primos e suas esposas ou os sócios de meu avô com as suas. O irmão de minha avó, Elkan, a quem ela só via muito raramente, embora mantivesse boas relações com ele, jamais, que eu saiba, esteve em nossa casa, nem tampouco sua mulher ou sua numerosa prole. Isso me leva a especular se não seriam os laços de parentesco com o clã judeu o obstáculo para uma vida social mais ativa. É possível que meu avô tenha dito algo como: ''Se um deles vier a nossa casa, todos os outros virão atrás''. Mas tia Eva aparecia com freqüência e uma vez, grande exceção, sua filha que morava em Portland foi almoçar conosco no domingo. A única outra exceção que me ocorre foi um jantar que oferecemos para o velho juiz Gilman e sua mulher, uma senhora gorda que se referia a si própria como ''Evinha''; lembro-me disso porque serviu-se uísque para os homens antes do jantar, a única vez que isso aconteceu em nossa casa. Mas por que convidamos o juiz e sua mulher? Não sei; acho que na época isso me intrigou porque me levou a pensar na razão pela qual não recebíamos outras pessoas, já que nessa ocasião passamos momentos muito agradáveis.

Até aquele momento, jamais me ocorrera que minha família fosse notoriamente pouco hospitaleira. Eu não me dava conta de como era estranho o fato de que não se planejasse a menor vida social para mim ou para meu jovem tio, de que não convidássemos jovens nem houvesse qualquer tentativa de convidar pessoas que nos interessassem. Na realidade, só fui tomar consciência desse fato quando já tinha mais de trinta anos e era mãe havia muito tempo. Eu achava que era por minha culpa que não tinha um círculo de conhecidos, só amigos esparsos, isolados; a meu ver, havia algo errado comigo, como uma anágua aparecendo, que as outras pessoas viam e eu não. A idéia de que a família é responsável pelo lançamento de seus membros mais jovens na sociedade era-me mais estranha do que o teorema de Pitágoras, e se alguém tivesse me dito isso, acho que teria fechado as orelhas, pois amava minha família e não teria querido acreditar que fosse omissa em relação a qualquer de suas obrigações. O fato de que não me deixassem sair com rapazes era um caso inteiramente diferente; eu entendia o ponto de vista deles, embora discordasse violentamente — faziam aquilo para o meu próprio bem, segundo suas convicções.

Mesmo assim, eu sabia que havia algo fora de tom na atitude de minha avó em relação aos estranhos. Jamais tinha vontade de subir até o lago Crescent, nas montanhas Olympic, junto com meu avô, meu tio mais moço e eu durante o verão, onde, em meio ao círculo de amizades de meu avô e seus descendentes, tínhamos a única vida social que jamais experimentei no Oeste. A vida no hotel da montanha era muito alegre, mesmo para os idosos — o juiz e Mrs. Battle, o Coronel Blethen, Mr. Edgar Battle, Mr. Claude Ramsay, Mr. e Mrs. Boole — do grupo de meu avô. Jogavam cartas na enorme varanda e faziam caminhadas pela floresta até a catarata de Marymere; faziam expedições de barco a motor e de automóvel; ficavam vendo os jovens dançarem à noite e mandavam polpudas gorjetas para o *chef*, na cozinha. Eu não entendia por que minha avó preferia ficar em Seattle, sem interromper sua inflexível rotina.

Era uma esquisitice dela — eis a única explicação possível —, assim como era uma esquisitice não querer que meu tio mais moço ou eu recebêssemos amigos para jantar. Durante todos os anos que vivi com minha avó, como criança e como mulher, só consigo lembrar de duas ocasiões em que essa regra foi infringida. A segunda foi quando ela já estava presa ao leito e muito enfraquecida moralmente para me fazer desistir de convidar um poeta, que estava dando aulas na universidade, para jantar comigo. Senti uma ponta de remorso, embora a enfermeira e a cozinheira garantissem que não haveria problema — no minuto seguinte ela já teria esquecido. Mas lá pelas oito e meia da noite ouviu-se sua bela voz, queixosa, no andar superior: ''Mary, aquele homem já foi embora?''. Durante todo o tempo em que minha visita permaneceu em casa ela ficou insistindo no assunto ''daquele homem'' que ficara para jantar, cheia de irritação; não adiantou explicar-lhe que ele não tinha como ir para casa, que vivia em alojamentos universitários muito longe dali, que fazia suas refeições em lanchonetes e salões de chá, que era um velho amigo a quem eu devia hospitalidade em minha cidade natal. Tampouco consegui aliviar a tensão brincando em torno do assunto. ''Por que ele não foi jantar em casa?'', insistia ela, e aquelas palavras sombrias, desconfiadas, são praticamente as últimas que a ouvi pronunciar.

Essa falta de amabilidade de minha avó era uma característica profundamente estabelecida. Não apenas resistia a receber qualquer pessoa que não fizesse parte dos parentes mais próximos; ressentia-se com uma simples visita. Sobre a mesa do vestíbulo havia uma bandeja de prata para os cartões dos visitantes, mas quase todos os cartões da bandeja estavam amarelados; minha avó passava o tempo fazendo compras na cidade no horário em que geralmente se fazem visitas. Quando alguma amiga ia me visitar à noite, ficávamos impossibilitadas de conversar enquanto minha avó não fosse dormir; muitas vezes, ficava acordada até a visita ir embora, sentada a um canto com seu livro e lançando-nos olhares enquanto, sentadas no sofá, tentávamos improvisar um diálogo. Percebíamos que ela estava prestando atenção, mas ela própria não dizia palavra. De repente, levantando o olhar, fazia o gesto que significava: ''Puxe a saia, Mary.''

Meu tio estava na mesma situação, mas tinha a vantagem de dispor de seus próprios aposentos, onde podia reunir os amigos. Quase sempre minha avó ignorava a presença deles; quando por acaso dava com eles no vestíbulo, cumprimentava-os com um aceno ríspido. As garotas com quem ele se dava jamais foram convidadas a ir a sua casa; jamais pôde dar festa.

Mas não era uma mulher cruel. Era boa com os empregados e suas famílias e, em algumas ocasiões, quando era possível convencê-la a se descontrair e contar história, podia ser positivamente cordial. Sua casa, com os aposentos amplos e as grandes varandas, fora construída, aparentemente, com a *intenção* de oferecer hospitalidade. Nos tempos de minha mãe, garantiram-me, as coisas eram muito diferentes; a casa vivia cheia de jovens. Pratarias, cristais e vidros lapidados nem sempre havia estado confinados aos armários; havia música e dança, e as amigas de escola e universidade de minha mãe haviam dormido inúmeras vezes nas varandas dos quartos (que serviam de quartos de hóspede), sem que fosse preciso sequer pedir licença.

Minha mãe fora a queridinha de minha avó, e nosso isolamento, acabei por entender, estava relacionado à sua morte. Minha avó ficara mortificada com seu casamento com meu pai; segundo parentes irlandeses, ela não quis saber de padres em sua casa, por isso a cerimônia se realizara no gramado. Não acredito nessa história, em contradição com outros relatos, mas é verdade que minha avó era hostil ao catolicismo, ao qual minha mãe acabara se convertendo. O dr. Sharples, médico da família, contara a meu pai, ao que parece, que minha mãe morreria se tivesse outro filho, mas ele não levou esse diagnóstico em consideração, recusando-se a praticar o controle da natalidade. Na realidade, a morte de minha mãe não teve a menor relação com a maternidade; morreu de gripe, como tantas mulheres de sua idade durante a grande epidemia. Mas isso não impediria uma mulher como minha avó de responsabilizar meu pai e a Igreja pelo ocorrido. Talvez tenha sido por essa razão que nunca se interessou por meus três irmãos, que continuaram vivendo com a família de meu pai, em Minneapolis; mandava-lhes cheques e presentes de aniversário e de Natal e não deixou de lembrar-se deles em seu testamento. Mas durante os anos que vivi com ela, os três meninozinhos que haviam nascido contra sua vontade estavam muito distantes de seus pensamentos. Possivelmente, eu era mais do que suficiente para uma mulher de sua idade; mesmo assim, sua seca indiferença parece estranha, já que sabia muito bem que eles não eram felizes. Mas a felicidade, como o amor, era um conceito para o qual ela não tinha a menor paciência.

Quanto ao distanciamento e à reserva que por vezes demonstrava em relação a mim, talvez resultasse da incompatibilidade entre nossos temperamentos (será que ela me achava parecida com meu pai?), ou do fato de eu representar a dolorosa lembrança de minha mãe. (Eu era consciente de uma semelhança que não ia muito longe, pois todo mundo vivia me dizendo como minha mãe era ''boa''.)

Uma das amigas de minha mãe me contou que, durante três anos após sua morte, minha avó se isolou do mundo. Cinco anos, afirmou outra. E esse luto prolongado era sempre apresentado como a explicação oficial para as esquisitices de nossa casa. Minha avó, diziam as pessoas, baixando o tom de voz, jamais se recuperara do trauma da morte de minha mãe. Quando criança, eu não acreditava nisso; era-me impossível imaginar aquela mulher contida, autocentrada, transtornada por uma dor apaixonada. Sem ser nenhuma psicóloga, eu sentia de certa maneira que aquele luto obstinado era deliberado e egoísta.

Normalmente as crianças sentem isso em relação a todas as emoções adultas situadas além de seu entendimento, mas nesse caso acho que eu estava no rumo certo. A dor de minha avó assumira uma forma que lhe era exclusiva, como se estivesse marcada com seu monograma — o severo ''AMP'' estampado em sua prataria, escovas e pentes, e até em seu automóvel. Sua dor assumiu a forma de uma hostilidade inveterada. Uma das amigas de minha mãe me escreveu recentemente, descrevendo como minha avó a magoara recusando-se a falar-lhe sempre que a encontrava durante um ano após a morte de minha mãe. ''Sua avó não suportava ver-me pela frente'', concluía tristemente.

E é assim que vejo minha avó, suportando sua dor como uma afronta, teimosa e irada, recusando-se a falar não apenas com as pessoas mas com a própria vida, que a ferira roubando-lhe a filha. Sua dor era uma espécie de provocação, uma dessas afrontas cuidadosamente cultivadas em que era especialista, profundamente ligadas a sua coqueteria. Se eu nada mais tivesse além de suas fotografias para apoiar meu julgamento, poderia duvidar do mito de sua beleza; o que a confirma, para mim, é a maneira como assumiu o luto, sua desconfiança em relação às palavras, sua recusa em ouvir as explicações da vida, como de qualquer pretendente que tivesse incorrido em culpa. A própria vida era obrigada a cortejá-la — em vão, aparentemente, pois fora mortalmente ofendida, uma, duas, três vezes.

Não sei em que consistia a primeira ofensa, mas tinha algo a ver, imagino, com seu orgulho e sua sensibilidade como judia; sofrera alguma injúria nos primeiros anos de seu casamento, talvez uma coisa pequena — até mesmo uma palavra ao acaso —, o que a fizera retrair-se num silêncio imperioso a esse respeito, um silêncio que se prolongou até sua morte. A segunda, eu a conheço. Foi a trágica cirurgia de remoção de rugas, realizada em 1916 ou 1917, quando ela estava com quarenta e poucos anos e minha mãe ainda estava viva. É possível que de fato tenha sido submetida a uma cirurgia de mastoidite em algum momento posterior (estou inclinada a pensar que sim), mas as cicatrizes salientes, que mencionei, começavam em suas bochechas e desciam até o pescoço, desfigurando-a; eram obra de um especialista que, pelo que depreendi, injetara parafina quente sob a pele de seu rosto.

Acidentes desse tipo eram freqüentes nos primórdios da cirurgia cosmética, e as cicatrizes, quando ela estava com cerca de sessenta anos, não eram particularmente visíveis. Mas suas bochechas tinham uma aparência inflada, de inchaço, que a maquiagem não disfarçava — na realidade acentuava, pois embora ela não o soubesse, sempre era mais bonita pela manhã, antes de aplicar o ruge e o pó-de-arroz, que chamavam a atenção para a superfície de sua pele. Na época em que as cicatrizes eram recentes, deviam ser bastante assustadoras; sem dúvida era essa a razão para os véus decorados com pastilhas que ela usava, bem esticados sobre o rosto. As fotografias se interrompem na época da operação; a partir desse momento, ela deixou de se comunicar com a câmara e, de acordo com um de meus informantes, se ausentou por um ano de Seattle, após a tragédia.

"De acordo com um de meus informantes" — a história da cirurgia anti-rugas era bem conhecida na cidade; mesmo assim, jamais se fez a menor alusão ao fato no âmbito da família, pelo menos na minha frente, de modo que fui informada a esse respeito por estranhos — os parentes de meu pai e amigas de minha mãe que, evidentemente, não tinham condições de fornecer-me todos os detalhes. Eu já era adulta quando fiquei sabendo; porém, o mesmo tato pouco natural que me impedia de utilizar a palavra "judeu" diante de minha avó impedia-me de inquirir sobre a questão com a família. "A tragédia de sua avó" — foi nesses termos que ouvi a primeira alusão sobre a cirurgia, se estou bem lembrada, por uma de minhas amigas, que ficara sabendo pela mãe. Tampouco irei discutir se o termo é ou deixa de ser adequado de acordo com os cânones aristotélicos: no caso, o uso corrente parece correto. Foi uma tragédia para ela, o marido e a família, que, privados de sua beleza devido a um ato insensato, passaram a viver no silêncio, como amaldiçoados.

Foi nesse momento que minha avó deve ter-se retirado da sociedade, e não na época da morte de minha mãe, que rematou todas as desgraças. Essa a razão por que éramos tão estranhos, tão anti-sociais, tão, eu diria, inumanos; todos estávamos literalmente devotados ao culto de uma relíquia, o corpo de minha avó, untado e purificado diariamente no banheiro grande, e em seguida exposto ao público nas lojas do centro da cidade.

Eu estava morando em Nova York quando meu avô teve um derrame e morreu, pela manhã, aos setenta e nove anos, no banheiro grande. O ritual de minha avó não se modificou. Continuou se vestindo e indo para a cidade à mesma hora, retornando na hora em que antes passava no clube para buscá-lo. Quando a encontrei, um ou dois anos depois, estava alegre; freqüentava as corridas e tinha um novo passatempo — beisebol noturno; fomos juntas ao estádio. De tempos em tempos, almoçava e jogava bridge com um grupo de amigas, com as quais reatara relações depois de vinte anos. Mas, que eu saiba, jamais as convidou para a sua casa; encontravam-se geralmente no Golfe Clube de Seattle, o melhor da cidade, reservado, em princípio, aos não-judeus.

Como muitas viúvas, dava a impressão de ter feito um novo acordo com a vida; jamais a vi tão conversadora — e estava muito bonita. Lembro-me de uma tarde nas corridas, onde tia Rosie e eu fôramos com ela de carro, a uma velocidade de mais de cem quilômetros por hora; ela já estava com bem mais de setenta anos. As duas irmãs, um tordo irrequieto e um luminoso tucano, papeavam e apostavam com o clã desportivo no pavilhão do clube. Conscientes de seus poderes e atrativos, assumiam uma atitude majestática em meio a sua corte. Tia Rosie não apostava, mas dava conselhos; minha avó, como sempre, ganhava, e parece-me que também ganhei. Naquela noite, durante a madrugada, tia Rosie morreu.

De acordo com o dr. Sharples, algo que ela comera durante as corridas provocara uma crise de indigestão e, em conseqüência, uma embolia. No início, achou que poderia salvá-la, e consegui convencer minha avó a ir deitar-se confiante de que no dia seguinte tia Rosie estaria praticamente recuperada. Mas no meio da noite o telefone tocou. Fui correndo atender; era tio Mose. "Rosie se foi." Minha avó compreendeu antes que eu conseguisse dizer-lhe uma palavra, antes que eu recolocasse o telefone no gancho. Um grito terrível — um grito que não era deste mundo — veio de trás da porta fechada de seu quarto; nunca ouvi som como aquele, nem animal nem humano, que não se interrompia. Continuava, continuava, como uma sirene na Lua. Um minuto depois, toda a casa estava em movimento; todos vieram correndo. Fui a primeira a chegar. Ao abrir a porta de seu quarto (mesmo nesse momento com uma sensação de temor, de intrusão injustificada), vi-a, sobre a cama, com as cobertas jogadas para longe; estava com as pernas abertas e sua camisola amarela de cambraia com rendinhas brancas estava levantada, revelando suas coxas. Torcia-se na cama; eu e a cozinheira tivemos dificuldade para contê-la. Meu tio apareceu no marco da porta e meu primeiro pensamento (acho que o da cozinheira também) foi baixar sua camisola. Era um espetáculo indecente e ao mesmo tempo de uma estranha beleza de *boudoir*, que contrastava de modo sinistro com o ruído horrível que ela fazia, mais parecido com um uivo do que com um grito, em nada parecido com a dor. Percebemos que ela fazia força para se levantar, para ir a algum lugar, e a cozinheira a ajudou. Mas nesse momento, subitamente, ela ficou pesada como um saco de pedras. Os gritos cessaram e houve um silêncio de morte.

Enfim, não sei mais como, graças principalmente à cozinheira, conseguimos acalmá-la a ponto de ela começar a chorar normalmente. É possível que o médico tenha chegado e lhe aplicado um sedativo. Passei a noite ao seu lado, abraçando-a, tentando consolá-la; havia uma certa doçura naquela vigília, pois foi a primeira vez que ficamos tão próximas uma da outra. Mas de repente ela se lembrava de Rosie e guinchava seu nome; ninguém poderia substituir Rosie, nós duas o sabíamos. Senti-me inteiramente excluída. Parecia-me claro, naquela noite, enquanto acariciava seus cabelos, que ela jamais gostara de ninguém, a não ser de sua irmã; era esse o seu segredo. Minha inteligência me advertia que havia aí, talvez, a revelação do sentimento familiar dos judeus. Ocorreu-me que talvez aquele ruído medonho, insensato, fosse a lamentação clássica, que remontava ao exílio junto às águas da Babilônia. De uma coisa eu tinha certeza: minha avó era bem mais diferente do resto de nós do que eu jamais imaginara.

Tio Mose estava reagindo bem, fiquei sabendo no dia seguinte. Só minha avó, normalmente tão pouco emotiva, se entregara àquele desespero extravagante; a família, pelo que depreendi, estava levemente embaraçada com seu comportamento, como se eles também sentissem que ela havia revelado alguma coisa, que, no momento, no que lhes dizia respeito, seria preferível que tivesse permanecido nas sombras. Mas *o que* ela revelara, do ponto de vista deles? Sua natureza essencialmente judaica? Nunca consegui descobrir, pois precisava tomar o trem para o Leste naquele mesmo dia, com meu bebê, e quando voltei, muito anos depois, ninguém parecia estar lembrado de nada de anormal por ocasião da morte de tia Rosie.

''Esta é minha irmã'', exclamava minha avó, com um ardor petulante, sempre que via alguma fotografia de tia Rosie. ''Minha irmã'', dizia ela de tia Eva, com um tom mais solene. Ela sempre se iluminava quando a fotografia de suas duas irmãs aparecia entre as outras da coleção, como uma criança quando lhe mostram seu bichinho de pelúcia predileto. Parecia um pouco mais excitada quando via tia Rosie. Na época, imagino que já havia esquecido que as duas irmãs tinham morrido, ou melhor, o conceito morte já não tinha o menor significado para ela; ''haviam partido'', pensava ela, sem dúvida, exatamente como as crianças acreditam que acontece com seus pais mortos. Eu costumava ficar atenta para fornecer-lhes os nomes, mas ela parecia não precisar nem querer que eu o fizesse; o que importava era a relação entre ela e suas irmãs, e quanto a isso ela não tinha dúvidas. ''Tia Rosie'', observava eu, mostrando-lhe uma fotografia de uma mulher morena, miúda e sorridente com um chapelão enfeitado com plumas sobre a cabeça. ''Minha irmã'', dizia ela, mais alto que eu, orgulhosamente, como se estivesse corrigindo minha afirmação.

Ela achava graça das roupas nas fotografias antigas; não perdera o interesse pelo vestuário e era extremamente crítica em relação a minha aparência, insistindo comigo, com gestos impacientes, para que eu puxasse o cabelo para a frente, sobre a face, e me observando com orgulho quando eu a atendia; isso me deixava com um ar ''mais suave''. Quando eu não seguia a contento suas instruções, trazia para a frente suas ondas negras, para me mostrar o que estava querendo dizer. Embora já não tivesse condições de ir ao centro, mantinha o mesmo horário. Diariamente ao meio-dia a enfermeira fechava a porta do quarto de minha avó, bem como as portas do quarto das crianças e a do banheiro, voltando a abri-las entre duas e três horas, depois de concluídos os preparativos de beleza. "Você já pode entrar. Sua avó já está bonita." Uma tarde, ao atender ao seu convite, encontrei minha avó tensa e preocupada. Havia algum problema, e eu não conseguia descobrir o que era. Queria que eu lhe alcançasse alguma coisa, "aquele negócio", sobre sua escrivaninha. Tentei praticamente tudo — escova, pente, lenço, perfume, almofada de alfinetes, livro, fotografia de minha mãe. Não era nada daquilo e ela foi ficando cada vez mais impaciente, como se eu me comportasse feito imbecil. "O *pente* não; aquele negócio!" Finalmente, ao ver que ela estava ficando descontrolada, toquei a campainha chamando a enfermeira. "Ela quer alguma coisa, mas não consigo descobrir o que é." A enfermeira deu uma olhada para o tampo da escrivaninha, depois se dirigiu rapidamente para a cômoda; pegou o espelho de mão que ali estava e o entregou em silêncio a minha avó que, imediatamente feliz, confirmou com um aceno de cabeça. "Ela esqueceu a palavra para espelho", disse a enfermeira, piscando. Naquele momento, o fato de minha avó estar senil tornou-se real para mim.

ESTA OBRA FOI COMPOSTA PELA FORMA COMPOSIÇÕES GRÁFICAS EM GARAMOND E IMPRESSA PELA PROL EDITORA GRÁFICA EM OFFSET PARA A EDITORA SCHWARCZ EM DEZEMBRO DE 1987.